Braun · Unternehmensökonomie

Unternehmensökonomie

Eine allgemeine Theorie der Unternehmensentscheidung

Von

Privatdozent Dr. habil. Wolfram Braun

CIP-Kurztitelaufnahme der Deutschen Bibliothek

Braun, Wolfram:
Unternehmensökonomie : e. allg. Theorie d.
Unternehmensentscheidung / von Wolfram Braun. –
Wiesbaden : Gabler, 1985.
    ISBN 3-409-13316-X

© Betriebswirtschaftlicher Verlag Dr. Th. Gabler, Wiesbaden, 1985
Druck und Buchbinder: Lengericher Handelsdruckerei, 4540 Lengerich/Westf.

ISBN 3-409-13316-X

Inhalt

Vorwort

Eine ökonomische Analyse der Bedeutung des Konzepts strategischer Unternehmensführung für die Betriebswirtschaftslehre setzt
- und darin folge ich Gutenberg - eine Theorie der Unternehmung
voraus, die sich aus einer allgemeinen Theorie der ökonomischen
Strukturen der Marktgesellschaft, ihren Bedingungen und ihren Auswirkungen ableiten läßt. Zur Begründung dieses (Ableitungs-)Zusam-
menhangs zwischen Unternehmensführung, Unternehmenstheorie und
Marktökonomie bieten sich nun zwei konkurrierende Paradigmen in
der Ökonomie an, die Allgemeine Gleichgewichtstheorie der Neoklassik (so wie sie von Walras enwickelt wurde) einerseits und die
(auf Kaldor, Robinson und Pasinetti zurückgehende) Post-Keynesianische Theorie andererseits.
Die für eine Theorie der Betriebswirtschaftslehre entscheidende
Differenz beider Paradigmen besteht in der unterschiedlichen Behandlung der mikroökonomischen Basis. Die Allgemeine Gleichgewichtstheorie geht von "vollkommenen Märkten" aus, auf denen die
mikroökonomischen Einheiten (Unternehmen und Haushalte) "Preisneh-
mer" sind, die Post-Keynesianische Theorie von "unvollkommenen Märkten" mit signifikanten monopolistischen Elementen. Das Basismodell
der Neoklassik ist die vollkommene Konkurrenz, bei der der Konkurrenzpreis maßgebend für die Struktur und das Volumen der Produktion und die Verteilung ist. Er bestimmt auch (kurzfristig) den
Auslastungsgrad der Kapazitäten und (langfristig) die gesamtwirtschaftliche Aufteilung der Ressourcen zwischen Konsum und Investitionen. Das Basismodell der Post-Keynesianischen Theorie setzt
zwar ebenfalls einen "wirksamen Wettbewerb" voraus, für die Struktur und das Volumen Produktion und für die Verteilung ist aber
nicht der Konkurrenzpreis maßgebend. Aus ihrer Sicht bestimmen die
Investitionen die Dynamik des ökonomischen Prozesses. So sind beide
Theorien, die neoklassische wie die postkeynesianische Ökonomie, im
Grunde als Theorien eines allgemeinen ökonomischen Gleichgewichts
zu verstehen und besteht der Unterschied darin, welches Basis-
gleichgewicht jeweils der ökonomischen Analyse zugrundegelegt und

für die Erklärung realer Ungleichgewichtsprozesse herangezogen
wird. Im Kern läßt sich dieser Unterschied auf den Unterschied
zwischen einem Konkurrenzgleichgewicht einerseits, einem Monopolgleichgewicht andererseits zurückführen.

Von diesem Basismodell des Konkurrenzgleichgewichts ausgehend besteht der theoretische Anspruch der neoklassischen Theorie darin,
zu zeigen, wie in einer Ökonomie, die ihm entspricht, ein allgemeines Gleichgewicht erreicht wird. Der postkeynesianischen Theorie geht es dagegen primär um die Erklärung realer ökonomischer
Prozesse und ihre empirische Begründung.

Aus dieser, hier hervorgehobenen Differenz - auf die anderen, allerdings wesentlichen Unterschiede wie die Behandlung der Verteilung, des technischen Fortschritts, die Struktur und Dynamik von
Ungleichgewichtsprozessen und die Methode der Analyse ("historische"
versus "kausale" Modelle) wird noch zurückzukommen sein - die sich
aus dem unterschiedlichen Basismodell ergibt, nämlich Konkurrenz-
versus Monopolgleichgewicht folgt eine je unterschiedliche Behandlung der Unternehmung im Rahmen der allgemeinen Theorie. In der neoklassischen Theorie kommt der Unternehmung eine ausschließlich instrumentelle Funktion bezogen auf die optimale Bedürfnisbefriedigung zu - und kann das Phänomen einer Verlagerung des Koordinationsmechanismus von der Institution des Marktes zur Institution
Unternehmung nur aus Gründen von "Marktversagen" erklärt werden -,
für die postkeynesianische Theorie dagegen ist die Unternehmung
die Basis-Institution, deren Verhalten maßgeblich für das Zustandekommen eines allgemeinen Gleichgewichts ist.

Aufgrund dieser Verlagerung des theoretischen Ansatzes vom Markt
zur Unternehmung hin scheint es angebracht, sich näher mit der
postkeynesianischen Theorie zu befassen, wenn es darum geht, ein
neues ökonomisches Paradigma zu suchen, das an die Stelle des
mikroökonomischen Gleichgewichtsmodells treten könnte - das,
folgt man der Argumentation in der Betriebswirtschaftslehre, aufgrund der faktischen Entwicklung hin zu einer "corporate economy"
aufzugeben und durch eine "erweiterte Theorie der Unternehmung"
zu ersetzen sei, deren Ansatz im "Koalitionsmodell" oder in einem "institutionelle, organisationstheoretische und sozial-ethi-

sche" Elemente verknüpfenden Theorie gefunden werden könne. [*)]
Die hier vorgeschlagene Hinwendung zur postkeynesianischen Theorie begründet sich daraus, daß die als Alternativen zur Neoklassik vorgeschlagenen Theorieansätze nicht erkennen lassen, wie denn der ökonomische Gesamtzusammenhang und die darin verankerte Stellung der Unternehmung, ihre "Rolle im gesamtgesellschaftlichen Kontext", begründet und erklärt werden soll - und zwar ökonomisch begründet und ökonomisch erklärt.

Dies ist der eine Grund. Der andere Grund, der für eine nähere Befassung mit dem postkeynesianischen Ansatz spricht, ist, daß hier wie dort, das heißt, sowohl bei der betriebswirtschaftlichen Kritik der neoklassischen Theorie, als auch in der postkeynesianischen Theorie von dem empirischen Tatbestand ausgegangen wird, daß zumindest für unsere Situation einer "corporate economy" die neoklassische Behauptung unzutreffend ist, daß das allgemeine Gleichgewicht im Grunde ein Konkurrenzgleichgewicht sei und alle Abweichungen aus Friktionen im Anpassungsprozeß an ein solches Gleichgewicht resultieren - wofür dann staatliche Einflüsse, das Auftreten von Gewerkschaften und Verbänden oder die Machtstellung des Großunternehmens verantwortlich gemacht werden. Allerdings wird in der postkeynesianischen Theorie nicht die Auffassung vertreten, daß es sich hier im wesentlichen um einen historischen Prozeß handle, in dessen Verlauf der streng geordnete Zusammenhang sich aufgelöst habe und durch ein vielfaltiges gesellschaftliches und soziales Beziehungsmuster ersetzt worden sei. Vielmehr wird die Auffassung vertreten, daß das allgemeine ökonomische Gleichgewicht im Grunde immer schon ein Monopolgleichgewicht und kein Konkurrenzgleichgewicht gewesen ist und sich von daher die Friktionen, Instabilitäten und Ungleichgewichtsprozesse erklären lassen. Das heißt dann aber auch, daß der theoretische Rahmen der Allgemeinen Gleichgewichtstheorie nicht verlassen - das neoklassische Paradigma nicht aufgegeben - werden muß, wenn es

---

*) 1) Vgl. zu dieser Argumentation stellvertretend Steinmann/ Schreyögg (1982), zum Koalitionsmodell Steinmann/Gerum (1981) und zur erweiterten Theorie der Firma Preston (1975)

darum geht, die Rolle der Unternehmung im gesamtgesellschaftlichen Kontext und den Zusammenhang von Unternehmensführung, Unternehmenstheorie und Marktökonomie zu bestimmen. Innerhalb dieses
Rahmens ist aber ein anderes Gleichgewichtsmodell zur Basis der
Analyse zu nehmen.

Mit diesem zuletzt genannten Aspekt, dem Verhältnis von Neoklassik und Postkeynesianismus will ich die Überlegungen zu den theoretischen Grundlagen strategischer Unternehmensführung einleiten.

§ 1 Einleitung

I. Die Allgemeine Gleichgewichtstheorie als Paradigma der Unter-
nehmenstheorie

In der Praxis der an Komplexität zunehmenden Unternehmensplanung
und Entwicklung sind strategische Entscheidungen abhängig von so-
ziotechnisch-ökonomischen Vorentscheidungen über Ziele und zu be-
rücksichtigende Werte, über strategische Mitteleinschätzungen und
Alternativen unter beschränkten Ressourcen, über gesellschaftliche Orientierungen, Praktikabilitätsüberlegungen und Realisierungsbedingungen. Diese Entscheidungen sind ihrerseits abhängig
von den rückwirkenden Beschränkungen gegenwärtiger Strategien und
Aktionsspielräume. Aufgrund dieser Komplexität der Entscheidungssituation ist die Unternehmensplanung auf Theorien angewiesen,
deren Ergebnisse die erforderliche strategische Vorausschau
(Prognose) erleichtern und aus denen sich die ökonomischen Determinanten der strategischen Entscheidung ableiten lassen. [1]
Der Komplexität der ökonomisch-gesellschaftlichen Gesamtsituation
entsprechend wird die erforderliche Basistheorie, in die dann partielle Theorien integrierbar sind, hinreichend allgemein und in
sich geschlossen sein müssen, da nur so die für die Planung erforderliche Komplexitätsreduktion erreicht werden kann. Die Ökonomie als Wissenschaft hat andererseits die Aufgabe über die ökonomischen Strukturen der Gesellschaft, ihre Bedingungen und ihre
Auswirkungen aufzuklären. Ohne diesen Blick auf das Ganze blieben

ihre Themen und Ableitungen Fragmente und Halbwahrheiten. Was
nützt denn eine partielle Theorie der Unternehmung, wenn sie
nicht ihren Sinn aus dem ökonomischen Gesamtzusammenhang erhält? Wie hilfreich können Vorschläge zur Gestaltung der Unternehmensordnung sein, wenn sie die zugrunde liegenden gesellschaftlichen Strukturen nicht berücksichtigen? Die einzige geschlossene ökonomische Theorie, von der aus sich bis jetzt eine
Integration aller partiellen Ansätze anzubieten scheint, ist
das Denksystem der neoklassischen Theorie in seiner vollendet-
sten Ausformulierung der Allgemeinen Gleichgewichtstheorie. Dieser Gesamtansatz der Nationalökonomie ist die vorherrschende,
ja eigentlich die einzige systematische Theorie innerhalb der
Welt der akademischen Ökonomie. Ihre <u>Geschlossenheit</u> und Inte-
grationskraft wird zum Beispiel von Erich Schneider emphatisch
hervorgehoben, wenn er schreibt: "Die Einheit der Wirtschaftstheorie, von vielen Forschern seit langem angestrebt und gefordert, ist heute Wirklichkeit geworden. Preis-, Geld-, Konjunk-
tur-, Finanztheorie und Betriebswirtschaftslehre sind in einer
großen umfassenden Wirtschaftstheorie aufgegangen".[2] Und auch
Erich Gutenberg bezieht die Grundlagen der Betriebswirtschaftslehre auf den neoklassischen Gesamtansatz, der einen analyti-
schen Apparat entwickelt habe, "mit dem sich unsere Kenntnis
von den wirtschaftlichen Vorgängen, ihre Vielgestaltigkeit und
ihre Verschlungenheit sehr erheblich erweitert hat", und den
es für die Analyse betrieblicher Tatbestände zu nutzen gelte.[3]

Dieser Einheit partieller Theorien und Planungsmodellen wider-
sprach auch die im Laufe der Zeit vorgetragene Kritik nicht.[4]
Es gelang der neoklassischen Denkweise immer wieder, Kritik als
Erweiterung und Vertiefung des Gesamtansatzes für sich zu rekla-
mieren. Es galt die Kritik zu nutzen, um den stetigen und an das
bisher Erreichte nahtlos anknüpfenden wissenschaftlichen Fortschritt der neoklassischen Theorie voranzutreiben. Auch die eigenständige Entwicklung partieller Theorien, wie der Unterneh-

menstheorie, die zum Teil im bewußten Gegensatz zur neoklassischen Theorie betrieben wurde, kann die Geschlossenheit der
Neoklassik nicht aufheben; läßt sich doch in jedem Einzelfalle
zeigen, daß es sich dabei zwar nicht um die Neoklassik insgesamt handelt, aber um einige ihrer Elemente, die sowohl von
der Begriffsbildung als auch von den Ableitungszusammenhängen
und Verwendungen her durch den Gesamtzusammenhang der Neoklassik bestimmt sind, ohne den sie nicht nur fragmentarisch, sondern nahezu sinnlos wären. [5]

Daraus folgt, daß die nachfolgenden Überlegungen dieses Verhältnis von partieller Theorie und Allgemeiner Gleichgewichtstheorie werden berücksichtigen und zur Grundlage nehmen müssen. Im
Umkehrschluß folgt daraus auch, daß jede Kritik und Weiterentwicklung partieller Theorien einen neuen Ansatzpunkt nur durch
die kritische Rekonstruktion des Gesamtsystems _im_ neoklassischen
Denkansatz wird gewinnen können. Das heißt, daß die Kritik nicht
nur auf die neoklassische Theorie hin, sondern gewissermaßen
auch von ihr her formuliert werden muß. Die Chance einen neuen
Ansatzpunkt für die Theorie der Unternehmung zu finden, hängt
davon ab, ob es gelingt, dafür Raum innerhalb der Allgemeinen
Gleichgewichtstheorie zu gewinnen.

So ist der durch die Kritik gewonnene neue Ansatzpunkt einer postkeynesianischen Theorie der Unternehmung, den wir hier diskutieren wollen, aus dem neoklassischen Gesamtansatz zu verstehen und
verdankt sich zuvörderst nicht einem an die Neoklassik von außen
herangetragenen Standpunkt. In diesem Sinne unterscheidet er sich
auch von dem Ansatzpunkt, den die ökonomischen Theorien der "Corporate Economy" [6] außerhalb des neoklassischen Paradigmas suchen [7] und er unterscheidet sich von den postkeynesianischen
Theorien, die sich, wie eine erste Interpretation nahelegen könnte, als "alternatives Paradigma" zur Neoklassik verstehen. [8]
Vielmehr wird der Versuch unternommen von einem um die postkeynesianische Kritik erweiterten und modifizierten Gesamtansatz

auszugehen. Dieser Standpunkt begründet sich daraus, daß das
mikroökonomische Gleichgewichtsmodell, und mit ihm die Allgemeine Gleichgewichtstheorie der Neoklassik solange unentbehrlich ist als kein anderes "Paradigma" zur Verfügung steht, mit
dem sich der Zusammenhang von Markt und Unternehmung und die
Rolle des Unternehmens im gesamtgesellschaftlichen Kontext bestimmen läßt. Die mit dem Hinweis auf die faktische Entwicklung
hin zu einer "corporate economy" vorgebrachte Kritik am Paradigma der Gleichgewichtsökonomie verfehlt ihren Gegenstand, solange es nicht gelingt ein alternatives Paradigma des Gesamtzusammenhangs an die Stelle der Allgemeinen Gleichgewichtstheorie zu
setzen, das über die partiellen institutionellen, organisations-
theoretischen und sozialethischen Ansätze [9] hinausgeht, und
das den Zusammenhang von Marktökonomie, Unternehmenstheorie und
Unternehmensführung in einer allgemeinen ökonomischen Theorie
systematisch vermittelt. Dieses theoretische Problem strategischer Unternehmensführung ist der Anlaß die postkeynesianische
Theorie daraufhin zu prüfen, inwieweit sie als "neues ökonomisches Paradigma" [10] zur Begründung der mikroökonomischen Basis
der Unternehmensführung dienen kann. Die vom "corporate economy"-
Ansatz vorgebrachte Kritik an der neoklassischen Unternehmenstheorie wird dabei insofern berücksichtigt als auch hier davon
ausgegangen wird, daß unter den gegebenen Umständen das allgemeine Gleichgewicht nicht als Konkurrenzgleichgewicht beurteilt
werden kann. Die Erscheinungen und Vorgänge deuten vielmehr darauf hin, daß dieses Gleichgewicht davon im Ergebnis systematisch abweicht und sich dieser Umstand der veränderten Funktion
der Unternehmung für das Zustandekommen dieses Gleichgewichts
verdankt.

II. Das theoretische Problem strategischer Unternehmensplanung

In der betriebswirtschaftlichen Diskussion über die theoretischen Grundlagen strategischer Unternehmensführung ist man
sich dagegen zwar "in der Ablehnung des mikroökonomischen
Gleichgewichtsmodells einig, das lange Zeit Ziel und Legitimationsgrundlage zugleich zu liefern vermochte". [1] An die
Stelle der neoklassischen Allgemeinen Gleichgewichtstheorie
trat aber kein neues ökonomisches Paradigma, das den theoretischen Zusammenhang und die normativen Grundlagen partieller
Planungstheorien zu begründen vermochte. Dieses Defizit zeigt
sich "als ein grundsätzlicher Mangel in der betriebswirtschaftlichen Planungs- und Zieldiskussion (...). Seit das neoklassische Paradigma fallengelassen wurde, ist zugleich das Wirt-
schaftsordnungsdenken verloren gegangen. Das gilt sowohl für
die empirische Zielforschung (...) wie auch für die systemtheoretische Analyse. (...) Die Wirtschaftsordnung läßt sich
nicht als Aggregat je spezifischer Wertvorstellungen darstellen und begreifen, sondern ihr Spezifikum ist, daß sie überindividuell den Rahmen für wirtschaftliches Handeln abgibt".[2]
Die, eine "Wirtschaftsordnung konstituierende Wirtschaftswei-
se, die es theoretisch und empirisch zu rekonstruieren gilt",[3]
betrifft aber nicht nur die Legitimationsgrundlage der Planungstheorien und die Zielfunktion der Planungsmodelle - normativer Aspekt -, sie gibt aber auch, als Gegenstand einer
allgemeinen ökonomischen Theorie, den systematischen Zusammenhang, in dem partielle Planungstheorien stehen, und bildet
das theoretische Feld ab, auf das sie sich beziehen. Das kon-
statierte Defizit betrifft also nicht nur die Legitimationsgrundlage und das Ziel der Planungstheorien. Es ist ein

Problem der Theoretischen Ökonomie. Mit der Ablehnung des mikroökonomischen Gleichgewichtsmodells der Neoklassik ist auch die
systematische Integration der Planungstheorie als partieller
ökonomischer Theorie in eine allgemeine Theorie ökonomischer
Strukturen und Prozesse, die (überindividuell) den Rahmen wirtschaftlichen Handelns abgeben, verloren gegangen - theoretischer
Aspekt. Dieser Verlust läßt sich, ebenso wie bei der (empirischen oder systemtheoretischen) Diskussion der Zielfunktion
nicht dadurch beheben, daß man bei den einzelnen Unternehmen
ansetzt. Eine allgemeine Theorie hätte vielmehr über die ökonomischen Strukturen und Institutionen der Gesellschaft, ihre Bedingungen und ihre Auswirkungen aufzuklären. Ohne diesen gene-
rellen Anspruch blieben ihre Themen und Ableitungen Fragmente.
Partielle Theorien, wie die Unternehmenstheorie, erlangen ja
erst ihre Bedeutung aus dem ökonomischen Gesamtzusammenhang.
Gerade bei Planungstheorien zeigt sich, daß die Gesamtvorschlä-
ge wenig hilfreich sind, wenn sie die zugrunde liegenden ökonomischen Prozesse und gesellschaftlichen Zusammenhänge nicht berücksichtigen. Die einzige geschlossene ökonomische Theorie,
von der aus sich bis jetzt eine Integration partieller Ansätze
anzubieten schien, war nun aber die Allgemeine Gleichgewichtstheorie der Neoklassik. Ihre Ablehnung hat also nicht nur ein
"normatives", sondern auch und insbesondere ein theoretisches
Defizit zur Folge.
Dieses theoretische Problem der strategischen Unternehmensführung ist der Anlaß, ein "neues Paradigma in der Ökonomie", die
Post-Keynesianische Allgemeine Theorie daraufhin zu prüfen, ob
sie an die Stelle des "alten" neoklassischen Paradigmas treten
kann, und welchen Beitrag sie zur Begründung der mikroökonomischen Basis strategischer Unternehmensplanung leistet.

Aus der Problemstellung folgt, daß die Analyse am "theoretischen Kern" der beiden Paradigmen, der neoklassischen und der

postkeynesianischen Allgemeinen Gleichgewichtstheorie ansetzt.
In der mikroökonomischen Gleichgewichtstheorie ist der Gewinn
über den Gleichgewichtspreis mit den Bedürfnissen der Individuen vermittelt. So bildet das Konkurrenzgleichgewicht den Rahmen, in dem sich das "Gleichgewicht der Unternehmung" (Arrow)[4]
einstellt. In einem ersten Analyseschritt (Kap. III.1.)
wird zu prüfen sein, wie die Unternehmung ihre instrumentelle
Funktion in der Gleichgewichtsökonomie wahrnimmt und ob die
neoklassische Darstellung des Preismechanismus den ökonomischen Vermittlungszusammenhang zwischen Gewinn und Bedürfnis
adäquat wiedergibt. Die Beurteilung bezieht sich dabei insbesondere auf die Darstellung der dynamischen Prozesse, Wachstum und Wachstumsgleichgewicht, und des Monopols, als der Institution, der darin eine besondere Stellung zukommt.
Erst wenn sich nachweisen läßt, daß diese Darstellung des Preismechanismus in der allgemeinen Theorie der Struktur realer Prozesse im Ganzen gesehen - und das heißt, unter Absehen von
Teilproblemen wie "Marktversagen" - nicht angemessen ist, dann
erst stellt sich die Frage nach einer alternativen Theorie der
Preisbildung und deren Darstellung der Funktion des Unternehmens im gesamtwirtschaftlichen Zusammenhang. Die Frage bezieht
sich also in beiden Fällen auf den theoretischen Kern des Paradigmas, die Funktion des Preises unter Wettbewerbsbedingungen und das Gleichgewicht der Unternehmung. Denn das mikroökonomische Gleichgewichtsmodell, und mit ihm die Allgemeine
Gleichgewichtstheorie der Neoklassik ist solange unentbehrlich,
als keine andere Theorie zur Verfügung steht, mit der sich dieser Zusammenhang begründen läßt. Wenn eine zur Neoklassik kom-
plementäre theoretische Erklärung desselben Gegenstandes des
Preismechanismus als dem "theoretischen Kern" beider Paradigmen auf der Mikro-Ebene gegeben werden kann, dann und nur
dann ist es sinnvoll, das alte Paradigma zugunsten des neuen

Paradigmas aufzugeben.

Zur Vorbereitung dieses Analyseschritts sollen die Charakteri-
stika der postkeynesianischen Theorie einführend im Vergleich
mit der neoklassischen Theorie dargestellt werden (Kap.III, IV.).
Die Analyse der Funktion des Unternehmens in dieser allgemeinen Theorie der ökonomischen Struktur, ihrer Bedingungen und
Auswirkungen, wird sich dabei ebenfalls auf den theoretischen
Kern, die ökonomischen Determinanten der Preisbildung, unter
den, im Rahmen der Kritik der mikroökonomischen Gleichgewichtstheorie herausgestellten Bedingungen des dynamischen Prozesses,
Monopol und Wachstum konzentrieren. Zu fragen ist dabei erstens
nach der Struktur des ökonomischen Gesamtzusammenhangs (Kap. V.)
und zweitens nach der Dynamik von Ungleichgewichtsprozessen
(Kap. VI.) auf Makro-Ebene. Es werden dann drittens aus der mikroökonomischen Basis der allgemeinen Gleichgewichtstheorie die
theoretischen Grundlagen eines (postkeynesianischen) Modells
strategischer Unternehmensplanung abgeleitet (Kap. VII.).
Welche Konsequenzen sich aus diesem theoretischen Modell für
eine Theorie strategischer Unternehmensplanung und für die Theorie
der Unternehmung ergeben, soll daran anschließend im gesamtwirtschaftlichen Zusammenhang diskutiert werden (Kap. VIII.-X.).
Die Möglichkeiten und Grenzen strategischer Unternehmensplanung
verweisen dabei auf das eingangs genannte Problem, das sich mit
der Begründung von Gestaltungsvorschlägen zugleich auch immer
die Frage nach dem Normensystem stellt, "das für die Gestaltung und Ausführung von Führungsfunktionen verbindlich sein
soll. Hier geht es letztlich um die verfassungsmäßigen Grundlagen der Unternehmensführung (...)" (Steinmann) [5]
und damit um den normativen Aspekt strategischer Unternehmensplanung. Unter diesem Aspekt werden sich die theoretischen Grundlagen des postkeynesianischen Modells als mit einem revidierten
neoklassischen Modell vereinbar erweisen. Auf diese "erstaunliche" Perspektive wollen wir abschließend hinweisen (Kap. XII.).

Die grundsätzliche Frage nach dem zu wählenden Paradigma stellt sich, so betrachtet, als Frage, welches Paradigma den Rahmen wirtschaftlichen Handelns bilden soll und welche institutionellen Voraussetzungen dafür geschaffen werden müssen (Kap. XI.). Damit schließt sich der Kreis. Das theoretische Problem der Begründung der mikroökonomischen Basis einer Theorie strategischer Unternehmensplanung aus der Allgemeinen Gleichgewichtstheorie erweist sich am Ende als normatives Problem der verfassungsmäßigen Grundlagen seiner gesellschaftlichen Geltung.

Um diesen Nachweis zu führen beginnen wir, der erläuterten Programmatik entsprechend mit einer, für die Zwecke dieser Untersuchung hinreichenden Darstellung des neoklassischen Gesamtansatzes in der Form, die ihm Walras gab, um darin das Gleichgewicht der Unternehmung zu bestimmen. [6]

§ 2 Allgemeine Gleichgewichtstheorie

III. Neoklassische Theorie

Die Theorie des Marktgleichgewichts wurde in allen ihren Elementen bereits von Adam Smith entwickelt. In der langfristigen Tendenz entspricht der Preis eines Gutes seinen Herstellungskosten, einschließlich der Verzinsung des eingesetzten Kapitals. Bei diesem Preis gibt es, entsprechend den Bedürfnissen, eine bestimmte ("effectual") Nachfrage. Das Angebot, das auf den Markt gebracht wird, paßt sich an diese effektive Nachfrage über den Preismechanismus an. Durch die Bewegung der Preise reguliert sich das Gleichgewicht ein. Wäre das Angebot größer als die Nachfrage, so könnten einige Anbieter ihre Kosten nicht decken und würden deshalb vom Markt verschwinden. Wäre umgekehrt die Nachfrage größer, so könnte auf diesem Markt ein Extragewinn über

die Deckung der Herstellungskosten hinaus erzielt werden. Bei
Überangebot ist der Marktpreis also eher unter den Herstellungskosten, bei Übernachfrage steigt er darüber. Durch diese
Bewegung des Marktpreises reguliert sich das Gleichgewicht ein.
Der Marktpreis tendiert gegen den durch die Herstellungskosten
gegebenen "natürlichen Wert", und bei diesem Preis deckt dann
das Angebot gerade die Nachfrage.
Adam Smith hat aber das Marktgleichgewicht nur partiell, nur
auf einem einzelnen Markt analysiert. Zwei Probleme sind dabei
offen geblieben. Erstens, die Preisbestimmung durch die Herstellungskosten ist unvollständig, weil in den Herstellungskosten
selbst wieder Preise stecken. Die Zurückführung der Preise auf
"primäre" Kosten der Herstellung, nämlich auf die "natürlichen
Werte" von Grundrente, Lohn und Kapitalzins löst dieses Problem
nicht, denn zunächst stecken in jedem Preis diese primären Kosten nicht nur direkt, sondern auch indirekt über die Preise
der Produktionsmittel. Zweitens zeigt Adam Smith nicht, wie und
ob es möglich ist, daß sich zu diesen natürlichen Preisen das
Angebot auf jedem Markt gerade an die zu diesen Preisen herr-
schende Nachfrage anpaßt. Dieses Problem resultiert daraus,
daß im Gesamtzusammenhang die Nachfrage nicht unabhängig vom
Angebot bestimmt werden kann; denn das Angebot stammt aus der
Produktion, aus dieser entstehen Einkommen und diese liefern
den Spielraum für die Nachfrage.
Allerdings könnte in diesem Zusammenhang auch gerade die Lösung
liegen, und vielleicht hat Smith in der Tat das Say'sche Gesetz
seines Interpreten J.B. Say vor Augen gehabt, daß sich jedes
Angebot automatisch seine eigene Nachfrage schafft. Dadurch wäre das Gleichgewicht gesichert, sofern nur die Preise den Herstellungskosten, also ihren "natürlichen" Werten entsprechen.

Auch David Ricardo stand in dieser Frage sicher auf dem Boden
des Say'schen Gesetzes. Aber dafür hat er praktisch das Problem
des allgemeinen Zusammenhangs der Kostpreise gelöst. Er hat je-

denfalls den Weg gewiesen, wie man Preise bei einer einheitlichen Profitrate und einem einheitlichen Lohnsatz aus den technischen Bedingungen der Produktion simultan bestimmen kann.

Der große Durchbruch bei der Lösung der Frage des allgemeinen
Marktgleichgewichts ist allerdings erst Léon Walras [9] in der
zweiten Hälfte des vorigen Jahrhunderts gelungen. Einerseits
hat er die durch die Produktion und den Tausch entstehenden
Einkommen explizit als Beschränkungen der Nachfragemöglichkei-
ten eingeführt, andererseits hat er den Zusammenhang der Märkte
und Preise unter allgemeineren Bedingungen studiert als Ricardo.
Er hat damit auch gezeigt, wie man sich ein allgemeines Gleichgewicht zwischen den unterschiedlichsten Bedürfnissen der Individuen und damit zwischen den Individuen selbst vorstellen kann,
wenn allen gleiche Durchsetzungschancen eingeräumt werden. Er
wollte zeigen, wie sich die realen Interessen unter realen materiellen und technischen Restriktionen in einem abstrakten System der "kommutativen Gerechtigkeit" in Übereinstimmung, ins
Gleichgewicht bringen lassen. "kommutative Gerechtigkeit" wird
dabei dem Tausch zugeschrieben, in dem gleiche Werte gewechselt
werden. Dieses Ziel liegt, wie man sieht, ganz in der Tradition
der Theorie einer liberalen Gesellschaft. In diesem Sinne ging
es Walras um den Entwurf einer "terrestrial utopia" im Gegensatz
zu den "otherworld utopia" der frühen französischen Sozialisten.
Er suchte die Lösung ganz in der Tradition des rationalen und systematischen französischen Liberalismus in einem geschlossenen
Theoriegebäude und verstand seine Allgemeine Gleichgewichtstheorie als Theorie über die Koordination individueller Bedürfnisse
über die Preisbildung auf freien Märkten. Seine Leistung sah er
darin, daß ihm der Nachweis gelungen war, daß ein Marktsystem
den Nutzen der Gesellschaft maximiert.
In ihm ergeben sich Marktgleichgewichte unter <u>zwei Voraussetzungen: Erstens</u> reagieren die Preise hinreichend flexibel auf Ungleichgewichte; zweitens bringen flexible Preise die Märkte bei

gegebenen Überschußnachfragen tendenziell ins Gleichgewicht. In diesem Sinne ist die Allgemeine Gleichgewichtstheorie eine Theorie über den Zusammenhang der Märkte und die Möglichkeit, individuelle Interessen durch Märkte und Preise zu koordinieren.

1. Marktgleichgewicht

1.1. Das neoklassische Gleichgewichtsmodell

Im folgenden wird das Modell von Walras, so wie es auch heute noch als Grundlage der Gleichgewichtstheorie dient (allerdings ohne einige Verallgemeinerungen und Feinheiten) referiert. [10] Ausgangs- und Zielpunkt sind darin die Nutzen u_h der in den Haushalten zusammengefaßten Individuen. Der Nutzen u_h des Haushalts h hängt ab von den Gütern, die er sich aus seinem Vermögen und über den Tausch im Marktverkehr leisten kann. Das Arbeitsvermögen spielt dabei eine besondere Rolle. Unter der Voraussetzung eines Arbeitsmarktes kann ein Haushalt sich die Mittel zum Erwerb von Gütern durch Verkauf seines Arbeitsvermögens gegen Lohn beschaffen. Mit x_h wird das Güterbündel bezeichnet, das sich der Haushalt über seine Transaktionen sichern kann, x_h ist ein Vektor mit soviel Elementen, wie es Güter gibt. Die einzelnen Elemente geben die Menge der jeweiligen Güter an, über die ein Haushalt

nach Abschluß aller Tauschvorgänge verfügen kann. Ein Element
ist die Zeit, die dem Haushalt nach Abzug der Arbeitszeit von
der insgesamt zur Verfügung stehenden Zeit bleibt.
Insgesamt wird eine Nutzenfunktion u_h (x_h) vorausgesetzt. Ziel
des Haushaltes ist es, diese Nutzenfunktion unter der Nebenbedingung zu maximieren, daß die Summe seiner Ausgaben die Summe
seiner Einnahmen und seines Anfangsvermögens nicht übersteigt:

$$u_h (x_h) = \max_{x_h}!$$
$$\text{N.B.} \quad px_h = p\bar{x}_h + \sum_u \alpha_{hu} \pi_u \, , \quad \sum_h \alpha_{hu} = 1 \, .$$

Hierbei ist p der Vektor der Güterpreise. $\bar{x}$ ist der Vektor,
der die Anfangsausstattung (Vermögen) des Haushaltes enthält.
Eines seiner Elemente ist die Zeit, die dem Haushalt insgesamt
zur Verfügung steht. Zieht man davon die Freizeit (Element von
x) ab, so ergibt sich die Arbeitszeit. Multipliziert mit dem
zugehörigen Preis (= Lohnsatz) erhält man das Arbeitseinkommen
des Haushaltes. $\sum \alpha_{hu} \pi_u$ ist eine Gewinnzuteilung, die der
Haushalt h von der Unternehmung u erhält, an der er mit dem Anteil α_{hu} beteiligt ist.
Der Gewinn π_u des Unternehmens u ist definiert als py_u. y_u ist
ein Vektor mit soviel Elementen, wie es Güter gibt. Die einzelnen Elemente von y_u geben die Output- und Inputmengen der
Unternehmung u an, wobei erstere ein positives, letztere ein
negatives Vorzeichen tragen. Der Gewinn ist somit die Differenz
zwischen dem Wert des Outputs und dem Wert des Inputs. Er
fließt den Eigentümern der Unternehmung zu und eröffnet diesen als Einkommensquelle die Möglichkeit, ihren Nutzen zu erhöhen, und zwar umso mehr, je größer diese Differenz ist. Die
Maximierung der Unternehmensgewinne kann somit als Konsequenz
aus der Nutzenmaximierung betrachtet werden.
In jeder Unternehmung werden die Gewinne dann unter der Nebenbedingung maximiert, daß die gewählte Produktionsfunktion y_u
technisch möglich ist:

$$\Pi_u = py_u = \max_{y_u}!$$

$$\text{N.B.} \quad y_u \in Y_u \text{ bzw. } f_u (y_u) = 0.$$

Die Menge der technisch möglichen Produktionsvektoren ist in der Nebenbedingung durch die Menge Y_u enthalten ($\in$) bzw. durch eine Produktionsfunktion f_u gegeben.

Aus der Nutzenmaximierung der Haushalte folgen die Güterbündel x_h in Abhängigkeit von den vorgegebenen Preisen p:

$$x_h = x_h (p).$$

Die Nettonachfrage eines Haushaltes ist dementsprechend

$$x_h(p) - \bar{x}_h .$$

Aus der Gewinnmaximierung der Unternehmung ergeben sich die Güterbündel y_u, ebenfalls in Abhängigkeit von den vorgegebenen Preisen p:

$$y_u = y_u(p).$$

Bei einem Output handelt es sich um eine Angebots-, bei einem Input um eine Nachfragefunktion.

$x_{hi} - \bar{x}_{hi}$ ist die Nettonachfrage eines Haushaltes nach dem Gut i (dem i-ten Element des gesamten Vektors). Wenn j das Gut "Zeit" bezeichnet, ist $x_{hj} - \bar{x}_{hj}$ das Angebot an Arbeitszeit. Wenn man diese Nettonachfrage (bzw. eben das Angebot) über alle Haushalte summiert, erhält man die Nettonachfrage nach dem Gut i, $x_i - \bar{x}_i$. Entsprechend kann man, wenn man über alle Unternehmungen addiert, die Gesamtnachfrage bzw. das Gesamtangebot y_i des Gutes i der Unternehmungen berechnen.

Für jedes der n Güter gibt es einen Markt. Die Differenz zwischen Nachfrage und Angebot, die Überschußnachfrage, auf dem i-ten Markt sei z_i (i=1,...,n). Im allgemeinen Marktgleichgewicht verschwindet die Überschußnachfrage auf jedem Markt:

$$z_i(p): = x_i(p) - \bar{x}_i - y_i(p) = 0, \quad i = 1,...,n.$$

Das sind zunächst n Gleichungen für n Preise. Eine kleine Modifikation ist allerdings noch notwendig. Wie man aus dem Maximierungskalkül entnehmen kann, gehen in die Nachfrage- und Angebotsfunktionen nur relative Preise ein. Man hat also nur n-1 Variablen zu bestimmen. Aber es gibt auch nur n-1 unabhängige Gleichgewichtsbedingungen; denn durch Addition aller Nebenbedingungen in den Haushaltskalkülen erhält man, bei Berücksichtigung der Definition der Gewinne die Gleichung

$$p (x - \bar{x}) - py = 0,$$

die für alle Preise identisch gilt. Dadurch ist eine der obigen Gleichgewichtsbedingungen automatisch erfüllt, wenn die übrigen n-1 gelten (<u>Walras'</u> <u>Gesetz</u>). Auf diese Weise hat Walras gezeigt, was die klassische Aussage (<u>Saysches</u> <u>Theorem</u>) bedeutet, daß jedem Angebot eine Nachfrage entspricht: <u>Der Wert der Überschuß-</u> <u>nachfragen</u> <u>addiert</u> <u>sich</u> <u>insgesamt</u> <u>zu Null</u>.

Die <u>zentrale Aussage</u>, die zusätzlich gilt und die <u>Stabilisierungsfunktion</u> des <u>Preismechanismus</u> zum Ausdruck bringt, ist, daß es gleichzeitig Gleichgewichtspreise p <u>auf</u> <u>allen</u> <u>Märkten</u> <u>geben</u> <u>kann</u>, <u>bei</u> <u>denen</u> <u>alle</u> <u>Pläne</u> der Haushalte und Unternehmungen <u>übereinstimmen</u>. Formal ergeben sich die n-1 Gleichgewichtspreise als Lösung eines Systems von n-1 Markt-Gleichgewichtsbedingungen. Die moderne Allgemeine Gleichgewichtstheorie hat dafür allgemeine hinreichende Bedingungen angeben können, bei denen sich vernünftige Lösungen ergeben (nicht-negative Gleichgewichtspreise). Diese Bedingungen beziehen sich im wesentlichen auf Eigenschaften der Nutzenfunktion u_h und der Produktionsfunktion f_u (der Präferenzordnung und der Produktionsmengen). Diese hinreichenden (aber nicht notwendigen) Bedingungen für die Existenz eines allgemeinen Gleichgewichts und der Beweis für diese Existenz findet sich bei <u>Debreu</u>. [11]

Unabhängig von einigen (allerdings intensiv diskutierten) Problemen, wie dem, daß sich wegen des Zusammenhangs der Märkte die Preisänderung auf einem Markt, den sie isoliert betrachtet

zum Gleichgewicht hinführt, insgesamt betrachtet destabilisierend wirkt, und es sich also nicht ausschließen läßt, daß der normale Preismechanismus ein allgemeines Gleichgewicht verfehlen kann; oder dem, daß in Wirklichkeit nie zu Gleichgewichts-, sondern ständig zu Ungleichgewichtspreisen getauscht wird, und sich deshalb ein anderes als das zu erwartende (aber immer noch ein allgemeines) Gleichgewicht einstellt 12) - unabhängig davon kann man sich, was die Stabilisierungsfunktion des Preismechanismus anbelangt, der neoklassischen Theorietradition anschließen: Erstens kann man davon ausgehen, daß der Preismechanismus im großen und ganzen wirksam ist, das heißt, daß die Preise hinreichend flexibel auf Ungleichgewichte reagieren. Das bedeutet nicht, daß sie immer sofort reagieren. Auch dazu hat die neoklassische Theorie in den letzten Jahren in einer Reihe von Verfeinerungen ihrer Ansätze gezeigt, daß man starre Preise bis zu einem gewissen Grad rational begründen kann. Anhaltende Ungleichgewichte dagegen führen zu Preisveränderungen. Zweitens kann man damit rechnen, daß solchermaßen flexible Preise die Märkte bei gegebenen Oberschußnachfragen tendenziell ins Gleichgewicht bringen, sei es auch mit Hilfe einer gewissen Flexibilität der Nutzenfunktionen und Gewinnstrategien, durch welche eine hinreichende Substitutivität - das erste der genannten Probleme - gesichert wird. *)
Daraus folgt, daß man die Allgemeine Gleichgewichtstheorie akzeptieren kann, so weit sie reicht, das heißt, als eine Theorie über den Zusammenhang der Märkte und über die Möglichkeit, individuelle Interessen (Bedürfnisse) durch Märkte und Preise zu koordinieren. In diesem neoklassischen Rahmen kann man davon ausgehen, daß hinreichende Bedingungen für die Existenz und Stabilität eines Allgemeinen Gleichgewichts unter Berücksichtigung gewisser Funktionen als erfüllt gelten können.

---

*) Für unsere Untersuchung können diese immanenten Probleme weitgehend vernachlässigt werden. Wir werden sie nur insoweit thematisieren als sie das Monopolgleichgewicht betreffen. Vgl. **Weintraub (1979), Barro (1979)**

Die Kritik an der neoklassischen Theorie kann also nicht darauf gerichtet sein, daß ein allgemeines Gleichgewicht generell
nicht existiert, oder daß der Preismechanismus nicht mehr wirksam ist. Im Gegenteil. Auch wenn man die Voraussetzungen der
Gleichgewichtstheorie gelten lassen kann - und sie gelten weitgehend auch in unserer gegenwärtigen Situation -, dann, so wird
zu zeigen sein, gibt es weitere destabilisierende Kräfte. Diese
hängen eng mit der Dynamik der Entwicklung des Marktsystems in
der Zeit zusammen, und das ist, wie sich zeigen wird, eine andere Dynamik als die des normativen Preismechanismus - die sich
in letzter Konsequenz dann auch nicht mehr in der neoklassischen Allgemeinen Gleichgewichtstheorie darstellen läßt, und zu
deren Darstellung dann auf die weitergehende postkeynesianische
Theorie zurückgegriffen werden muß.

1.2.   Temporales Gleichgewicht

Diese Dynamik wird von der postkeynesianischen Theorie als "Dynamik in der Zeit" der modernen "intertemporalen Gleichgewichtstheorie" der Neoklassik (Meade) [13] gegenübergestellt. [14] In der
intertemporalen Gleichgewichtstheorie werden im allgemeinen
Gleichgewicht Gegenwart und Zukunft gleichzeitig behandelt. Sowohl die Nutzen, als auch die Produktionsfunktionen beziehen
sich nicht nur auf die Güter der laufenden Periode, sondern
auch auf jene, die in allen zukünftigen Perioden nachgefragt
bzw. angeboten werden können. Es gibt somit für alle Güter Zukunftsmärkte, auf denen bereits heute Tauschverträge abgeschlossen werden, während die Leistungen erst zum vereinbarten Datum
erfolgen. Die Zukunft wird demnach in den Vertragszeitpunkt Gegenwart projiziert.
Der fiktive Charakter dieses Modells liegt auf der Hand. Zur
Analyse realer Abläufe in der Zeit ist es offensichtlich unge-
eignet. In einer solchen Analyse kann es nicht erlaubt sein,

Nutzenvorstellungen über kommende Perioden und zukünftige Produktionsmöglichkeiten so zu präzisieren, wie die intertemporale Gleichgewichtstheorie dies tut. In Bezug auf beide Konzepte ist die Zukunft offen - Vergangenheit, Gegenwart und Zukunft bewegen sich in einem Raum von Modalitäten, die sich nicht umstandslos auf die Zeit der Gegenwart reduzieren lassen. Infolgedessen gibt es keine intertemporalen Nutzenfunktionen, die genau spezifizierte Bedürfnisse abbilden. Die Nutzenvorstellungen der Individuen beziehen sich auf die Güter der laufenden Periode und auf Ersparnisse, die global für zukünftige Bedürfnisse gebildet werden. Nutzenfunktionen, in denen diese Positionen vorkommen, werden als indirekte Nutzenfunktionen bezeichnet, weil sie zukünftige Bedürfnisse über Ersparnisse enthalten. Diese indirekten Funktionen kann man als Repräsentation der Zeitpräferenzen annehmen. Die Zukunft ist in ihnen unspezifiziert enthalten.

Ähnlich unbestimmt ist die Zukunft bei Produktionsmöglichkeiten. Der technische Fortschritt verändert die Technologie in prinzipiell nicht vorhersehbarer Weise. In ein rationales Kalkül kann er also nicht zuverlässig einbezogen werden. Demnach richten die Unternehmungen ihren Produktionsapparat bis zu einem gewissen Grad auf zukünftige Entwicklungen ein. Sie beschaffen Kapitalgüter, deren Produktionspotential auf die Zukunft ausgerichtet ist. Somit enthalten die Produktionsfunktionen zukünftige Planungen nur indirekt, wie die Nutzenfunktionen, in nicht spezifizierter Weise.

Eine detaillierte vertragliche Absicherung der zukünftigen Entwicklung, wie sie das intertemporale Gleichgewicht unterstellt, ist also nicht möglich. Es können sich keine Zukunftsmärkte für Bedürfnisse und Produktionsbedingungen herausbilden.

Weil es aber keine Zukunftsmärkte gibt, werden umgekehrt spezifische Planungen erschwert. Diese können sich nur auf Erwartungen, nicht auf Vereinbarungen gründen.

Anstatt über Zukunftsmärkte, wird die Verbindung zwischen Gegenwart und Zukunft durch Kapital hergestellt: bei den Haushalten in Form von Sparkapital, bei den Unternehmungen in Form von Lagern und dauerhaften Kapitalgütern, in denen sich das Sparkapital volkswirtschaftlich niederschlägt. Für Kapital in Form von Geld gibt es Zukunftsmärkte, die als Substitut für nicht vorhandene Zukunftsmärkte bei den einzelnen Gütern dienen. Dort nimmt man Kredite auf, das heißt, man kauft Geld für heute und verkauft es für morgen. Die Differenz im Preis ist der Zinssatz. Oder man legt Geld heute an und kauft es morgen wieder zurück.

Kapitalmärkte bieten somit einen direkten Zusammenhang zwischen Gegenwart und Zukunft. Ober Kapitalmärkte können die anderen Güter indirekt über die Zeit hinweg miteinander verbunden werden. Es besteht somit ein Zusammenhang zwischen Kapitalmärkten und einem intertemporalen Gleichgewicht. [15]

Damit hat man ein temporales Gleichgewichtsmodell mit Gegenwartsmärkten für Güter und Zukunftsmärkten für Kapital in Form von Geld. Für diese Märkte gibt es Preise einschließlich Zinssätze. Ein allgemeines Gleichgewicht ist zunächst nur für diese Märkte definiert, nämlich durch jene Preise, bei denen die Oberschußnachfragen verschwinden. Allerdings hängt die Oberschußnachfrage nun auch von den in Zukunft erwarteten Preisen ab. Infolgedessen lauten die Gleichgewichtsbedingungen nun

$$z\ (p,p^e)\ =\ 0.$$

p^e symbolisiert die für die Zukunft erwarteten Preise. Ein temporäres Gleichgewicht ist somit für einen bestimmten Zeitpunkt in Abhängigkeit vom Stand der Erwartungen definiert. Es ist vom Zeitpunkt abhängig, den man betrachtet, denn die erwarteten Preise können sich in Abhängigkeit von den Gleichgewichtspreisen ändern, die sich als Folge von ihnen ergeben haben. Damit erhält man in der nächsten Periode auch neue Gleichgewichtspreise.

Darüberhinaus hängt das temporäre Gleichgewicht auch von der An-fangsausstattung dieser Periode ab. Diese können sich durch Er-sparnisse der Haushalte und Investitionen der Unternehmungen ebenfalls von Periode zu Periode ändern, so daß das Gleichgewicht auch in dieser Hinsicht relativ ist.

Diese Erweiterung bewegt sich aber immer noch im Rahmen der neo-klassischen Theorie. Auch das Walras'sche Gleichgewichtsmodell läßt sich als Gleichgewicht einer Periode, abhängig von Anfangs-ausstattungen und Erwartungen und nicht als intertemporales Gleichgewicht verstehen. [16] Der Gleichgewichtsbegriff bezieht sich auf die Räumung der Gegenwarts- und Kapitalmärkte durch Gleichgewichtspreise p^+, die sich aus den Gleichgewichtsbedinun-gen $z(p, p^e, \bar{x}) = 0$ ergeben. $\bar{x}$ symbolisiert hierbei den Güterverkehr der Anfangsaus-stattung. Von einem absoluten Gleichgewicht könnte man sprechen, wenn aus diesen Bedingungen in jeder Periode die nämlichen re-lativen Gleichgewichtspreise p (einschließlich Zinssätze) folgen würden.Damit ein solches Gleichgewicht ökonomisch plausibel ist, müßte es zwei Eigenschaften aufweisen: Erstens müssen die Preis-erwartungen immer zutreffen, also $p=p^e$, und zweitens muß die $\bar{x}$ konstant sein. Das muß keine absolute Konstanz der Mengen bedeu-ten. Es genügt für die Konstanzannahme, daß die Güterstruktur gleichbleibt. Das ist auch dann der Fall, wenn die Mengen mit einer konstanten Rate wachsen. Der Spezialfall der Konstanz der Güterbestände ist durch eine Wachstumsrate von Null eingeschlos-sen. Dies ist der Fall einer stationären Ökonomie. Für sie gilt, daß sowohl die relativen Preise als auch die Güterbestände über die Zeit hinweg fest sind und die Erwartungen in Erfüllung ge-hen.

1.3. Wachstumsgleichgewicht

Häufig ist die neoklassische Theorie als Theorie einer stationären Ökonomie mißverstanden worden, zwar nicht als ein temporäres, sondern als ein absolutes Gleichgewichtsmodell, aber nur auf einen temporären Zustand bezogen. Die Neoklassik enthält aber durchaus eine Theorie der wirtschaftlichen Entwicklung. [17)]

Die wirtschaftliche Entwicklung beruht auf einer Entscheidung darüber, welche Ressourcen dem laufenden Konsum entzogen, also gespart und damit der Kapitalbildung zugeführt werden. Die Neoklassiker sehen diesen Prozeß der Kapitalbildung durch die gleichen Prinzipien und Mechanismen gesteuert, wie die Allokation allgemein. Die Bedürfnisse der Individuen haben eine Zeitdimension. Ihren Zeitpräferenzen entsprechend teilen sie ihr Einkommen für zukünftigen Konsum ein. Die Ersparnisse werden auf dem Kapitalmarkt angeboten. Dort fragen die Unternehmungen Mittel zur Finanzierung von Investitionen nach, die sie zur Maximierung ihrer erwarteten Gewinne planen. Sowohl die Ersparnisse als auch die Investitionen hängen unter anderem vom Zinssatz ab. Er bringt die beiden Größen über den Preismechanismus ins Gleichgewicht. Auf diese Weise werden die Ersparnisse über die Investitionen in produktives Kapital verwandelt, mit dem später jene Zukunftsgüter produziert werden können, auf die die Bedürfnisse der Haushalte gerichtet sind.
In der "neoklassischen Wachstumstheorie" (Solow) [18)] ist Walras dergestalt um den dynamischen Aspekt ergänzt worden. Sie ist eine makroökonomische Theorie der wirtschaftlichen Entwicklung, die über endogen gesteuerte Kapitalbildung läuft. Ferner handelt es sich um eine Gleichgewichtstheorie im Sinne des absoluten Gleichgewichts. In ihrem Zentrum steht das Wachstumsgleich-

gewicht. Demzufolge sind erstens alle Märkte im Gleichgewicht, zweitens sind alle Erwartungen erfüllt, und drittens sind die relativen Güterbestände konstant.

Die relativen Preise (einschließlich Zinssätze) sind dann entsprechend den Gleichgewichtsbedingungen

$$z (p, p^e, \bar{x}) = 0$$

ebenfalls konstant; denn es ist $p^e=p$ und $\bar{x}$ enthält die Bestände nur in ihren Relationen.

Die Stabilität eines solchen, auch als "golden age" bezeichneten (Robinson) [19] Wachstumsgleichgewichts läßt sich unter gewissen Bedingungen als eine sinnvolle Darstellung realer Strukturen verstehen. Eine wichtige Einschränkung und damit eine Bedingung für die Akzeptanz der neoklassischen Theorie in diesem Falle ist aber:

Man kann annehmen, daß ein (neoklassisches) Wachstumsgleichgewicht existiert, und daß es sich durch die üblichen Preismechanismen stabilisieren kann, wenn der Wachstumsprozeß durch die neoklassische Theorie der Kapitalbildung korrekt beschrieben wird.

1.4. Ansatzpunkte einer Kritik der neoklassischen Theorie

Damit konzentriert sich eine mögliche Kritik auf den eingangs genannten theoretischen Kern, den Preismechanismus, der jetzt natürlich bezogen wurde auf seine, eine Wachstumsgleichgewicht stabilisierende Wirkung und somit darauf, daß die den Wachstumsprozeß bedingende Kapitalbildung in der neoklassischen Theorie korrekt dargestellt ist. [20] Die Kritik hat also nicht nachzuweisen, daß die traditionellen Marktmechanismen versagen, Monopol und Großunternehmen als Reaktion auf Marktversagen zu verstehen sind. Die Kritik hat vielmehr den Nachweis zu führen, daß ein zentrales Allokationsproblem der Gesellschaft, die Ka-

pitalbildung nicht über den traditionellen Preismechanismus
und über den Markt gelöst wird.

2. Ein makroökonomisches Modell des Allgemeinen Gleichgewichts

Im Vordergrund des Makromodells steht nicht die Struktur der
Konsum- und Kapitalgüter, sondern der Teil der gesellschaftlichen Ressourcen, der insgesamt für den einen oder anderen
Komplex verwendet wird. Probleme ergeben sich mit diesem Makromodell, wenn die Mikrostrukturen berücksichtigt werden.
Darauf bezieht sich die sogenannte "Cambridge-Kontroverse"
(Haracourt).[21] Darauf braucht aber an dieser Stelle noch
nicht eingegangen zu werden, da es hier nur darum geht, die
Grundlagen des neoklassischen Modells darzustellen, und wir
uns daran anschließend mit diesen Besonderheiten, die sich
aus der mikroökonomischen Basis und darin insbesondere aus
den Determinanten der Preisbildung ergeben, befassen wollen. [22]

Ausgangspunkt ist das mikroökonomische Modell des allgemeinen
Gleichgewichts. Die Haushalte maximieren ihren Nutzen unter
der Nebenbedingung ihres Einkommens:

$$u_h (x_h) = \max_{x_h}!$$

$$\text{N.B.} \quad p (x_h - \bar{x}_h) = \sum_u \alpha_{hu} \pi_u \, .$$

Die Unternehmungen maximieren ihren Gewinn unter der Nebenbedingung der Produktionsfunktion:

$$\pi_u = p y_u = \max_{y_u}!$$

$$\text{N.B.} \quad f_u (y_u) = 0.$$

Im makroökonomischen Modell wird ein aggregierter Haushalt und

eine aggregierte Unternehmung betrachtet. Es gibt ein Gut, das
Sozialprodukt Y, das sich in Konsum und Investition aufteilt
(Y=C+J). Dieses Gut wird mit der linear-homogenen Produktionsfunktion Y=F(K,N) produziert, also unter dem Einsatz von Kapital K und Arbeit N. Der Kapitalstock besteht aus Investitionen der Vergangenheit. Es gibt einen Gütermarkt und einen Arbeitsmarkt - beide sind Gegenwartsmärkte. Daneben gibt es einen
Finanzierungsmarkt (Wertpapiermarkt), der Gegenwart und Zukunft
verbindet. Die relevanten Preise sind der Reallohnsatz (Geldlohnsatz w pro Einheit N im Verhältnis zum Güterpreis) und der
Zinssatz r.

Das Gewinnmaximierungskalkül der Unternehmung des Marktmodells
lautet:

$$\pi = Y - wN - rK = max!$$
$$N.B.\ Y = F\ (K,N)\ .$$

Da die Produktionsfunktion konstante Skalenerträge aufweist -
eine Annahme, die im Mikromodell zu relativieren sein wird -,
ist die Kostenfunktion linear. Das Kalkül läuft deshalb darauf hinaus, die Kosten zu minimieren und die Produktion zu maximieren. Letztere findet ihre Obergrenze an der erwarteten
Nachfrage Y^e. Gemäß der Minimalkostenkombination hängen der
Arbeitskoeffizient n:=N/Y^e und der Kapitalkoeffizient k:=K/Y^e
vom Lohn/Zinsverhältnis w/r ab:

$$n = n\ (w/r)$$
$$k = k\ (w/r)\ .$$

Im folgenden wird angenommen, daß diese Funktionen den üblichen neoklassischen Verlauf annehmen, daß also der Arbeitskoeffizient mit steigendem Lohn/Zinsverhältnis abnimmt, während der Kapitalkoeffizient zunimmt. Entsprechend der Veränderung des Preisverhältnisses wird also Arbeit durch Kapital
substituiert. Mit der Funktion des Kapitalkoeffizienten ist
eine neoklassische Investitionsfunktion impliziert. Denn die

Investition ist die Differenz zwischen dem Kapitalstock der
laufenden und der vorigen Periode, $J=K-K_{-1}$, und der laufende
Kapitalstock ergibt sich als $K=kY^e$, so daß also

$$J = k \, (w/r) \, Y^e - K_{-1}$$

gilt. Bei gegebenem Kapitalstock der Vorperiode und gegebenen
Absatzerwartungen hängt die Investitionsnachfrage vom Verhältnis zwischen Reallohn und Zinssatz ab. Sie steigt mit fallen-
dem Zinssatz. Der Kapitalstock wird nach der erwarteten Nachfrage Y^e eingerichtet. Dagegen wird angenommen, daß sich die
laufende Produktion der tatsächlichen Nachfrage Y anpaßt. Dadurch kann der Auslastungsgrad a des Kapitalstocks variieren.
Er ist definiert durch das Verhältnis von erwarteter und tat-
sächlicher Nachfrage:

$$Y = aY^e \ .$$

Der ausgelastete Teil des Kapitalstocks ist dann aK. Für $a < 1$
ist der Kapitalstock unterausgelastet und vice versa. Der Einfachheit halber wird angenommen, daß der Auslastungsgrad des
Arbeitseinsatzes entsprechend variiert. Entsprechend der erwarteten Nachfrage Y^e wird der Einsatz $N=nY^e$ geplant. Aufgrund
der tatsächlichen Nachfrage Y kommt nur die Menge aN zum Einsatz.

Die entscheidenden Impulse kommen aus den Kalkülen der Haushalte. Diese maximieren ihren Nutzen in bezug auf Arbeitseinsatz, Gegenwarts- und geplantem Zukunftskonsum. Ihren Präferenzen entspricht also erstens das laufende Arbeitsangebot N_H;
zweitens die Konsumgüternachfrage C; und drittens das Sparangebot S_H, das angibt, welche Änderungen des Vermögens und damit letztlich des Kapitalstocks die Haushalte wünschen.
Für die Frage nach den Bestimmungsgründen der Kapitalbildung
ist die Theorie dieses Sparangebotes von großer Bedeutung.
Für die Bestimmung der Sparfunktion wird angenommen, daß aus

der Nutzenmaximierung die Regel folgt, einen bestimmten Prozentsatz s des laufenden Einkommens zu sparen. s ist die durchschnittliche Sparquote. Sie kann vom Zinssatz r oder von der Einkommensverteilung abhängen, wird aber der Einfachheit halber als konstant vorausgesetzt.

Das laufende Einkommen setzt sich aus Lohneinkommen w·nY und Zinseinkommen r·kY zusammen. Zusätzliche Gewinneinkommen entstehen, wie zu zeigen ist, nicht. Infolgedessen lautet die Sparfunktion der Haushalte

$$S_H = s \cdot (wn + rk) \ Y \ .$$

Für die Märkte gilt:

Der Gütermarkt enthält zwei Gleichgewichtsrelationen, von denen man eine als Angebotsgleichgewicht, die andere als Nachfragegleichgewicht bezeichnen kann. Diese unübliche Zweiteilung des allgemeinen Gütermarktgleichgewichts ergibt sich aus der Trennung von Preis- und Mengenbestimmungen, die bei konstanten Skalenerträgen typisch ist. Das "Marktbild" besteht aus einer horizontalen Angebotskurve, deren Höhe den Preis festlegt, während die geneigte Nachfragekurve im Schnittpunkt mit der Angebotskurve die Menge determiniert.

Die Angebotsrelation entsteht aus der Annahme, daß der Güterpreis durch die Kosten bestimmt ist, das heißt, daß die Konkurrenz im Gleichgewicht keine Gewinne zuläßt. Da die Gewinne ex post durch Y-w·nY-r·kY gegeben sind, muß also gelten

(1.1) $1 = wn + rk$.

Vorläufig kann man diese Gleichung so interpretieren, daß sich im Gleichgewicht Lohn- und Zinssatz so herausgebildet haben, daß alle Gewinne verschwunden sind. Sie schließt die übliche Grenzproduktivitätstheorie ein, nach welcher der Lohnsatz der Grenzproduktivität der Arbeit und der Zinssatz der Grenzproduktivität des Kapitals entspricht, und nach welcher das Produkt durch Lohn- und Zinszahlungen gerade ausgeschöpft wird

($w = \delta F / \delta N$, $r = \delta F / \delta K$, $Y = \delta F / \delta N \cdot N + \delta F / \delta K \cdot K$). Diese Gleichung wird auch als Faktorpreisrelation bezeichnet.

Die Nachfragerelation besagt, daß sich die Produktion Y an die Summe aus Konsum- und Investitionsnachfrage anpaßt, also $Y = C + J$ ist. Da alle Einkommen an die Haushalte gehen und diese die Konsumentscheidungen treffen, ist $Y - C$ die Ersparnis der Haushalte, d.h. $S_H = Y - C = s(wn + rk)Y = sY$ (wegen (1.1)). Deshalb wird die Nachfragerelation durch die übliche $J = S$-Bedingung gegeben. Die Investitionsfunktion ist: $J = kY^e - k_{-1}$. Also wird die Höhe der laufenden Produktion durch die Gleichung

(1.2)
$$ s \, \frac{Y}{k_{-1}} = k \, \frac{Y^e}{k_{-1}} - 1 $$

bestimmt.

(1.1) und (1.2) beschreiben das Gleichgewicht auf dem Gütermarkt.

Auf dem Arbeitsmarkt herrscht Gleichgewicht, wenn das Arbeitsangebot N_H und die Arbeitsnachfrage übereinstimmen. Die zunächst geplante Arbeitsnachfrage ist zwar nY^e, aber tatsächlich wird in der laufenden Produktion die Menge nY benötigt, so daß ein Arbeitsmarktgleichgewicht bei $N_H = nY$, beziehungsweise bei

(1.3)
$$ \frac{N_H}{k_{-1}} = n \, \frac{Y}{k_{-1}} $$

vorliegt.

Der Reallohnsatz macht sich bei der Wahl des Arbeitskoeffizienten geltend.

Der Finanzierungsmarkt ist ein Markt, auf dem Geld gegen Wertpapiere zu Finanzierungszwecken angeboten und nachgefragt wird. Haushalte und Unternehmungen wollen stets in einem gewissen Umfang Geldbestände halten, deren Höhe durch die Liquiditätspräferenz L bestimmt ist. Der Einfachheit halber gehen wir von

einer Liquiditätspräferenzfunktion L=l(r)pY aus, wobei l(r) die
negative Abhängigkeit der erwünschten Kasse vom Zinssatz angibt und pY für den Wert der volkswirtschaftlichen Transaktionen steht; d.h. p ist das Güterpreisniveau. Wenn die in der
Wirtschaft vorhandene Kasse M beträgt, dann sind die Kassenhaltungswünsche bei M=L bzw.

(1.4)
$$\frac{M}{pk_{-1}} = l(r) \frac{Y}{k_{-1}}$$

erfüllt. Betrachtet man nun die Vermögensrestriktionen der Haushalte und Unternehmungen, so sieht man, daß der Finanzierungsmarkt (Wertpapiermarkt) in Übereinstimmung mit dem Walrasschen
Gesetz automatisch ausgeglichen ist, wenn sich Gütermarkt, Arbeitsmarkt und Kassenhaltungswünsche im Gleichgewicht befinden,
wenn die Gleichungen (1.2) bis (1.4) erfüllt sind.
Die Vermögensrestriktionen lauten nämlich (bei W: Wertpapierbe-
stand mit den Haushalten als Gläubiger und den Unternehmungen
als Schuldner; W_H und W_U: die entsprechenden geplanten Bestände):

$$C + (W_H - W) + (L_H - M_H) = wN_H + rK$$

$$J = (W_U - W) - (L_U - M_U) + (Y - wN_U - rK) .$$

Durch Addition ergibt sich die Summe der Überschußnachfragen
auf den Märkten, beziehungsweise in der Kassenhaltung

$$(C + J - Y) + (W_H - W_U) + (L - M) + w(N_U - N_H) = 0,$$

und damit das Walrassche Gesetz.

Die Gleichungen (1.1) bis (1.4) beschreiben also das makroökonomische Gleichgewicht in einer Periode vollständig.

Dieses makroökonomische Gleichgewicht ist eine Synthese aus den
üblichen neoklassischen JS-LM-Analysen mit den Konkurrenzbedin-

gungen des Gütermarktes und dem Gleichgewicht auf dem Arbeitsmarkt.

Außerdem enthält es eine Investitionsfunktion, die mit den übrigen Relationen konsistent ist.

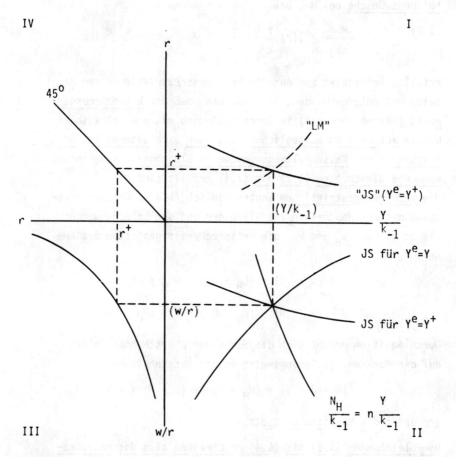

Figur 1:

In Figur 1 sind die Gleichgewichtsbeziehungen (1.1) bis (1.4)
illustriert. Der Quadrant III zeigt die Faktorpreiskurve (1.1)

als Beziehung zwischen dem Zinssatz und dem Lohn/Zinsverhält-
nis, also in der Form

$$1/r = w/r \cdot n \ (w/r) + k \ (w/r) \ .$$

Quadrant II enthält zunächst die JS-Kurve (1.2) unter der Voraussetzung, daß die erwartete Nachfrage eintritt, also $Y^e = Y$
ist. Für (1.2) gilt dann:

$$Y/k_{-1} = (k \ (w/r) - s)^{-1} \qquad (k > s \ \text{vorausgesetzt})$$

Mit steigendem Lohn-Zinsverhältnis nimmt das Gleichgewichtsein-
kommen ab, das heißt, die Kurve verläuft in diesem Quadranten
von rechts oben nach links unten. Der Grund ist: Wenn das Lohn/
Zinsverhältnis steigt, nehmen die Investitionen ceteris paribus
zu. Das Gütermarkt-Gleichgewicht kann nur dadurch aufrechter-
halten bleiben, daß gleichzeitig das Sozialprodukt entsprechend sinkt. Ferner befindet sich im Quadranten II das Arbeits-
markt-Gleichgewicht, Gleichung (1.3). Sie verläuft von links
oben nach rechts unten; denn wenn das Lohn/Zinsverhältnis
steigt, nimmt der Arbeitskoeffizient ab, so daß der Arbeitsmarkt nur im Gleichgewicht bleiben kann, wenn gleichzeitig die
Produktion entsprechend steigt.

Der Schnittpunkt der Arbeitsmarktkurve und der JS-Kurve für
$Y^e = Y$ gibt in Abhängigkeit von N_H/K_{-1}, also von der relativen
Faktorausstattung, ein temporäres Gleichgewicht bei erfüllten
Erwartungen - temporär deshalb, weil sich die relative Faktorausstattung von Periode zu Periode ändern kann. Die Gleichgewichtswerte sind $(Y/K_{-1})^+$ und $(w/r)^+$. Bei diesen Werten sind
Güter- und Arbeitsmarkt ausgeglichen. Dazu kommt der Gleich-
gewichtszinssatz r^+, bei dem durch die Konkurrenz gerade die
Gewinne verschwunden sind.

Man kann aber auch untersuchen, was sich ergibt, wenn die erwartete Nachfrage nicht immer eintritt. Für gegebene Erwartungen Y^e zum Beispiel liefert Gleichung (1.2) im Quadranten II

eine von links oben nach rechts unten fallende JS-Kurve. Dies
deshalb, weil bei gegebenen Absatzerwartungen die Investitionen mit steigendem Lohn/Zinsverhältnis zunehmen und daraus
über den üblichen Multiplikatorprozeß ein höheres Sozialprodukt folgt. In der Figur ist eine solche JS-Kurve unter der
Annahme $Y^e=Y^+$ eingezeichnet. Aus einer solchen Kurve und aus
der Faktorpreiskurve, also aus den Gleichungen (1.1) und (1.2)
für gegebenes Y^e , läßt sich die gewohnte JS-Kurve eines r,Y-
Diagramms ableiten. Daraus wird deutlich, daß die Lage dieser
üblichen JS-Kurve von der Höhe der erwarteten Nachfrage abhängt. Im Quadranten I ist eine solche JS-Kurve für $Y^e=Y^+$
eingetragen. Man kann das Diagramm dann vervollständigen, indem man noch die LM-Kurve der Gleichung (1.4) in diesen Quadranten mit einträgt. Im Gleichgewicht muß die JS-Kurve im
Punkt (r^+, Y^+/K_{-1}) schneiden, d.h. die Variable M/pK_{-1} muß
entsprechend hoch sein. Bei gegebenem K_{-1} und gegebener Geldmenge M wird dadurch das absolute Preisniveau bestimmt.

3. Der neoklassische Stabilitätsmechanismus

Die neoklassischen Stabilitätsmechanismen eines temporären
Gleichgewichts lassen sich durch die Bestimmungen der Preise
im Gleichgewicht und Ungleichgewicht schematisch darstellen:

Gleichung bestimmt im	Gleichgewicht	Ungleichgewicht
(1.1) Konkurrenz Gütermarkt	r	$\angle$ p
(1.3) Arbeitsmarkt	w/r	$\angle$ w_M
(1.4) "Geldmarkt"	p	$\angle$ r

($\angle$ ist die Veränderung, w_M der Geldlohnsatz).

Die ökonomisch wirksamen Kräfte stecken natürlich hinter der

Dynamik des Ungleichgewichts. In der neoklassischen Theorie
wird angenommen, daß diese Preisdynamik das Gleichgewicht stabilisiert. Der Gedankengang ist folgender. Man geht von ir-
gendeinem Ungleichgewicht aus. So könnte zum Beispiel die Li-
quiditätspräferenzkurve in Figur 1 zu weit links oben liegen.
Behalten wir $Y^e = Y^+$ bei, dann wird der Zinssatz über seinen
Gleichgewichtswert steigen. Das bedeutet, daß die Güterpreise
steigen müssen, damit keine Verluste entstehen. Dadurch werden
die Reallöhne gedrückt. Das Lohn/Zinsverhältnis sinkt. Infolgedessen gehen die Investitionen zurück. Bei gleichbleibenden
Nachfrageerwartungen sinkt dann die Produktion, und zwar entlang der JS-Kurve für das gesamte $Y^e = Y^+$. Dadurch entsteht Arbeitslosigkeit, was sich in der Figur darin ausdrückt, daß man
in den Bereich links von der Arbeitsmarktkurve gerät. Also
sinken die Geldlöhne, und deshalb können in der Konkurrenz die
Güterpreise fallen. Dies läßt den Realkasseneffekt zur Wirkung
kommen: Bei sinkenden Preisen wird der Wert einer gegebenen
nominalen Geldmenge M real höher, M/pk_{-1} steigt, und als Folge
davon fällt der Zinssatz. Deshalb können die Güterpreise weiter fallen, weshalb nun die Reallöhne wieder steigen. Bei
steigendem Lohn/Zinsverhältnis nehmen aber die Investitionen
wieder zu, somit steigt über den Multiplikator die Produktion,
die Arbeitslosigkeit wird abgebaut, und so wird im Laufe der
Zeit das Gleichgewicht wieder erreicht.
Wenn $Y^e \neq Y^+$ ist, läuft im Prinzip der gleiche Stabilitätsmechanismus ab, der nun allerdings noch durch eine Anpassung der
Erwartungen ergänzt werden muß. Dies erscheint zunächst ganz
plausibel. Die Problematik tritt, wie für das Monopolgleichgewicht noch zu zeigen sein wird, erst bei gewissen Ungleichgewichtsprozessen auf. Davon aber abgesehen ist dieser Stabilitätsmechanismus über Preise durchaus akzeptabel. Die empirischen Belege für die Stabilitätsleistung der Preise scheinen

überzeugend zu sein. Damit soll nicht gesagt werden, daß der Prozeß immer sofort ins Gleichgewicht führt, sondern nur, daß er sich insgesamt in diese Richtung bewegt.

Wenn man also in diesem neoklassischen Rahmen bleibt und von der Problematik der Erwartungsbildungen absieht, dann kann man sich der neoklassischen Theorie anschließen, daß sich das Marktgleichgewicht selbst stabilisiert.

Eine gewisse Unruhe kommt in dieses System eines temporären Gleichgewichts durch die <u>wirtschaftliche</u> Entwicklung, die <u>Ver</u>-<u>änderungen</u> in <u>der</u> Zeit hervorruft. [23] In dem hier diskutierten Modell betrifft dies die Variable N/K_{-1}, also die zeitliche Veränderung in Arbeitsangebot und Kapitalstock. Variationen dieser Variablen verschieben in Figur 1 die Arbeitsmarktkurve. So steigt der Kapitalstock durch Investitionen. Wenn er in der zeitlichen Entwicklung schneller zunimmt als das Arbeitsangebot, dann sinkt N/K_{-1} und die Arbeitsmarktkurve verlagert sich nach links. Dadurch steigt im Gleichgewicht das Lohn/Zinsverhältnis. Infolgedessen nimmt der Kapitalkoeffizient k zu. Dies hat jedoch zur Folge, daß die Wachstumsrate des Kapitalstocks sinkt; denn wie man aus Gleichung (1.2) entnehmen kann, ist $J/K_{-1}=s/(k-s)$. Der Kapitalstock paßt sich also in seiner Entwicklungsgeschwindigkeit an das Arbeitsangebot an. Von einem Wachstumsgleichgewicht spricht man, wenn schließlich das Verhältnis N/K_{-1} konstant bleibt, die Arbeitsmarktkurve also eine feste Lage angenommen hat. In einem solchen Wachstumsgleichgewicht sind die Variablen Y/K_{-1}, w/r und r konstant - natürlich auch der Kapitalkoeffizient k und der Arbeitskoeffizient n. Wenn man annimmt, daß das Arbeitsangebot im Laufe der Zeit mit der konstanten Rate v wächst, dann erhält man die Werte der Variablen im Wachstumsgleichgewicht aus den Gleichungen (1.1) bis (1.3) - unter Berücksichtigung von $N=(1+v)N_{-1}$ sowie der Produktionsfunktion $1=F(k,n)$. Unter anderem ergibt sich:

$$k^+ = \frac{k^+}{n^+} N \text{ mit } k^+ = (1 + v) \frac{s}{v} \text{ und } n^+ \text{ aus } 1 = F(k^+, n^+).$$

Der Kapitalstock ist also im Wachstumsgleichgewicht eine endogene Variable. Er ist nicht vorgegeben, wie man der neoklas-
sichen Theorie unter fälschlicher Verallgemeinerung des temporären Gleichgewichts vorwerfen könnte, sondern so produziert,
wie es im Rahmen der technischen Möglichkeiten den Bedürfnissen entspricht. Damit sind die exogenen Variablen des Wachstumsgleichgewichts genannt. Erstens die technischen Produktionsmöglichkeiten. Sie sind durch die Produktionsfunktion
1=F(k,n) gegeben. Es ist darüberhinaus nicht schwierig, technischen Fortschritt einzubeziehen, sofern er so wirkt, als wäre das Arbeitsangebot höher - also arbeitssparender technischer Fortschritt. Man braucht dann nur N (und entsprechend n)
in sogenannten Effizienzeinheiten zu definieren. Der Reallohn
w wird dann entsprechend pro Effizienzeinheit gerechnet. Das
Modell kann dann formal unverändert bleiben. Die Wachstumsrate v , die sogenannte "natürliche Rate", enthält dann auch den
technischen Fortschritt.
Zweitens gehören zu den exogenen Variablen des Wachstumsgleichgewicht die Bedürfnisse der Haushalte, die sich im Arbeitsangebot N und in den Sparplänen s niederschlagen. Daraus folgt,
daß im Rahmen der technischen Möglichkeiten der Zustand des
Gleichgewichts durch die individuellen Bedürfnisse gegeben ist.
Diese setzen sich im Tausch über die Märkte durch.

4. Allgemeines Gleichgewicht und Gerechtigkeit

In diesem Sinne beschreibt die Allgemeine Gleichgewichtstheorie
einen Zustand "distributiver" und "kommutativer" Gerechtigkeit:
gleicher Startbedingungen und Gleichheit im Tausch, dem das

Marktsystem unter Konkurrenzbedingungen genügt. [24] Der Markt
muß die Gleichheit sichern, und das heißt, der Preis muß gerecht sein. Diese Bedingung hat man dann als erfüllt erachtet,
wenn er den Individuen durch die Konkurrenz so vorgegeben ist,
daß diese ihn nicht selbst beeinflussen können. Der Preis ist
objektiv gegeben und kann keinem Individuum angelastet werden.
Ist er dagegen Aktionsparameter, dann besteht der Verdacht,
daß Monopolpositionen vorliegen. Ungleichheit hängt also in
der Marktgesellschaft mit Macht zusammen, und Macht verbindet
sich mit Monopolstellungen. Monopole markieren ein Abweichen
von der freien Konkurrenz. Böhm-Bawerk hat darauf mit Nach-
druck hingewiesen. [25] Sie werden von der Konkurrenz aber wieder beseitigt, so daß eine Tendenz zur Zerstörung von Macht
und zur Herstellung von Gleichheit besteht.

Der Konkurrenzpreis ist nach klassischer Auffassung deshalb gerecht, weil er den objektiven Wert eines Gutes ausdrückt. Als
"natürlicher Preis" (Smith) ist er der "Kostpreis", den die
Herstellung eines Gutes erfordert. Wenn jemand dauerhaft einen
höheren als den natürlichen Preis verlangen kann, besitzt er
ein Monopol. In der simultanen Theorie der Kostpreise ist Ricardo dann der Nachweis gelungen, daß die Konkurrenzpreise nur
durch die technischen Herstellungskosten der Güter bestimmt
sind. [26]

Die Neoklassik hält dem entgegen, daß es keinen eindeutigen natürlichen Preis gibt. In welchem Verhältnis die Güter produziert werden, wird durch die Nachfrage und damit die Bedürfnisse der Individuen bestimmt. Dies setzt voraus, daß Güter beliebig reproduzierbar sind. Da sich aber nicht alle Güter beliebig
reproduzieren lassen, können, auch bei vorübergehend nicht reproduzierbaren Gütern, Monopolrenten der Eigentümer entstehen.
Für sie ist die distributive Gerechtigkeit zuständig, also die
gerechte Verteilung der knappen Faktoren oder ihre Erträge.

Insgesamt gilt, daß aus neoklassischer Sicht nicht letztlich
die Produktionskosten den Preis der Güter allein bestimmen,
sondern Angebot und Nachfrage zusammen. So hat auch die neoklassische Theorie ihren objektiven Preis. Er beruht, wie in
der klassischen Theorie, auf der Voraussetzung vollkommener
Konkurrenz. Aber er wird nicht durch Reproduktionskosten bestimmt, sondern durch die Knappheit der Güter im Verhältnis zu
den Bedürfnissen. Im Gleichgewicht stimmen die subjektiven
Preise (Grenzrate der Substitution) mit dem objektiven Preis
überein. Er ist gleichsam eine natürliche Eigenschaft der
Güter. Denn er ist weder vom Willen des Kapitals, noch von je-
nem des Verkäufers, noch von irgendeiner Vereinbarung zwischen
ihnen abhängig. Der Gleichgewichtspreis spiegelt sowohl die
Güterausstattung, als auch die technischen Bedingungen der
Produktion und die Bedürfnisse der Individuen.

5. Die instrumentelle Funktion der Unternehmung

Obwohl Konkurrenzpreise auf diese Weise als objektiv bezeichnet
werden können, bleiben die Produktionsunternehmungen schlecht-
hin, die mit nicht reproduzierbaren Faktoren arbeiten und deshalb über die Kosten hinaus bei den herrschenden Marktpreisen
einen Profit machen, ein offenes Problem. Wenn ein solcher Profit ein systematischer Bestandteil der Marktwirtschaft wäre,
könnte man nicht mehr von kommutativer Gerechtigkeit sprechen.
Denn dieser Profit als Preisbestandteil beruht nur auf dem Be-
sitz eines Gutes, aber nicht auf einer entsprechenden Leistung
im Tausch, wie sie durch die Herstellungskosten gegeben ist. [27)]
Im Zustand der Gleichheit müssen deshalb solche Profite verschwunden sein. Bedingung dafür ist der freie Zugang zur Produktion, bzw. zum Markt. Jedes Unternehmen muß die Chance haben, an den Profiten eines Marktes zu partizipieren. Wenn dies
gewährleistet ist, wird der normale Preismechanismus die Profite

beseitigen. Ungleichheiten, die durch Beschränkungen der Produktion verursacht sind, müssen dadurch beseitigt werden, daß Unternehmungen beliebig reproduzierbar sind. Man muß sozusagen Institutionen schaffen, bei denen sich der Tendenz nach der "klassische Fall" einstellt: Freie Reproduktion im Unternehmensbereich mit der Tendenz zur vollkommenen Konkurrenz, das heißt der Angleichung an die Kosten. Technisch kann man die Bedingung des freien Produktions- bzw. Marktzugangs so ausdrücken, daß die Menge der Produktionsmöglichkeiten einer Unternehmung additiv ist, das heißt, man kann immer noch eine weitere gleiche Unternehmung zu den bestehenden dazustellen (Debreu). [28] So ermöglicht die "Knappheit der Unternehmung" eine "Rente" (Baumol), [29] die durch Neuzugang von Unternehmungen immer kleiner wird. Der Preis deckt dann gerade die Entlohnung der Produktionsfaktoren, ein eigener Profit entsteht nicht mehr. Die Bedingung der vollkommenen Konkurrenz lautet dann, daß keine Extraprofite entstehen dürfen.

Nach diesen Ausführungen ist die Gleichheit im Tausch durch die Unternehmung dann nicht gefährdet, wenn diese keinen Profit in Form einer "Knappheitsrente" erzielt. Ein Unternehmerprofit, der als Entgelt für die Übernahme von Risiko entsteht, ist allerdings gerechtfertigt. Da es für die Produkte einer Unternehmung keine Zukunftsmärkte gibt, sind ihre Erträge unsicher. Demgegenüber ist der Zinssatz auf dem Kapitalmarkt vertraglich festgelegt. So hat der Unternehmer auf der einen Seite Verpflichtungen, auf der anderen Seite unsichere Erträge. Für die Übernahme dieses Risikos bezieht er ein Einkommen, das durch die Konkurrenz nicht verschwindet. Diese Unsicherheit ist (nach Knight) [30] die Ursache für die Entstehung der Unternehmung und des Lohnsystems überhaupt. Der Unternehmer garantiert für die von ihm beschäftigten Produktionsfaktoren per Vertrag ein sicheres Einkommen, ein Kontrakteinkommen, wofür ihm der Profit als Überschuß der Erträge über dieses Kontrakteinkommen, das Residualeinkommen, zusteht.

Ein besonderes Problem dieses Modells ergibt sich allerdings
aus der Vermögensgleichheit in der Anfangsausstattungen der Individuen. Preiser [31] hat gezeigt, daß ein Monopoleffekt über
Vermögenskonzentration auftritt, der auf die Preise wirkt. [32]
Wenn die Individuen über Kapital (Vermögen) und Arbeit verfügen, dann ist der Preis für Arbeit (Lohn) umso niedriger und
der Preis für Kapital (Zins) umso höher, je mehr das Kapital
in den Händen einiger Individuen konzentriert ist. [33]

Im allgemeinen Gleichgewicht läßt sich dieser Zusammenhang von
Kontrakt- und Residualeinkommen wie folgt darstellen. Betrachtet man die Nutzenfunktion n eines Individuums nur in Abhängigkeit von seinem Einkommen, Lohneinkommen w oder Residual-
einkommen, nämlich einen Profit in Höhe von π , so ist dieser
Profit bestimmt durch

$$\pi = f(N,e) - wN .$$

f ist eine stochastistische Erlösfunktion mit der Zufallsvari-
able e (e kann z.B. der Verkaufspreis sein). In f ist die Produktionstechnologie der Unternehmung enthalten, die allen Unternehmungen frei zugänglich ist. N ist die Zahl der beschäftigten Arbeitnehmer. wN sind die Lohnkosten. Da die Technologie
frei zugänglich ist, kann sich jedes Individuum entscheiden,
ob es Arbeitnehmer oder Unternehmer sein will. Als Unternehmer
kann es seinen Nutzen u (π) durch geeignete Wahl der Zahl der
Beschäftigten maximieren. Es wird die Zahl so wählen, daß der
Ertragswert der Nutzen möglichst groß wird:

$$E u \left[f(N,e) - wN \right] = \max!_N$$

Bei einem gewählten N ergibt sich ein bestimmter Profit π^+,
der von e abhängt und deshalb eine Zufallsgröße ist. Ob ein Individuum Unternehmer oder Arbeitnehmer sein will, hängt nun davon ab, ob der erwartete Nutzen unsicherer Profite größer oder
kleiner ist als der Nutzen eines festen Lohneinkommens u (w),

also ob

$$E\,u\,(\pi^+) > \text{oder} < u\,(w)$$

ist. Ersichtlich kann nur für sehr risikofreudige Individuen
der Erwartungswert der unsicheren Profite höher sein als der
Nutzen des vertraglich gesicherten Lohneinkommens. Sie werden
deshalb Unternehmer. Die übrigen Individuen entscheiden sich
dazu, Arbeitnehmer zu sein. Dies hängt natürlich auch von der
Höhe des Lohnsatzes ab. Im Allgemeinen Gleichgewicht ist der
Lohnsatz so hoch, daß diejenigen, die sich entschlossen haben,
Unternehmer zu sein, insgesamt zur Maximierung ihrer Profite
gerade soviel Arbeitskräfte nachfragen, wie bei diesem Lohnsatz freiwillig vorhanden sind. [34)]
Damit ist auch die Existenz eines Residualeinkommens gerechtfertigt. Entscheidend ist dabei die Voraussetzung, daß gleiche
institutionelle Chancen gewährleistet sind, und daß die Risikobereitschaft nicht durch die Institution selbst verzerrt werden kann.
Das Prinzip der kommutativen Gerechtigkeit ist demnach im
Marktgleichgewicht verwirklicht, wenn erstens die Individuen
in der Produktion und auf dem Markt gleiche Chancen haben, Unternehmer zu werden. Diese Chance hängt nicht von der Zahl der
Unternehmungen, sondern von ihrer Risikobereitschaft ab. Sie
haben zweitens gleichen Zugang zu den Produktionstechnologien
und den Produktionsfaktoren. Der Wettbewerb beseitigt drittens
alle Extravorteile. Er setzt die allgemeinen Bedingungen durch,
die im Rahmen der Theorie des allgemeinen Gleichgewichts durch
Wettbewerbspreise ausgedrückt werden.
Sie sind für alle objektiv gegeben und gleich - und können somit als gerecht bezeichnet werden. [35)]
Wenn diese Bedingungen gelten, ist die tendenzielle Herstellung
eines gleichwertigen Tausches durch Konkurrenz im Prinzip möglich. Wenn die Anfangsausstattung der Individuen gleich ist,

diese sich durch den Tausch nicht verändert und der Tausch äquivalent verläuft, dann ist die Gleichheit sogar <u>streng gewährlei</u>-
<u>stet.</u> 36) "Allgemeines Gleichgewicht" bedeutet dann insgesamt:
Die Welt der Individuen ist in Güter zerlegbar. Die Güter sind
ihnen über ein Bündel von Eigentumsrechten zugeordnet. Die Präferenzen der Individuen für alternative Zustände ordnen die in
Gütern ausgedrückte Struktur nach dem Prinzip des Einzelnut-
zens. Mit Hilfe ihrer Verfügungsrechte versuchen sie, einen Zustand herzustellen, der ihren Einzelnutzen am ehesten entspricht.
Dies geschieht durch Verwendung der Verfügungsrechte zur Produktion und durch Tausch der Güter bzw. Eigentumsrechte. Der Tausch
findet solange statt, bis ein pareto-optimaler Zustand erreicht
wird. Dazu darf unter idealen Wettbewerbsbedingungen kein Individuum Einfluß auf die Tauschrelation ausüben. Eine Bedingung
dafür ist eine hinreichend große Zahl von Marktteilnehmern. Es
ergeben sich so durch die zunehmende Größe des Marktes schließlich Preise, die niemand mehr zu seinen Gunsten verändern kann.
Daraus folgt, daß Monopolstellungen verhindert werden müssen.
Eine Unternehmung hat dann jede Monopolstellung verloren, wenn
sie sich in den üblichen Wettbewerbssituationen auf ihren Märkten befindet.
Die Unternehmung verletzt die Prinzipien der Gleichheit nicht,
gerade weil sie von ihrer einzelwirtschaftlichen Zielsetzung
her nur der Maximierung privater Gewinne dient. Der Beweis dieses Theorems steht im Zentrum der Allgemeinen Gleichgewichtstheorie (<u>Debreu</u>). [37]
Ausgangspunkt sind die Nutzenfunktionen der Haushalte $u_h (x_h)$.
Die Produktion erfolgt in Produktionsstätten u, die durch die
Produktionsfunktion $f_u (y_u)$ beschrieben werden. Von jedem Gut
i gibt es einen Anfangsbestand $\bar{x}_i$.
Das Maximierungsproblem - eines allwissenden Planers - besteht
dann darin zu zeigen, daß sich (im Sinne von Pareto) nach der Maximierung kein Nutzen mehr steigern läßt, wenn man nicht minde-

stens einen anderen verringert. Für einen Haushalt lautet dieses Problem, den Nutzen bei gegebenen Nutzenniveaus aller anderen zu maximieren, also:

$$u_1 (x_1) = \max_{x_1}!$$

$$\text{N.B.} \quad u_h (x_h) = \bar{u}_h \quad \text{alle h außer h = 1}$$

$$f_u (y_u) = 0 \quad \text{alle u}$$

$$x_i - \bar{x}_i = y_i \quad \text{alle i .}$$

Hieraus ergibt sich als notwendige Bedingung für die Nutzenmaximierung, daß die Grenzrate die Substitution bzw. die Transformation zweier Güter i und j in allen Haushalten h und Produktionsstätten u gleich sein muß:

$$\frac{\delta u_h / \delta x_{hi}}{\delta u_h / \delta x_{hj}} = \frac{\delta f_u / \delta y_{ui}}{\delta f_u / \delta y_{uj}} = \lambda \text{ für alle h, u, i, j.}$$

Sind diese Marginalbedingungen der Wohlfahrtsökonomie nicht erfüllt, dann kann durch Änderung in Produktion und Verteilung ein Nutzen erhöht werden, ohne einen anderen zu verringern.

Genau diese Marginalbedingungen sind nun in einem Marktgleichgewicht erfüllt, in dem die Unternehmungen ihre Gewinne maximieren. Sie folgen nämlich aus dem oben dargestellten Modell des Konkurrenzgleichgewichts, also aus der Nutzenmaximierung der Haushalte, der Gewinnmaximierung der Unternehmungen und den Gleichgewichtsbedingungen für die Märkte:

$$\text{a)} \quad u_h (x_h) = \max_{x_h}!$$

$$\text{N.B.} \quad p x_h = \bar{p} \bar{x}_h + \sum_u \alpha h_u \Pi_u , \sum_h \alpha h_u = 1$$

b) $\pi_u = p y_u = \max!$
$\quad\quad\quad\quad\quad y_u$

N.B. $f_u (y_u) = 0$

c) $x_i - \bar{x}_i = y_i$.

Aus der Nutzenmaximierung a) der Haushalte ergibt sich, daß die Grenzrate der Substitution zweier Güter i und j für jeden Haushalt gleich dem Verhältnis der entsprechenden Marktpreise ist:

$$\frac{\delta u_h / \delta x_{hi}}{\delta u_h / \delta x_{hj}} = \frac{p_i}{p_j} \quad \text{für alle } h, i, j.$$

Aus der Gewinnmaximierung der Unternehmung folgt, daß die Grenzrate der Transformation zweier Güter i und j durch eine entsprechende Wahl der Technik ebenfalls dem Preisverhältnis dieser Güter angepaßt wird:

$$\frac{\delta f_u / \delta y_{ui}}{\delta f_u / \delta y_{uj}} = \frac{p_i}{p_j} \quad \text{für alle } u, i, j.$$

Da im Gleichgewicht c) die Preise für Haushalte und Unternehmungen einheitlich sind, sind die Marginalitätsbedingungen erfüllt.

Die gesellschaftliche Institution Markt führt zu eben diesem Ergebnis. Die gewinnmaximierende Unternehmung ist dabei nur ein Instrument. Durch das Ziel der Gewinnmaximierung werden die Produktionsfaktoren in die Verwendungen geleitet, die den Bedürfnissen am besten entsprechen. Die optimale Bedürfnisbefriedigung wird gerade durch die Gewinnmaximierung gesichert.

Damit ist die instrumentelle Funktion der gewinnmaximierenden Unternehmung für die optimale Bedürfnisbefriedigung gezeigt, wenn man die erforderlichen Bedingungen akzeptiert. Sie füllt zusammen mit dem Markt das institutionelle Vakuum, das ein allwissender Planer hinterlassen würde. Sie dient den Bedürfnissen.

Der Konsument ist Souverän. Seine Wünsche lenken den Produktions- und Marktprozeß. Der Unternehmer paßt sich an.

6. Monopol und Wachstum: Eine neoklassische Erweiterung

Nun wird von neoklassischen Ökonomen die Tendenz zum Monopol und die faktische Machtstellung der Unternehmung nicht bestritten. Im Ziel der Gewinnmaximierung selbst liegt ein Interesse, Konkurrenz auszuschalten. Aber die neoklassische Theorie rechnet mit der langfristigen Wirkung des Marktzugangs. Es gibt zwar stichhaltige Gründe für temporäre Monopole, Unternehmungen können sich vorübergehend Absatzvorteile oder günstige Finanzierungschancen verschaffen. Sie können auch zur Erhöhung ihrer gemeinsamen Gewinne Monopolverträge schließen, aber das sichert sie langfristig nicht gegen Außenseiter.
In all diesen Fragen setzt die neoklassische Ökonomie auf die langfristige Wirkung des Wettbewerbs. Monopolstellungen werden durch Wettbewerb der Tendenz nach aufgelöst, auch wenn eine permanente Entwicklung von Monopolpositionen festgestellt werden kann, die Stabilisierungskräfte des Konkurrenzgleichgewichts nur sehr langfristig wirken und Friktionen bei der Anpassung an ein Wettbewerbsgleichgewicht auftreten.
Einer statischen Betrachtung erschließen sich diese Prozesse allerdings nicht. Eine dynamische Theorie der wirtschaftlichen Entwicklung findet sich aber bei Schumpeter.[38] Diese neoklassische Perspektive läßt sich als endogene Dynamisierung des Walrasschen stationären Gleichgewichts verstehen. Schumpeter führt dazu die Figur des dynamischen Unternehmers ein, der zur Erzielung von Extragewinnen technischen Fortschritt in Form von innovativen Produktionsmethoden oder Produktion durchsetzt, und aufgrund des dadurch gewonnenen Vorsprungs vor den Konkurrenten die Extragewinne auch behält. Im Prozeß der Ausbreitung dieses

technischen Fortschritts durch Imitation werden sie allerdings wegkonkurriert, bis zuletzt ein neues Konkurrenzgleichgewicht auf einer höheren Stufe erreicht ist. Das Schumpetersche Monopol entsteht also durch die Einführung einer neuen Technik, die bei den herrschenden Marktpreisen gegenüber den bisher verwendeten Techniken Profit in Form einer Rente abwirft. Dieses verschwindet im Laufe der Zeit durch Wettbewerb. Die dynamische Theorie schildert den von Monopolpositionen begleiteten Anpassungsprozeß an das Konkurrenzgleichgewicht. Wegen der Gewinnorientierung kann die Unternehmung über den Kapitalmarkt Ressourcen an sich ziehen, die in neue Techniken investiert werden. Durch diese und die Folgeinvestitionen wird der Wachstumsprozeß in Gang gesetzt und gehalten. Die Profite, so läßt sich dieser Gedanke weiter entwickeln, [39] werden dazu benutzt, weiteren technischen Fortschritt zu entwickeln und sie damit dauerhaft zu sichern. Diese Weiterführung ist aber in der dynamischen neoklassischen Theorie nicht mehr entwickelt worden und verweist bereits auf die postkeynesianische Theorie eines Monopolgleichgewichts. [40] Für Schumpeter schiebt der dynamische Unternehmer die Konkurrenz beiseite. Der Vorsprung erlaubt ihm die Aneignung von Ressourcen, mit denen er die Akkumulation durchführt, die er zur Durchsetzung seines technischen Fortschritts braucht. Wenn der Wachstumsschub abgeschlossen ist, stellt sich das Konkurrenzgleichgewicht wieder ein.
Die Entwicklung erfolgt also auf der Basis des Konkurrenzgleichgewichts, das überlagert ist von monopolistischen Ungleichgewichtsprozessen, in denen die Akkumulation jeweils vorangetrieben wird. Die Akkumulation ist die Triebkraft für Ungleichgewicht und Monopol, die Konkurrenz Motor für die Anpassung an ein neues Gleichgewicht. Somit vollzieht sich die Entwicklung sprunghaft. Von einem stationären Zustand aus über einen Aufschwung in einen neuen stationären Zustand. Expost kann man durch die gewellte Aufwärtsentwicklung einen stati-

stischen Wachstumstrend legen - dem aber inhaltlich keine besondere ökonomische Bedeutung zukommt. Interpretierbar wird der Wachstumspfad erst aufgrund einer systematischen Theorie des dynamischen Monopolgleichgewichts. Hier ist, wie noch zu zeigen sein wird, nicht das Konkurrenzgleichgewicht die Basis, sondern das Monopolgleichgewicht und die Wachstumsprozesse kommen aus diesem Gleichgewicht zustande.

IV. Charakteristika der Post-Keynesianischen Theorie im Vergleich

1. Der theoretische Ansatz

Der entscheidende Unterschied des postkeynesianischen Ansatzes (Kaldor, Pasinetti, Robinson) [41] zu allen neoklassischen Analysen besteht in der Darstellung ökonomischer Systeme als Teil einer gesellschaftlichen Entwicklung in der Zeit, die sich im Kontext der Geschichte vollzieht. Diese unterschiedliche Sichtweise erlaubt es, von einem "neuen Paradigma" ökonomischer Theorie zu sprechen. Für eine postkeynesianische Analyse ökonomischer Zusammenhänge sind zeitliche Veränderungen Gegenstand der Analyse und zugleich ihre Basis. Ihre Vorgeschichte und voraussichtliche Entwicklung in der Zukunft bilden die Grundlage von Entscheidungen in der Gegenwart, die ihre Veränderung verursachen. [42] Investition und Sparen und die Erwartungen über zukünftige Entwicklungen vermitteln den Einfluß der Vorgeschichte mit den ökonomischen Zusammenhängen, so wie sie sich in der Gegenwart darstellen. Diese Großfunktionen ökonomischen Handelns stellen zugleich die Verbindung zur mikroökonomischen Ebene her. Sie stehen in der Theorie an der Stelle des neoklassischen Preismechanismus und übernehmen seine Vermittlungsfunktion. Das erste unterscheidende Charakteristikum der postkeynesianischen Theorie ist demnach ihre Verankerung im dynamischen Prozeß - am Beispiel des "Harrod-Domar-Prozesses" wird dieses Charakteristikum erläutert werden. [43]   An ihrem Anfang steht nicht, wie in der Neoklassik, die Analyse der Haushalte und Unternehmen im Zustand eines statischen Gleichgewichts.

Zudem und im Unterschied zu neoklassischen Wachstumsmodellen werden ökonomische Prozesse nicht nur auf Makroebene untersucht, und dort in Abhängigkeit von beiden Produktionsfaktoren homogen aggregiertes Kapital und Arbeit und Veränderungen in ihren Preisen. Der systematische Einbezug der Mikroebene in die Analyse, und nicht lediglich ihre Integration über den Preismechanismus, eröffnet erst, wie noch zu zeigen sein wird, [44] den Zugang zu einer ökonomischen Theorie der Unternehmung als Institution im Markt. Im Mittelpunkt der Analyse steht die Akkumulation von Kapital. In diesem Prozeß manifestiert sich der ökonomische Wachstumsprozeß. Dessen langfristige Determinanten sind (1) die Anfangsausstattung mit Kapital, (2) die Reallohn-Quote (und damit die reale Sparquote), (3) die Wachstums-Rate des Arbeitseinsatzes und (4) die Rate des technischen Fortschritts. [45] Die Methode der Analyse besteht dann im Vergleich alternativer Wachstumspfade, deren Unterschied sich aus einer der Variablen begründet, die nur in einer der zu vergleichenden Ökonomie relevant ist. Die Absicht, die sich hinter dieser Methode "komparativer Dynamik" (Robinson) [46] verbirgt, ist es, nicht zu zeigen, wie sich eine hypothetische Ökonomie in der Zeit entwickelt, sondern zu erklären, warum sich eine reale Ökonomie in einer bestimmten Weise entwickelt und von einem unbeeinflußten gleichgewichtigen Wachstum abweicht. An die Stelle "kausaler Modelle", denen eine "logische Zeit" zugrunde liegt, treten "historische Modelle", die sich auf eine "reale Zeit" beziehen und empirisch begründet werden können. [46] Der theoretische Anspruch der postkeynesianischen Ökonomie besteht dann darin zu zeigen, warum eine reale Ökonomie im Laufe der Zeit bestimmten Entwicklungslinien folgt und nicht, wie in der Neoklassik, wie eine hypothetische Ökonomie wächst. Deshalb wird hier das Hauptaugenmerk auf dynamische Ungleichgewichtsprozesse gelegt.

Im Mittelpunkt der postkeynesianischen Theorie stehen also dynamische Ungleichgewichtsökonomien und nicht, wie in der Neoklassik, die Bedingungen einer Gleichgewichtsökonomie. Um deren Probleme behandeln zu können, werden die Bedingungen für ein stetiges ökonomisches Wachstum auf der Grundlage einer "gesicherten Wachstumsrate", so wie sie aus der "Harrod-Domar Formel" folgt, [47] mit dem tatsächlichen Wachstum verglichen. Die tatsächliche, empirische Wachstumsrate wird dann dahingehend analysiert, ob (1) eine Veränderung der gesicherten langfristigen Wachstumsrate sich einer Veränderung der ihr zugrundeliegenden Determinanten verdankt und (2) die kurzfristigen Einflüsse die Ökonomie von ihrem gesicherten Wachstumspfad abweichen lassen. Ungleichgewichte werden dann auf der Grundlage der Unterscheidung zwischen langfristigen Analysen, die auf die Determinanten der gesicherten Wachstumsrate abstellen, und kurzfristigen Analysen, die sich auf zyklische Abweichungen der aktuellen Rate von der gesicherten Rate beziehen, bestimmt.

Ein zweites unterscheidendes Charakteristikum ist die Behandlung der Einkommensverteilung als integraler Bestandteil einer Erklärung ökonomischer Aktivitäten. Die Einkommensverteilung wird nicht, wie in der Neoklassik, aus der technologischen Struktur des Produktionsprozesses abgeleitet, sondern als Variable behandelt, die unmittelbar mit der ökonomischen Wachstumsrate, die Investition zur Grundlage hat, verknüpft ist, und von daher politischer Beeinflussung unterworfen werden kann. Die Kontrolle über Investitionen impliziert demnach die Kontrolle über Einkommensverteilung und Gewinnrate (Pasinetti). [48] In dieser vereinfachenden Sicht (Kalecki) [49] unterteilt sich das Nationaleinkommen in Kontrakt-Einkommen (Lohn), das von Marktmechanismen, kollektiven Verhandlungsprozessen oder kulturellen Umständen bestimmt wird und Residual-Einkommen aus allen produktiven Einheiten im ökonomischen System. Wenn alle Lohn-Einkommen konsumiert und alle Residual-Einkommen gespart oder investiert werden, dann verdankt sich eine höhere Wachstumsrate bei

gegebener Technologie und gegebener Geldlohn-Rate, der Zunahme
der Investitionsquote, die ihrerseits aus einer unterschiedlichen Einkommensverteilung resultiert, bei der das Residualeinkommen größer ist als das Kontrakteinkommen. Je größer demnach
die Wachstumsrate als Ergebnis eines steigenden Investitionsni-
veaus ist, desto größer ist der Anteil des Residualeinkommens am
Gesamteinkommen und entsprechend geringer der Anteil des Kon-
trakteinkommens. Das schließt den üblichen Fall ein, daß ein
wachsendes Kontrakteinkommen mit einem sinkenden Anteil am Gesamteinkommen verbunden ist. Darauf soll weiter unten eingegangen werden. [50] Soviel läßt sich aber bereits an dieser Stelle
sagen, daß die Unterscheidung zwischen (quasi-)vertraglichem
Kontraktual-Einkommen und Residual-Einkommen, also Unternehmens-
gewinn, unter Vernachlässigung der "klassischen" Annahme, die
Theorie für eine Analyse der modernen industriellen Großunternehmen öffnet (Kregel, Eichner). [51]
In dieser erweiterten Analyse werden die Ersparnisse zu Ersparnissen der Unternehmung als industrielle Institution in einem
korporativ verfaßten Sektor der Ökonomie, dem sogenannten "Meso-
Sektor" (die"planned economy" bei Galbraith [52]). Diese katego-
riale Ergänzung der klassischen Ökonomie erweitert sie zu einer
postkeynesianischen Theorie eines ökonomischen Systems, das von
Großunternehmungen dominiert wird. Je höher das Investitionsni-
veau dieses Sektors ist, so läßt sich jetzt folgern, umso höher
ist das Nationaleinkommen. Die Spareigung dieser ökonomischen
Institution ist dann abhängig von der Rate der ausgezahlten Dividenden einerseits (Kregel), der Preispolitik andererseits
(Eichner). [53] Dies gilt für jedes ökonomische System, in dem
eine Gruppe (Sektor) Residual-Anteile erhält, die vom Niveau
der ökonomischen Aktivität abhängig sind. [54]
Das dritte unterscheidende Charakteristikum des postkeynesianischen Ansatzes ist sein unmittelbarer Bezug auf eine monetäre
Ökonomie, in der Waren und Arbeit sich gegen Geld tauschen

(Davidson). [55] Dies impliziert, daß eine Vielzahl finanzieller
Institutionen in die ökonomische Betrachtung einbezogen wird,
die in der Lage sind, die verfügbare Geldmenge zu moderieren,
und die Möglichkeit, daß als Ergebnis dieser monetären Einflüsse auf die realen Waren- und Geldströme, der Geldlohn-Raten,
unabhängig von der Reallohnrate variiert. Weil reale Veränderungen
im System als monetäre Ströme betrachtet werden, erscheinen also
reale Aspekte auf der Güter-Seite der volkswirtschaftlichen Gesamtrechnung und monetäre Ströme auf der Einkommensseite. Dies
ist die _eine_ Konsequenz der monetären Betrachtung.
Die monetäre Betrachtung impliziert _weiterhin_ die Unterteilung
des nationalen Produktionswertes und Einkommens in verfügbare
und nicht-verfügbare Teile. Auf der Güter-Seite bedeutet dies
die Unterscheidung zwischen verfügbaren und nichtverfügbaren Ausgaben für verfügbare und nichtverfügbare Güter, Investition und
Konsumption. Nichtverfügbare Ausgaben repräsentieren die Güter-
und Dienstleistungsströme, die für die Funktionsfähigkeit ökonomischer Einheiten zu einem gegebenen Output-Niveau notwendig
sind - seien es Produktionsmittel oder Arbeitsleistungen, die
von Unternehmen im Produktionsprozeß verbraucht werden, oder die
von Haushalten konsumierten Güter. Von Bedeutung wird diese Unterscheidung bei den verfügbaren Ausgaben. Diejenigen - so _Key-_
nes -, die das Niveau der verfügbaren Ausgaben, bzw. der Investitionen bestimmen können, sind weder identisch mit denjenigen,
die über Einkommen oder Ersparnisse verfügen, noch sollten die
verfügbaren Ausgaben auf den Anteil beschränkt werden, den sie
an verfügbaren Einkommen oder Ersparnissen erhalten können. Demzufolge kann das Niveau der verfügbaren Ausgaben vom Niveau der
verfügbaren Einkommen abweichen.
Dieser, zumindest ex-ante mögliche Fall, beruht auf dem ex-post
Ausgleich zwischen verfügbaren Ausgaben (Investitionen) und verfügbarem Einkommen (Ersparnissen). Dieses _dritte_ Implikat der
monetären Betrachtung ist die einzige Bedingung für das allgemeine Gleichgewicht. Die Analyse kausaler Zusammenhänge setzt
also nur diese Balance voraus.

Die verfügbaren Ausgaben (für Investitionen) als primärer Faktor
bestimmen dabei das Niveau der ökonomischen Aktivitäten. Die
Erhöhung des Niveaus dieser Aktivitäten, eine Erhöhung der Wachstumsrate z.B., kann nur durch eine Erhöhung der verfügbaren Ausgaben bewirkt werden. Sollte sich ex-ante ein Ungleichgewicht
zwischen verfügbarem Einkommen (Sparen) und verfügbaren Ausgaben (Investitionen) ergeben, dann müssen die verfügbaren Einkommen an das Niveau der verfügbaren Ausgaben (Investitionen) angepaßt werden - und nicht umgekehrt. Dieser kausale Nexus bedeutet
verteilungspolitisch, daß der korporative Sektor seinen relativen Anteil am Sozialprodukt selbst bestimmt, in dem er darüber
entscheidet, wie hoch die Rate der verfügbaren Ausgaben sein
soll. Je mehr er investiert, umso höher sind die Anteile am gesamtwirtschaftlichen Output.
Von entscheidender Bedeutung für die Analyse sind deshalb die
Determinanten der verfügbaren Ausgaben. Im Falle von Ausgaben
für Kapitalgüter als eine der Determinanten, wird das Niveau
der Ausgaben für zusätzliche Kapitalgüter (Netto-Investition)
als Funktion der in der Vergangenheit erzielten Gewinne betrachtet. Dieser "ökonomische" Grund ist für die Erklärung des Inve-
stitionsverhaltens aber noch nicht hinreichend (Kaldor). Weitere
"endogene Faktoren" müssen hinzugenommen werden. Da diese Faktoren nicht apriori limitiert werden können, ist der postkeynesianischen Theorie zufolge die Möglichkeit, verfügbare Ausgaben
für Investitionen zu tätigen, nicht auf Ausgaben für Kapitalgüter beschränkt und kann das Investition-Sparen Gleichgewicht auf
eine multisektorale Analyse ausgedehnt werden. [56] Es bleibt
demnach die Frage zu klären, welche unterscheidbaren Determinanten den verfügbaren Ausgaben in den verschiedenen Sektoren zugrunde liegen. [57]
Die Wachstumsrate der verfügbaren Ausgaben ist aber nur eine
von drei Veränderungsgrößen, die für die Analyse eines dynamischen Ungleichgewichts auf der Makroebene erforderlich sind.
Eine weitere Variable ist die gesicherte Wachstumsrate, so wie

sie mit der Harrod-Domar Formel gegeben wird. Wenn die Wachstumsrate der verfügbaren Ausgaben mit ihr nicht übereinstimmt,
entfernt sich die Ökonomie von ihrem säkularen Wachstumspfad
und bewegt sich zyklisch um diesen Trend. [58]

Eine Analyse des makrodynamischen Ungleichgewichts beginnt also
mit der gegenwärtig verlaufenden Wachstumsrate, z.B. der Investitionen (oder der Ökonomie als Ganzes) relativ zur gesicherten
Wachstumsrate - dem Harrod-Domar Wachstumsprozeß. Treten Differenzen in Erscheinung, dann wird die Analyse einer langfristigen
stetigen Entwicklung verlassen, und es werden die kurzfristige-
ren zyklischen Bewegungen zu untersuchen sein, die der logischen
Analyse allein nicht zugänglich, sondern nur in Abhängigkeit davon a posteriori und nicht apriori bestimmbar sind. [59]

Die dritte Variable bei der Erklärung von Veränderungsraten zur
Analyse eines makrodynamischen Ungleichgewichts ist die "natürliche" (Harrod) oder "potentielle" (Robinson) Wachstumsrate. [60]

Die aktuelle Wachstumsrate und die gesicherte Wachstumsrate beziehen sich einerseits auf die Einflüsse aus dem Wachstumsprozeß,
die sich aus endogenen Kräften im ökonomischen System selbst herleiten. Auf der anderen Seite bezieht sich die potentielle Wachstumsrate auf die Einflüsse, die sich aus der Verfügbarkeit von
Ressourcen außerhalb des Systems und den technischen Möglichkeiten ergeben. Da die limitierenden, natürlichen und exogenen Ressourcen überschritten, die Grenzen produktiv aufgehoben werden
können, stehen die Human-Ressourcen und technologische Veränderungen im Mittelpunkt der Analyse.

Auch darauf soll im nachfolgenden erst näher eingegangen werden. [61]
Hervorzuheben ist aber bereits an dieser Stelle das vierte unterscheidende Charakteristikum der postkeynesianischen Theorie: ihre mikroökonomische Basis und deren Einbindung in eine allgemeine Theorie. Deren Begründung steht am Anfang des Gesamtzusammenhangs und wird nicht, wie in der Neoklassik, über Verhaltensannah-
men vorausgesetzt, die dann am Ende der ökonomischen Analyse näher

betrachtet werden. Bei dieser Begründung wird auch nicht das Modell der vollkommenen Konkurrenz vorausgesetzt, in dessen Mittelpunkt der Preismechanismus steht, sondern ein zwar wirksamer
Wettbewerb, der aber deutlich monopolistische Züge hat und in
dessen Mittelpunkt die Investitionen stehen. Die Darstellung
dieses Zusammenhangs und die Ableitung eines mikroökonomischen
Modells der Unternehmung stehen im Mittelpunkt der nachfolgenden theoretischen Analysen.

2. Zusammenfassung und Thesen

Die mikroökonomische Gleichgewichtstheorie ist für die Begründung von Unternehmenstheorie und Unternehmensplanung solange
ein adäquates Paradigma, als sich die ökonomischen Strukturen
und Prozesse darin abbilden lassen, Konkurrenz- und Wachstumsgleichgewicht ihre Basis bilden und Abweichungen über den Preismechanismus korrigiert werden. Die Wirksamkeit des Preismechanismus ist also der entscheidende Punkt, der theoretische Kern des
Paradigmas, der über die Gültigkeit dieses Paradigmas entscheidet. Dessen Koordinations- und Integrationsfunktion wird nun von
der postkeynesianischen Theorie bestritten. Man kann deshalb
auch von einem Paradigmenwandel sprechen, weil der Kern der
Theorie ersetzt werden soll. Inwieweit andere Teile der Theorie davon berührt werden, aufzugeben sind oder beibehalten werden können, wird noch zu klären sein. Die instrumentelle Funktion des Großunternehmens, so wie sie von der neoklassischen
Theorie dargestellt wird, ist dann nicht gegeben, wenn Gewinnmaximierung und Bedürfnisse nicht über Wettbewerbspreise langfristig vermittelt sind. An die Stelle des Konkurrenzgleichgewichts der Unternehmung kann ein Monopolgleichgewicht treten,
das nicht vorübergehend die Dynamik der Entwicklung bestimmt,
sondern dem Wachstumsprozeß zugrundeliegt und im Verlaufe der

Entwicklung erhalten bleibt. Die Preisentscheidungen sind so
unmittelbar mit den Investitionsentscheidungen verknüpft -
und nicht exogen gegeben. Preise werden gesetzt, um die Fonds
intern abzusichern, die erforderlich sind, damit die gewünschte
Kapitalexpansion finanziert werden kann. Diese ökonomischen
Determinanten unterscheiden die Monopolpreisbildung systematisch von der Preisbildung im Konkurrenzgleichgewicht. Die Unternehmung hat demnach ihre instrumentelle Funktion weitgehend
verloren und rückt in den Mittelpunkt des ökonomischen Prozesses.

Das im folgenden zur Diskussion stehende postkeynesianische Modell einer allgemeinen Theorie konkurrierender Monopole und des
Monopolgleichgewichts der Unternehmung ist dann, im Unterschied
zum neoklassischen Modell, als dynamische Theorie der Entwicklung ökonomischer Systeme zu verstehen, mit der sich reale Prozesse (auf empirischer Grundlage) als Ergebnis einer systematischen Entwicklung und Resultat ökonomisch determinierter Entscheidungen darstellen und begründen lassen. Das makroökonomische Modell des Monopolgleichgewichts, das die Struktur und Dynamik des ökonomischen Prozesses zum Gegenstand hat, bedarf dabei zu seiner Ergänzung einer mikroökonomischen Analyse auf der
Ebene der einzelnen Entscheidungseinheiten - der Unternehmung -
und der funktionalen Abhängigkeiten zwischen konkurrierenden
Unternehmungen. Insbesondere bedarf es einer Theorie der Determinanten der Preisbildung, da im postkeynesianischen Modell der
neoklassische Preismechanismus als Koordinationsinstrument und
Bestimmungsgrund für die Struktur und das Volumen der Produktion und die Verteilung des Einkommens in seiner universellen
Funktion auf Mikro- und Makroebene zurückgewiesen wird. Diese
Kritik betrifft insbesondere die neoklassische Definition des
Monopols. Die Gewinnmargen, die einerseits von den langfristigen Erfordernissen unternehmensinterner Finanzierung bestimmt
sind und das Erfordernis, die Position des Unternehmens im Mo-

nopolgleichgewicht andererseits, sind der Schlüssel zur Analyse
der Preisbildung im allgemeinen und der Art und Weise, wie Großunternehmen unter den besonderen Bedingungen des modernen Kapitalismus operieren - und nicht das neoklassische Konkurrenzgleichgewicht.
Vor diesem Hintergrund sind die hier zur Diskussion gestellten
Überlegungen zur Theorie der Unternehmung als Beitrag zur Anpassung einer strategischen Unternehmensführung an die Bedingungen monopolistischer Konkurrenz zu verstehen. Sie konzentrieren sich auf die Analyse der ökonomischen Determinanten
der Preisbildung im Monopol und deren systematische Einordnung
in ein allgemeines Modell des Monopolgleichgewichts. Von diesen
Determinanten werden sich die Verknüpfung von Preis- und Investitionsentscheidungen auf Makroebene, Preispolitik, Investitions-
und Kapazitätsplanung und den daraus folgenden Finanzierungsnot-
wendigkeiten auf Mikroebene als entscheidend erweisen. Die Dominanz der Investitionen, die Verknüpfung von Makro- und Mikro-
ebene über Investitionsentscheidungen als dominierende Determinante der Preissetzung sind dann das Kennzeichen einer Ökonomie,
die sich als ein "System konkurrierender Monopole" (Robinson)
darstellt - und nicht so sehr als ein System monopolistischer
Konkurrenz, wie in der Neoklassik unterstellt. Die Bedeutung
dieses "Mesosektors" industrieller Korporationen und der "Mega-
Corp" Großunternehmen ist in diesem Modell auch nicht darin begründet, daß der Markt versagt; im Gegenteil, das Monopolgleichgewicht der Unternehmung determiniert alle wesentlichen Entscheidungen und Verläufe, weil makro-ökonomisch alles im Gleichgewicht ist.
"Strategische Unternehmensführung unter den Bedingungen mono-
politischer Konkurrenz" hat, so gesehen, eine Veränderung betriebswirtschaftlicher Problemlösungsstrategien und Techniken
zur Voraussetzung, weil sich die Funktionalität und Leistungs-
fähigkeit des Koordinationsmechanismus Markt zugunsten des Ko-

ordinationsmechanismus Unternehmung verschoben hat. Dieser Veränderung liegt aber auch ein Wandel der Legitimationsstruktur
und eine Veränderung der Legitimationserfordernisse zugrunde,
deren neoklassische Einlösung aufgrund der Tendenz zum Monopolgleichgewicht, das als systematischer Gleichgewichtsfall
(und nicht nur als Unterfall des Konkurrenzgleichgewichts) in
der Neoklassik ausgeschlossen ist, verhindert wird. Fragen der
Kapitalbeteiligung und der Bildung von Kapitalfonds auf Makro-
Ebene werden, aus der Sicht des postkeynesianischen Modells,
in diesem Zusammenhang von entscheidender Bedeutung sein. Die
veränderte Legitimationsstruktur, die sich im Rahmen des hier
zur Diskussion gestellten postkeynesianischen Modells aus dem
Resultat der Analyse nur als eine der möglichen Konsequenzen
benennen läßt, kann bei der Implementierung betriebswirtschaftlicher Problemlösungsstrategien und Techniken in einer veränderten funktionalen Struktur ökonomischer Systeme aber nicht außer
acht gelassen werden, wenn Funktionalität und Legitimität zur
Deckung gebracht, und damit der Erfolg der Problemlösung auf
Dauer gestellt werden soll.

§ 3 Die Unternehmung in der postkeynesianischen
Ökonomie

V. Post-Keynesianische Theorie

Bereits bei der Darstellung des Wachstumsgleichgewichts der neoklassischen Theorie in der dynamischen Form, die ihr Schumpeter
gab, konnte (mit Stigler) [1] der Gedanke weitergeführt werden,
daß die Extraprofite im Prozeß der Akkumulation von den Unternehmen reinvestiert werden, um auf Dauer den Monopolgewinn zu
sichern, und daß so der Wachstumsprozeß von einer Permanenz der
Monopole begleitet wird, die im Wettbewerbsprozeß nicht mehr
verschwinden. Dieser Grundgedanke zu einer postkeynesianischen

Ökonomie läßt sich im Rahmen der Allgemeinen Gleichgewichtstheorie konkretisieren und zu einer Theorie des Monopolgleichgewichts weiterentwickeln. [2]

1. Der Grundgedanke zu einer allgemeinen Theorie des Monopols

Die Allgemeine Gleichgewichtstheorie legt dort, wo sie auf reale
Strukturen und Prozesse der Marktwirtschaft bezogen wird, das
Urteil fest, daß das allgemeine Gleichgewicht im Grunde ein Konkurrenzgleichgewicht sei. Darin hat die gewinnmaximierende Unternehmung eine ausschließlich instrumentelle Funktion für die
optimale Bedürfnisbefriedigung. Der Konsument ist Souverän. Der
Unternehmer paßt sich an. Genau dieses Urteil, der Kerngedanke
der Neoklassik wird von der (hier vertretenen) postkeynesianischen Theorie bestritten. Dort wird die These vertreten, daß
das allgemeine Gleichgewicht, auf welche Marktgesellschaft man
es auch immer bezieht - und d.h. unabhängig von der faktischen
Entwicklung hin zu einer "corporate economy" - im Grunde kein
Konkurrenzgleichgewicht, sondern ein Monopolgleichgewicht ist.
Nun wird in der neoklassischen Theorie die Tendenz zum Monopol
und die faktische Machtstellung der Unternehmung durchaus nicht
bestritten. Im Ziel der Gewinnmaximierung selbst liegt ja ein
Interesse, Konkurrenz auszuschalten. Aber die neoklassische
Theorie rechnet mit der langfristigen Wirkung des Marktzugangs.
Es gibt zwar stichhaltige Gründe für temporäre Monopole, Unternehmungen können sich vorübergehend Absatzvorteile oder günstige Finanzierungschancen verschaffen. Sie können auch zur Erhöhung ihrer gemeinsamen Gewinne Monopolverträge schließen, aber
das sichert sie langfristig nicht gegen Außenseiter.
In all diesen Fragen setzt die neoklassische Ökonomie auf die
langfristige Wirkung des Wettbewerbs. Monopolstellungen werden
durch Wettbewerb der Tendenz nach aufgelöst, auch wenn eine

permanente Entwicklung von Monopolpositionen festgestellt werden kann, die Stabilisierungskräfte des Konkurrenzgleichgewichts
nur sehr langfristig wirken und Friktionen bei der Anpassung an
ein Wettbewerbsgleichgewicht auftreten.

Eine systematische Theorie des Monopols kann daraus freilich
nicht gewonnen werden. Nicht, daß es Friktionen bei der Anpassung an das Konkurrenzgleichgewicht gibt muß ihr zentrales Thema sein, sondern vielmehr, daß das Gleichgewicht bei vollkomme-
nem Wettbewerb nicht das Gleichgewicht einer Marktwirtschaft
ist, sondern daß deren Gleichgewicht Monopolgewinne einschließt.
Auf den ersten Blick könnte sich eine solche Theorie bei Schumpeter finden. Er hat seine Theorie der wirtschaftlichen Entwicklung als "endogene Dynamisierung" des Walrasschen stationären Gleichgewichts entworfen. Schumpeter führt dazu die Figur
des dynamischen Unternehmers ein, der zur Erzielung von Extragewinnen technischen Fortschritt in Form von innovativen Produktionsmethoden oder Produkten durchsetzt und aufgrund des dadurch gewonnenen Vorsprungs vor den Konkurrenten die Extragewinne zunächst auch behält. Im Prozeß der Ausbreitung dieses
technischen Fortschritts durch Imitation werden sie allerdings
wegkonkurriert, bis zuletzt ein neues Konkurrenzgleichgewicht
auf einer höheren Stufe erreicht ist, bei dem wieder nur noch
die normale Kapitalverzinsung bleibt. Die gesuchte systematische Theorie des Monopols ist dies aber offensichtlich auch
nicht. Das Schumpetersche Monopol entsteht durch die Einführung einer neuen Technik, die bei den herrschenden Marktpreisen gegenüber den bisher verwendeten Techniken Profit in Form
einer Rente abwirft. Dieses verschwindet im Laufe der Zeit
durch Wettbewerb. Für Schumpeter schiebt der dynamische Unternehmer die Konkurrenz beiseite. Der Vorsprung erlaubt ihm die
Aneignung von Ressourcen, mit denen er die Akkumulation durchführt, die er zur Durchsetzung seines technischen Fortschritts
braucht. Wenn der Wachstumsschub abgeschlossen ist, stellt sich

das Konkurrenzgleichgewicht wieder ein. Die Entwicklung erfolgt
also auf der Basis des Konkurrenzgleichgewichts, das überlagert
ist von monopolistischen Ungleichgewichtsprozessen, in denen
die Akkumulation jeweils vorangetrieben wird. Die Akkumulation
ist die Triebkraft für Ungleichgewicht und Monopol, die Konkurrenz Motor für die Anpassung an ein neues Gleichgewicht. Somit
vollzieht sich die Entwicklung sprunghaft. Von einem stationären Zustand aus über einen Aufschwung in einen neuen stationären Zustand. Expost kann man durch die gewellte Aufwärtsentwicklung einen statistischen Wachstumstrend legen - dem aber inhaltlich keine besondere ökonomische Bedeutung zukommt. In dieser
Hinsicht schildert auch er nur den von Monopolpositionen begleiteten Anpassungsprozeß an das Konkurrenzgleichgewicht. Wegen
seiner Gewinnorientierung kann der dynamische Unternehmer über
den Kapitalmarkt Ressourcen an sich ziehen, die in neue Techniken investiert werden. Durch diese und die Folgeinvestitionen
wird der Wachstumsprozeß in Gang gesetzt und gehalten. Man
kann sich nun vorstellen - und in diese Richtung ist die Schumpetersche Theorie auch weitergedacht worden -, daß die Gewinne
aus den neuen Techniken dazu benutzt werden, weiteren technischen Fortschritt zu entwickeln und sie damit dauerhaft zu sichern. Auf diese Weise würde der Wachstumsprozeß von permanen-
ten Monopolen mit den entsprechenden Gewinnen getragen. Das
Wachstum läßt sozusagen den Anpassungsprozeß nie zu Ende laufen,
so daß die Monopole und Monopolgewinne ständig erhalten bleiben.

Dies ist ein Gedanke, der in der Tat den Weg für eine systematische Theorie des Monopolgleichgewichts eröffnet.

Der Grundgedanke ist folgender: Nach Schumpeter wird der Wachstumsprozeß von Monopolen mit entsprechenden Gewinnraten getragen. Diese Monopole sind aber nicht (wie Schumpeter noch an-
nahm) vorübergehend aufgrund des Konkurrenzmechanismus, sondern
permanent. Das Wachstum läßt den Anpassungsprozeß an ein Konkur-

renzgleichgewicht gleichermaßen "nie zu Ende laufen", so daß die
Monopole und ihre Gewinnraten ständig erhalten bleiben. Für eine systematische Theorie des Monopols folgt daraus: 1. Es gibt
zwar immer eine Tendenz vom Monopol zum Konkurrenzgleichgewicht,
aber sie kann sich nie auswirken, weil sie vom Prozeß der Reproduktion des Monopols aufgehalten wird. Davon ausgehend läßt
sich die weitergehende Behauptung aufstellen: 2. Im stationären
Gleichgewicht gibt es die Tendenz zum Wettbewerbsgleichgewicht,
aber die Unternehmung ist untrennbar mit einer wachsenden Ökonomie verbunden, und im Wachstumsprozeß geht die Tendenz zum
Konkurrenzgleichgewicht verloren. [3] Der entscheidende Hinweis
zur theoretischen Fundierung dieser weitergehenden Behauptung
findet sich nun in der postkeynesianischen Theorie. [4] Er lautet: 3. Es ist nicht möglich, unabhängig vom verfügbaren Eigenkapital über den Kapitalmarkt jederzeit soviel Fremdkapital zu
beschaffen, daß Monopolgewinne durch ungehinderten Marktzutritt
wegkonkurriert werden können. Diese Unvollkommenheit des Kapitalmarktes liegt an der Unsicherheit, die sich mit Investition
und Wachstum verbindet. Es ergibt sich der folgende Gedankengang: Die Unternehmungen investieren, um ihre Gewinne zu maximieren. Sie müssen aber im Investitionsprozeß aus Sicherheits-
gründen darauf achten, daß ihr Eigenkapital nicht unter einen
bestimmten Anteil am gesamten eingesetzten Kapital fällt. Dafür sind Gewinne erforderlich, auf die niemand verzichten kann,
der sich am Investitionsprozeß beteiligen will. Deshalb können
sie im Wettbewerbsprozeß auch nicht verschwinden. Monopolgewinne sind somit sowohl die Bedingung als auch Folge von Eigenkapital.

2. Mikroökonomische Grundlagen

Dieser Gedankengang läßt sich in einzelnen Schritten zu einer
tragfähigen Theorie ausarbeiten. [5]
Zunächst ist es nötig die Kapitalstruktur einer Unternehmung zu

betrachten. Das Gesamtkapital K einer Unternehmung setzt sich zusammen aus Eigenkapital E und Fremdkapital F:

$$K = E + F .$$

Die Veränderung des Kapitals K ist die Investition $J = dK/dt = \dot{K}$. Sie wird durch zusätzliches Eigenkapital $\dot{E}$ und Fremdkapital $\dot{F}$ finanziert:

$$J = \dot{E} + \dot{F} .$$

K, E und F sind sozusagen die Werte des vorhandenen Kapitals und seiner Bestandteile zu laufenden Marktpreisen. Die Gegenwarts- werte des Kapitals ergeben sich aus der abdiskontierten Summe der zukünftigen Nettoerträge. Man kann sie für das Gesamtkapital W_K, das Eigenkapital W_E und für das Fremdkapital W_F ermitteln:

$$W_K = W_E + W_F$$

Bei einem uneingeschränkten Zeithorizont ist der <u>Gegenwartswert des Gesamtkapitals</u>:

$$W_K = \int_0^\infty (Y - wN - J)e^{-rt}dt = K(o) + \int_0^\infty \pi\, e^{-rt}dt .$$

Y ist der Produktionswert, wN sind die Lohnkosten (weitere Kosten werden im Hinblick auf das folgende Makro-Modell nicht berücksich- tigt). Y-wN-J sind die Nettoeinnahmen einer Periode. Der Zinssatz ist r. Man erhält W_K also als die Summe aller abgezinsten zukünf- tigen Nettoeinnahmen. Dies ist äquivalent dem laufenden Wert des Kapitals zuzüglich dem Gegenwartswert der zukünftigen Gewinne.

Der <u>Wert des Eigenkapitals</u> ergibt sich von der Seite der Netto- einnahmen her, wenn man dazu noch die Zuflüsse aus der Aufnahme von Fremdkapital zählt und die laufenden Zinszahlungen abzieht:

$$W_E = \int_0^\infty (Y - wN - J + \dot{F} - rF)e^{-rt}dt = E(o) + \int_0^\infty \pi\, e^{-rt}dt.$$

Dies ist äquivalent dem laufenden Wert des Eigenkapitals, E(o)=K(o)-F(o), plus dem Gegenwartswert der zukünftigen Gewin- ne. Der <u>Gegenwartswert des Fremdkapitals</u> entspricht einfach dem

Wert der laufenden Schulden:

$$W_F = \int_0^\infty (rF - \dot{F})e^{-rt}dt = F(o) \ .$$

Bei vollkommener Konkurrenz wären nun die Gewinne Π in jeder Periode gleich Null, und infolgedessen würde der Gegenwartswert des Kapitals seinem laufenden Wert entsprechen, d.h. es wäre $W_K=K(o)$ und $W_E=E(o)$. Anders ausgedrückt: Ein Kapitaleinsatz von K(o) bzw. E(o) verzinst sich durch die zukünftigen Nettoerträge der Produktion gerade mit dem Marktzins r. Die Konkurrenz macht Kosten und Erträge gleich.

Dies setzt aber voraus, daß zum Marktzinssatz r beliebig viel Kapital auf dem Kapitalmarkt beschafft werden kann. Nur so kann man alle Gewinnchancen nutzen, die vorliegen, wenn der Gegenwartswert der zukünftigen Erträge größer ist als der dafür erforderliche Kapitaleinsatz, wenn also $W_K > K(o)$ ist. Es würde dann solange Kapital auf dem Markt aufgenommen und in die Produktion investiert, bis durch die dadurch erzeugte Konkurrenz und die mit ihr verbundene Abnahme der Gewinne die Differenz verschwunden ist.

Aber diese Vollkommenheit des Kapitalmarktes kann man aus systematischen Gründen nicht voraussetzen. Denn in einer Ökonomie ohne perfekte Zukunftsmärkte ist jeder Investitionsprozeß mit Risiko behaftet. Man kann nicht ausschließen, daß durch geringere Erträge und schlechtere Ertragsaussichten, nach Abschluß der Investition, in einem beliebigen Zeitpunkt t der Wert der vorhandenen Kapitalgüter nicht mehr ausreicht, um die Verbindlichkeiten zu decken, daß also

$$K(t) < F(t)$$

ist. Das mag vielleicht nur vorübergehend der Fall sein, kann also durch eine Erholung in der folgenden Periode möglicherweise korrigiert werden. Aber wenn man das nicht genau weiß, muß man damit rechnen, daß die Gläubiger vorsichtshalber ihre Forderungen präsentieren, was in diesem Fall natürlich zum Konkurs

führt. Die Unternehmung muß also auf alle Fälle den Konkursfall
zu vermeiden suchen. Sie kann das entsprechende Risiko, das in
der obigen Ungleichung steckt, nur dadurch verringern, daß sie
den Anteil des Fremdkapitals entsprechend niedrig und den des
Eigenkapitals entsprechend hoch hält. Eine dem Risiko adäquate
Kapitalstruktur wird zudem von den Fremdkapitalgebern durchgesetzt werden, weil sich diese natürlich ebenfalls gegen den Konkursfall absichern wollen. Auf der anderen Seite können durch
die Aufnahme von Fremdkapital Gewinnchancen genutzt werden, so
daß es auch nicht im Interesse der Unternehmung liegt, den
Fremdkapitalanteil zu sehr zu senken. Aus diesen Gründen gibt es
so etwas wie einen optimalen Anteil des Fremdkapitals, bei dem
sich die erwarteten Erträge und das Risiko die Waage halten.
Wie man aus den betriebswirtschaftlichen Lehrbüchern über die
Finanzierung von Unternehmungen weiß, wird dieser Standpunkt im
wesentlichen geteilt.
Daß Investitionsprozesse mit solchem Risiko verbunden sind, durch
welche das Eigenkapital seine eigentliche Bedeutung erhält, ist
außerordentlich plausibel, weil es keine perfekten Zukunftsmärkte gibt. Risiko ist notwendiger Bestandteil eines Marktsystems,
dessen Entscheidungen auf ungesicherten Erwartungen beruhen.
Daraus ergibt sich eine Interdependenz zwischen Risiko und Gewinnen, bei welcher nicht nur der Monopolgewinn als Konsequenz
anfällt, sondern umgekehrt ein solches Risiko auch als Folge von
Monopolgewinnen besonders relevant sein kann. Dies hängt, wie noch
zu zeigen sein wird, mit dem "Konjunkturzyklus" zusammen, soweit
dieser seine Wurzeln in der Monopolstellung der Unternehmung hat.
Kurz gesagt ergibt sich aus dieser Monopolstellung immer wieder
ein Zusammenbruch der Konjunktur, durch den ein endogenes Risiko
des Unternehmenszusammenbruchs begründet wird.
Worauf man auch immer das Risiko im einzelnen zurückführt, es
hat jedenfalls zur Folge, daß ein Wachstum des Unternehmenskapi-
tals, wie es zur Gewinnmaximierung erforderlich ist, von einer

entsprechenden Zunahme des Eigenkapitals begleitet sein muß. Dafür stehen zwei Wege offen: Erstens Kapitalerhöhung über die Ausgabe von Eigentumsanteilen (Emission von Aktien) oder zweitens Selbstfinanzierung durch einbehaltene Gewinne. Der erste Weg ist eingeschränkt dadurch, daß er nicht nur teurer ist als der zweite, sondern auch nur insoweit begehbar, als dafür Mittel auf dem Aktienmarkt zur Verfügung stehen, und das ist nur bis zu dem Punkt der Fall, an dem bereits alle verfügbaren Mittel gewinnbringend angelegt sind. Wenn die Investitionsplanungen darüber hinausgehen, bleibt auch dann nur der zweite Weg über Selbstfinanzierung. Es ist deshalb (und weil sich aus der Analyse des Gesamtzusammenhangs ergeben wird, daß er tatsächlich entscheidend ist) am einfachsten, sich auf ihn zu konzentrieren und zwar mit der Annahme, daß die Erhöhung des Eigenkapitals ausschließlich über Selbstfinanzierung erfolgt. (Wie sich zeigen wird, präjudiziert diese vereinfachende Annahme das Ergebnis nicht.) Von den gesamten Investitionen $J = \dot{E} + \dot{F}$ wird der Betrag $\dot{F}$ über den Kapitalmarkt und $\dot{E}$ aus internen Erträgen finanziert. Diese Erträge müssen durch einen Überschuß des Produktionswertes über Lohn- und Zinskosten, sowie Ausschüttungen (Dividenden) an die Aktionäre gesichert werden. Wenn man davon ausgeht, daß die Aktionäre einen Dividendensatz in gleicher Höhe wie den Kapitalzins verlangen, dann entsprechen die internen Erträge den Gewinnen $\pi = Y - wN - rK$ ($K = E + F$). Infolgedessen ist für ein wachsendes K erforderlich:

$$\dot{E} = \pi > o !$$

Damit ist aber auch

$$W_K - K(o) = W_E - E(o) = \int_o^\infty \pi \, e^{-rt} dt > 0 .$$

Dies bedeutet, daß der Zustand der vollkommenen Konkurrenz nicht erreicht wird. Stattdessen ergibt sich ein Gleichgewicht mit positiven Gewinnen, in dem entsprechend der Gegenwartswert des Kapitals höher ist als sein augenblicklicher Marktwert. Anders ausgedrückt: Der Kapitalwert einer Unternehmung ist positiv, die

Verzinsung des in ihr angelegten Kapitals ist höher als der
Zinssatz auf dem Kapitalmarkt. Der neoklassische Konkurrenzmechanismus läuft nicht weiter, weil ihm von der notwendigen Entwicklung des Eigenkapitals her Schranken gesetzt werden. Niemand wird sozusagen eine Unternehmung zu ihrem Marktwert kaufen, wenn sie nicht eine Verzinsung des angelegten Kapitals
verspricht, die um einen entsprechenden Satz über dem Marktzinssatz liegt. Wenn das nicht der Fall ist, würde auch niemand das etwa dafür erforderliche Fremdkapital erhalten.

Geht man infolgedessen davon aus, daß der als optimal erachte-
te Eigenkapitalanteil durch einen Faktor π gegeben wird, der positiv ist und zwischen Null und Eins liegt, so muß, um diesen
Anteil im Investitionsprozeß zu halten

$$\dot{E} = \pi > \pi J$$

gelten. Wenn der Gewinn unter diesen Betrag fällt, müssen Investitionen gekürzt oder gestrichen werden. Die Unternehmungen werden natürlich versuchen, die Gewinne und damit den Gegenwartswert des Gesamt- beziehungsweise Eigenkapitals zu maximieren.
(Der Betrag πJ beschreibt eine Finanzierungsvorschrift, nicht
die Kosten des Wachstums. Es wird dementsprechend auch nicht
$\pi - \pi J$ maximiert, sondern der Gewinn π .) Aber Gewinne über πJ
werden nicht gehalten werden können, weil sie neue Wettbewerber
anziehen, durch die sie schließlich wegkonkurriert werden.

Ein Gleichgewicht

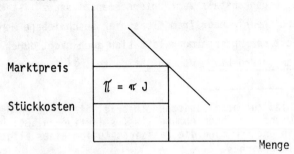

ist damit beschrieben durch
$$\pi = \pi J.$$

Es wird dadurch erreicht, daß sich (wie in der Figur) auf dem Markt ein entsprechendes Verhältnis von Preisen und Kosten herausbildet. Die Preise sind dabei in dem Sinne Konkurrenzpreise, als sie durch Konkurrenz auf dem Markt bestimmt und für die Unternehmung gegeben sind. Infolgedessen entsteht der Gewinn auch nicht über ein Monopol, das durch die Preisfixierung seinen Cournotpunkt realisiert. Der Gewinn ist vielmehr eine Art Knappheitsrente, wobei der knappe Faktor die Unternehmung selbst ist und der Grund ihrer Knappheit im Risiko liegt. Wenn man den Ausdruck Monopol nur auf Unternehmungen anwenden will, die Preissetzungsmacht besitzen, dann müßte man hier sim Sinne von Preiser von einem Quasimonopol sprechen. Aber ich möchte auch für das hier beschriebene Unternehmensgleichgewicht den Begriff Monopol verwenden, weil die Unternehmung in diesem Gleichgewicht auch bei gegebenen Preisen die Macht vermittelt, gesellschaftliche Ressourcen über Gewinne anzueignen. *)

Der entscheidende Unterschied dieser postkeynesianischen Interpretation zur neo-klassischen Sichtweise, daß für Investitionen in Sachkapital zusätzlich zum Zinssatz des Kapitalmarktes eine Risikoprämie verlangt und durchgesetzt werden kann, so daß auch hier die Verzinsung der Unternehmung höher liegt als jene des Finanzkapitals, liegt in der Verbindung dieses Gesichtspunktes mit Wachstum und Eigenkapitalbildung. Nach der postkeynesianischen Auffassung muß die Risikoprämie im Investitionsprozeß zur Bildung von Eigenkapital verwendet werden. Dieser "Zwang" zur dauerhaften Verzinsung des Eigenkapitals zum "Unternehmenszinssatz" ist der neo-klassischen Theorie eher fremd. Das hier beschriebene Monopolgleichgewicht der Unternehmung läßt sich auch nicht durch die Theorie der Unternehmung von Knight deuten. [8] Es werden

---

*) Im Unterschied zur neoklassischen Theorie, die keine eindeutige Bestimmung der Unternehmung als Institution zuläßt, [6] ist hier die Unternehmung die Basisinstitution eines allgemeinen Gleichgewichts. [7]

nicht diejenigen Individuen Unternehmer, die risikofreudiger
sind und die deshalb im Gleichgewicht entsprechende Risikoprä-
mien verdienen. So wie die Monopol-Gewinne hier abgeleitet worden sind, müssen sie nichts mit unterschiedlicher Risikofreu-
digkeit zu tun haben. Sie hängen vielmehr am Eigenkapital. (Der
Gewinn ist gewissermaßen nicht die Belohnung für den, der ri-
sikofreudig ist, sondern eine Rente für den, der über hinreichend Unternehmenskapital verfügt. Diese Möglichkeit wird auch
in der Interpretation Knights durch Mueller gesehen. [9])
Wer Eigentumsanteile an einer Unternehmung erwirbt, partizipiert
an den Wertzuwächsen des Unternehmensvermögens durch die inve-
stierten Gewinne. Diese vermehren sein Kapital über die übliche Verzinsung hinaus. Das Kapital der Unternehmung wächst
durch den Gewinn. Auf diese Weise besteht in der Unternehmung
ein unauflöslicher Zusammenhang zwischen Eigenkapital, Gewinn
und Wachstum.

3. Ein Makromodell

Im makroökonomischen Zusammenhang läßt sich die Stellung und
Bedeutung der Monopolunternehmung expost aus dem üblichen Kon-
tenschema der volkswirtschaftlichen Gesamtrechnung entnehmen.

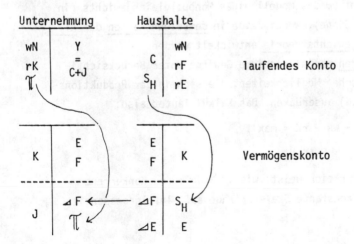

Das Vermögenskonto des Unternehmenssektors zeigt den Anfangsbestand K des vorhandenen Kapitals und seine Finanzierung durch
Eigenkapital E und Fremdkapital F. Dieses Kapital wird durch
Investitionen J aufgestockt, die durch Neuverschuldung ΔF und
Gewinne π finanziert werden. Die Gewinne ergeben sich aus dem
laufenden Konto des Unternehmenssektors als Überschuß des Produktionswertes Y über die ausgezahlten Lohn- und Zinseinkommen
wN und rK. Diese Einkommen fließen auf das laufende Konto der
Haushalte. Sie werden zum Kauf von Konsumgütern C und für Ersparnisse S_H verwendet. Die Ersparnisse gelangen über den Kapitalmarkt als Kredite zur Mitfinanzierung der Investitionen zu
den Unternehmungen. Sie erhöhen das Vermögen der Haushalte. Aber
dieses steigt darüber hinaus gleichzeitig um den Betrag der Gewinne, der sich im Wertzuwachs ΔE des Eigenkapitals niederschlägt. Dieser Wertzuwachs ist das Ergebnis des Monopol-Gleich-
gewichts, während der Wertzuwachs in Höhe von S_H der Planung der
Haushalte entspricht.

Auf diesem Hintergrund läßt sich ein Makromodell entwickeln,
das in seiner Struktur dem makroökonomischen Gleichgewichtsmodell der Neoklassik entspricht. Es unterscheidet sich von diesem allerdings durch die Berücksichtigung positiver Gewinne und
ihre Konsequenzen. Es handelt sich im Unterschied zum Konkurrenzgleichgewicht um das Modell eines Monopolgleichgewichts (in
dem angegebenen Sinne), wobei beide in demselben Rahmen der Allgemeinen Gleichgewichtstheorie entwickelt werden.

Die Unternehmungen maximieren ihre Gewinne unter Berücksichtigung der technischen Möglichkeiten, die sich in der Produktionsfunktion Y=F (K,N) ausdrücken. Das Kalkül lautet also:

$$\pi = Y - wN - rK = max !$$

$$N.B. \quad Y = F (K,N) .$$

Die Produktionsfunktion weist, wie im Modell des Konkurrenzgleichgewichts, konstante Skalenerträge auf. Infolgedessen ist

die Kostenfunktion linear und das Kalkül läuft darauf hinaus,
die Kosten durch geeignete Kombination der Faktoren zu minimieren und die Produktion an die erwartete Nachfrage Y^e anzupassen. Unter diesen Annahmen hängen, wie im Konkurrenzmodell,
der Arbeitskoeffizient $n:=N/Y^e$ und der Kapitalkoeffizient
$k:=K/Y^e$ vom Lohn/Zinsverhältnis w/r ab:

$$n = n \, (w/r)$$

$$k = k \, (w/r) \; .$$

Auch die entsprechenden Funktionen unterscheiden sich nicht vom
Konkurrenzmodell. Allerdings läßt nun die Konkurrenz eine Mono-
polsituation mit einem positiven Gewinn $\pi > 0$ zu. Das bedeutet,
daß die Grenzproduktivität des Kapitals höher ist als der Marktzinssatz. Sie muß nämlich neben diesem auch noch den Eigenkapitalanteil an der Wachstumsrate decken.
Bezeichnet man die Wachstumsrate mit $g:=J/K$, so ist:

$$F_K = r + \pi g \; .$$

(Das folgt aus $Y=F_N N+F_K K$ einerseits und aus $Y=wN+rK+\pi J$ mit $w=F_N$
andererseits.)
Die Investition ergibt sich, wie im Konkurrenzmodell, direkt aus
dem Gewinnmaximierungskalkül, und zwar gemäß der Investitionsfunktion

$$J = k \, (w/r) \, Y^e - K_{-1} \; .$$

Die Investitionsplanung der Unternehmungen ist demnach von den
Absatzerwartungen und von den relativen Faktorenpreisen abhängig. Aus den Investitionen folgen wiederum bei gegebenem π die
Gewinne.
Das Kalkül der Haushalte unterstellt, wie im Konkurrenzmodell,
die Nutzenmaximierung durch Arbeit, sowie Gegenwarts- und Zukunftskonsum im Rahmen des erzielbaren Einkommens, das aus Löhnen, Zinsen und Dividenden besteht. Aus dem Maximierungskalkül
folgen also einerseits das Arbeitsangebot N_H, andererseits der
Konsum C und die Ersparnis S_H. Der Struktur nach unterscheiden

sich dieses Kalkül und seine Ersparnisse nicht von den üblichen neoklassischen Überlegungen. Es ist jedoch unabdingbar,
hier den Faktor der Unsicherheit expliziter einzubeziehen.
Ein Haushalt muß aus allgemeinen Gründen der Unsicherheit
der Zukunft, die auch für die Unternehmung gelten, aber vor
allem aus einem mit dem Wachstumsprozeß typisch verbundenen
Risiko mit Schwankungen seines trendmäßig zu erwartenden Einkommens rechnen, die ihn unter Umständen zwingen könnten,
über mehrere Perioden hinweg, seinen Lebensstandard merklich
einzuschränken. Um sich dagegen abzusichern, wird er ein Sicherheitsvermögen aufbauen und halten, das ein bestimmtes
Vielfaches seines durchschnittlich erwarteten Einkommens beträgt. Dieses Sicherheitsvermögen wird seinem Charakter nach
festverzinslich angelegt, weil damit ein Ertrag in Höhe des
Marktzinssatzes anfällt und gleichzeitig ein sicheres Gläubi-
gerverhältnis besteht. Im Rahmen des Makromodells kann man
annehmen, daß die Haushalte zur Befriedigung ihres Sicherheits-
bedürfnisses das Fremdkapital F des Unternehmenssektors halten.
(Dies ist eine zweckmäßige Vereinfachung, die man leicht dadurch ersetzen kann, indem man Sektoren des Staates, der Banken und des Auslandes einführt und außerdem die Möglichkeit of-
fenläßt, daß die Haushalte Fremdkapital der Unternehmungen auch
aus anderen als Sicherheitsbedürfnissen halten.)
Beträgt das Sicherheitsvermögen das $\propto$-fache des erwarteten
Durchschnittseinkommens, also $\propto \bar{Y}_H$, wenn $\bar{Y}_H$ das erwartete
Durchschnittseinkommen der laufenden Periode ist, und dieses
Vermögen voll im Fremdkapital F des Unternehmenssektors angelegt, dann muß gelten:

$$F_{-1} = \propto \bar{Y}_H .$$

Das am Anfang der Periode vorhandene Fremdkapital deckt das für
die Periode geplante Sicherheitsvermögen. Durch Ersparnisse wird
das Vermögen auf dem gewünschten Niveau gehalten. Wenn man das

Sparmotiv berücksichtigt, dann ist

$$S_H = F - F_{-1} = \propto (\bar{Y}_{H,+1} - \bar{Y}_H) = \propto . \frac{\bar{Y}_{H,+1} - \bar{Y}_H}{\bar{Y}_H} . \bar{Y}_H .$$

Die Haushalte werden erwarten, daß in der langfristigen Ent-
wicklung ihr Einkommen im Durchschnitt mit der Rate wächst, mit
der die gesamte wirtschaftliche Aktivität langfristig zunimmt.
Neoklassisch gesprochen ist das die natürliche Wachstumsrate υ .
Im Monopol-Modell kann man zwar nicht von einer natürlichen
Wachstumsrate sprechen, die Wachstumsrate dort soll aber eben-
falls mit υ bezeichnet werden. Unter dieser Annahme ist die
Sparfunktion der Haushalte dann:

$$S_H \propto \upsilon Y_H .$$

Die Sparquote wird demnach der Wachstumsrate mehr oder weniger
proportional sein. Der einfachste Fall, also $S_H = s Y_H$ ($s = \propto \upsilon$),
wird im folgenden insofern unterstellt, als von einem gleichge-
richteten Zusammenhang zwischen Sparquote und Wachstumsrate
ausgegangen wird. Wesentlich ist nur, daß ein Wachstum des Einkommens Ersparnisse nach sich zieht, wenn die Haushalte ein Sicherheitsvermögen halten, das an ihr Einkommen gekoppelt ist,
denn in diesem Zusammenhang sind die Ersparnisse nicht mehr,
wie im Konkurrenzmodell der neoklassischen Theorie, Ursache,
sondern Resultat des Wachstumsprozesses. [*]

4. Marktgleichgewicht im Monopol

Aus diesem Makromodell läßt sich nun das Gleichgewicht auf den

---

[*] Die Begründung dieser Abhängigkeit der Sparquote von der
Wachstumsrate findet sich in den üblichen Darstellungen
der Theorie der Konsumfunktion.

einzelnen Märkten entwickeln - wobei sich die Monopolbeziehun-
gen wiederum von jenen des Konkurrenzmodells durch den Gewinn-
faktor π unterscheiden.

Auf dem Gütermarkt wird das Gleichgewicht (wegen der Konstanz
der Skalenerträge) durch zwei separate Beziehungen für Angebot und Nachfrage bestimmt. Die Angebotsgleichung legt die
Preise so fest, daß gerade der Monopol-Gewinn gesichert ist,
an dem die Konkurrenz ihre Schranke findet. Der erwartete Um-
satz muß demnach die Lohn- und Zinskosten plus den Monopol-Gewinn decken, so daß gilt:

$$Y^e = wN + rK + \pi .$$

Pro Einheit der erwarteten Produktion folgt daraus wegen $n=N/Y^e$
und $k=K/Y^e$ die monopolistische Faktorpreis-Relation:

$$1 = wn + rk + \pi/Y^e .$$

Im Monopol-Gleichgewicht hat der Gewinn die durch die Risiko-
einschätzung und Konkurrenzverhältnisse bestimmte Höhe $\pi = \pi J$.
Die Investitionen entsprechen der Differenz zwischen der Höhe
des Kapitalstocks in zwei aufeinanderfolgenden Perioden, $J:=K-K_{-1}$,
und der Kapitalstock richtet sich nach der erwarteten Nachfrage
Y^E, $K=kY^e$. Unter Berücksichtigung dieser Beziehungen erhält man
im Monopolfall die Faktorpreisrelation:

$$(2.1) \qquad 1 = wn + rk + \pi k - \frac{\pi}{Y^e/K_{-1}} .$$

Sie ist die Angebotsbeziehung des Monopol-Modells auf dem Güter-

markt. Aus ihr ergibt sich, in welchem Verhältnis der Lohn- und
Zinssatz zueinander stehen müssen, beziehungsweise welche Höhe
diese Preise haben können, wenn die Konkurrenz gerade den Gewinn den Faktor π zuläßt.

Neben dieser "Marktvorschrift" für die Preise erfordert Gleichgewicht auf dem Gütermarkt die Übereinstimmung von geplanten
Investitionen und Ersparnissen.

Wie oben ausgeführt sparen die Haushalte den Betrag sY_H, wobei
die Sparquote s vom langfristigen Wachstum abhängt. Dabei fließt
ihnen nicht das gesamte Einkommen zu, das in den Unternehmungen
entsteht, weil die Gewinne dort zur Selbstfinanzierung der Investitionen verbleiben. Ihre Ersparnisse betragen also $s(Y-\pi J)$.
Auf der anderen Seite sind die zur Selbstfinanzierung verwendeten Gewinne natürlich auch ein Teil der gesamtwirtschaftlichen Ersparnisse, nämlich der von den Unternehmungen direkt
aufgebrachte Betrag.

Infolgedessen lautet die Gleichgewichtsbedingung der Nachfrage
auf dem Gütermarkt:

$$s\,(Y - \pi\,J) + \pi\,J = J\;.$$

Unter Berücksichtigung von $J=KY^e-K_{-1}$ ergibt sich daraus die folgende J-S Beziehung für das Monopolmodell:

$$(2.2) \qquad \frac{s}{1 - (1-s)\,\pi}\;\frac{Y}{K_{-1}} = k\left(\frac{w}{r}\right)\;\frac{Y^e}{K_{-1}} - 1\;.$$

Ein positives π macht die gesamtwirtschaftliche Sparquote im

Monopolfall höher als jene der Haushalte allein. Das liegt daran, daß die Gewinne im Unternehmenssektor voll gespart werden, während sie bei Ausschüttungen den Ersparnissen nur mit der Sparquote s zufließen würden.

Die Gleichgewichtsbedingung des Arbeitsmarktes entspricht im Monopol-Modell der des Konkurrenz-Modells. Sie erfordert die Übereinstimmung von Arbeitsangebot N_H und effektiver Arbeitsnachfrage nY, so daß

$$(2.3) = (1.3) \qquad \frac{N_H}{K_{-1}} = n\left(\frac{w}{r}\right) \frac{Y}{K_{-1}} \quad .$$

Dieselbe Entsprechung gilt auch für die Relation der Liquiditätspräferenz und das Gleichgewicht der Kassenhaltung:

$$(2.4) = (1.4) \qquad \frac{M}{pK_{-1}} = 1 \, (r) \, \frac{Y}{K_{-1}} \quad .$$

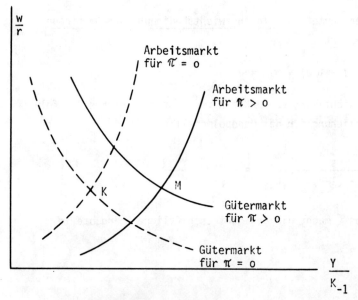

Figur 2 : K:= Konkurrenzgleichgewicht

M:= Monopolgleichgewicht

Durch die Gleichungen (2.1) bis (2.4) wird das Monopol-Gleichgewicht des Makromodells beschrieben. Die Gleichungen (2.2) und
(2.3) bestimmen simultan das Lohn/Zinsverhältnis w/r und die
Produktion Y/K_{-1}. Der ökonomischen Idee nach richtet sich das
Lohn/Zinsverhältnis bei gegebener Produktionshöhe auf dem Arbeitsmarkt (2.3) ein, während sich die Produktionshöhe bei gegebenem Preisverhältnis aus dem Nachfragegleichgewicht (2.2)
des Gütermarktes ergibt. Die Angebotsgleichung (2.1) gibt dann
die Höhe des Reallohns w, beziehungsweise Zinssatzes r an, die
mit den Konkurrenzverhältnissen beim Gleichgewichtsgewinn ver-
träglich sind. Aus Gleichung (2.4) folgt, wie üblich, das absolute Preisniveau p.

Figur 2 skizziert, wie oben schon Figur 1, die Gleichgewichtsbedingungen (2.2) für Nachfrage und Angebot auf dem Gütermarkt
und (2.3) für den Arbeitsmarkt. Formal verlaufen die Kurven wie
in Figur 1. Zu beachten ist, daß die Kurve des Gütermarktes für
erfüllte Absatzerwartungen gelten, also für $Y=Y^e$.
Sie beschreibt damit die Gleichung

$$\frac{Y}{K_{-1}} = \frac{1}{k-s\left[1-(1-s)\pi\right]^{-1}} \; .$$

Die Produktion nimmt mit steigendem Lohn/Zinsverhältnis ab. Denn
ein zunehmendes Lohn/Zinsverhältnis erhöht ceteris paribud die
Investitionen. Bei gegebenen Ersparnissen kann die Gleichheit
zwischen Investieren und Sparen nur aufrecht erhalten bleiben,
wenn die Absatzerwartungen niedriger sind. Das gilt dann im
Gleichgewicht auch für die Produktion. Für die Lage der Arbeitsmarktkurve gilt, daß bei einem höheren Lohn/Zinsverhältnis die
Arbeitsnachfrage ceteris paribus niedriger ist. Durch eine höhere Produktion wird sie wieder an ein gegebenes Arbeitsangebot angeglichen.

Obwohl sich die Kurven demnach nicht vom Konkurrenzmodell unterscheiden, ist doch ihre Lage verschieden. Bei der Gütermarkt-

kurve folgt das unmittelbar aus dem Vergleich der Beziehungen
(2.2) und (1.2) für $Y=Y^e$. Im Monopol-Modell ist wegen $\pi > o$
die Sparquote gesamtwirtschaftlich höher. Da auf diese Weise
mehr gespart wird als im Konkurrenzfall, müssen im Gleichgewicht auch die Investitionen höher sein. Bei gegebenen Preisen
sind dafür höhere Absatzerwartungen erforderlich, und das bedeutet im Gleichgewicht eine höhere Produktion. Deshalb liegt
im Monopolmodell die Gütermarktkurve weiter rechts als im Konkurrenzmodell. So gesehen ist die monopolistische Konkurrenz
produktiver als die vollkommene Konkurrenz. Sie entzieht der
Wirtschaft mehr Ressourcen für Wachstum. Zusammen mit der Inve-
stitionstätigkeit wird gleichzeitig technischer Fortschritt
geschaffen und durchgesetzt. Die Lenkung der Ressourcen in den
Wachstumsbereich schafft also nicht nur neue, sondern auch pro-
duktivere Kapazitäten - sie produziert die höhere Produktion
selbst mit. Der technische Fortschritt wird durch die Spartä-
tigkeit stimuliert. Wenn auf diese Weise die Wachstumsrate von
der gesellschaftlichen Sparquote beeinflußt wird, dann ist sie
im Monopol-Gleichgewicht höher als im Gleichgewicht der vollkommenen Konkurrenz. Die Monopol-Ökonomie wächst im langfristigen Durchschnitt schneller. Das ist der Grund, aus dem die Arbeitsmarktkurve in Figur 2 nach rechts verschoben ist. Bei einer höheren Wachstumsrate des Arbeitsangebots N_H muß bei jedem
Lohn/Zinsverhältnis die Produktion höher sein, um den Arbeitsmarkt zu räumen. Zwar gibt es den Gegeneffekt einer steigenden
Akkumulationsrate: weil der Kapitalkoeffizient wegen des sinkenden Lohn/Zinsverhältnisses abnimmt, muß die Produktion steigen, um die Investitionen im Gütermarktgleichgewicht zu halten,
und zwar so stark, daß die Investitionen trotz des niedrigen
Kapitalkoeffizienten zunehmen. Aber dieser Effekt, der die Akkumulationsrate an die Wachstumsrate des langfristigen Gleichgewichts heranführt, bringt die Arbeitsmarktkurve nicht in die
Ausgangslage zurück. So bestätigt sich für den Arbeitsmarkt

das bereits für den Gütermarkt festgestellte Ergebnis.

Das Lohn/Zinsverhältnis des Monopolgleichgewichts zu dem des Konkurrenzgleichgewichts läßt sich aus der Figur unmittelbar entnehmen. Zu beachten ist aber, daß aus der Gleichung (2.1) unmittelbar folgt, daß bei gegebenem Lohn/Zinsverhältnis sowohl der Reallohn als auch der Zinssatz im Monopolgleichgewicht niedriger liegen, weil neben den Lohn- und Zinskosten auch noch die Monopolgewinne abgedeckt werden müssen.

VI. Instabilität und Ungleichgewicht. Makroökonomische Prozesse

1. Instabilitäten des Monopolgleichgewichts

Ein besonderes Problem des Monopolgleichgewichts liegt in seiner Stabilität. Die Stabilität des neoklassischen Konkurrenzgleichgewichts beruht im wesentlichen auf den üblichen Preismechanismen. Dies gilt grundsätzlich auch im Monopolmodell. Aber so wie dieses ganz allgemein auf der Bedeutung unsicherer Erwartungen aufgebaut ist, müssen auch die dynamischen Reaktionsformen solchen Erwartungen stärker Rechnung tragen.
Im Konkurrenzmodell ist die einzige Erwartungsgröße die erwartete Nachfrage Y^e. Es kommt zu Ungleichgewichten zwischen dieser erwarteten und der tatsächlichen Nachfrage Y und damit zu Ober- und Unterauslastungen des Kapitalstocks. Aber daraus entsteht für die Anpassungsmechanismen kein besonderes Problem, wenn die Erwartungen der durch die Preise gesteuerten Entwicklung adaptiv folgen.
Eine wichtige Ergänzung der Erwartungsbildung bei den Mengen ist die Einführung von erwarteten, im Unterschied zu realisier-

ten Preisen, also einer möglichen Differenz zwischen dem tatsächlichen Preisniveau p und seiner erwarteten Höhe p^e - wobei (der Einfahheit halber) angenommen wird, daß sich beim Geldlohn w_g ($w:=w_g/p$) und beim Zinssatz r keine Divergenzen zwischen erwarteten und tatsächlichen Werten ergeben, also $w_g^e = w_g$ und $r^e = r$ ist.

Das Preisgleichgewicht des Monopols (2.1) beruht darauf, daß der Produktionswert die Lohn- und Zinskosten sowie den Monopolgewinn deckt: $Y^e = wN + rp + \Pi$. Aber in dieser Darstellung sind nur reale Größen enthalten. In monetärer Schreibweise lautet die Gleichung ohne Berücksichtigung von Erwartungen: $pY^e = w_gN + rpK + p\Pi$. Wenn man nun hier Preiserwartungen einführen will, dann geschieht dies auf dem Hintergrund der Vorstellung, daß die Unternehmung Preise auf ihren Absatzmärkten setzen und auf ihren Einkaufsmärkten annimmt. Im Gleichgewicht ist diese Unterscheidung bedeutungslos, weil hier alle Preise, auch die auf den Absatzmärkten, durch die Konkurrenz bestimmt sind und die Unternehmung auf beiden Seiten als Mengenanpasser handelt. Aber im Ungleichgewicht hat man als Folge hiervon den Verkaufspreis als Aktionsparameter, aber die Einkaufspreise, also Lohnsatz, Zinssatz und Kapitalgüterpreis als Erwartungsparameter zu sehen.

Dies führt zu der Gleichung $pY^e = w_g^e N + r^e p^e K + p^e \Pi$.

(Daß hier innerhalb einer Produktionseinheit derselbe Preis einmal als realisiert und einmal als erwartet erscheint, liegt natürlich nur an der makroökonomischen Zusammenfassung aller Unternehmungen in einem Sektor. In einer mikroökonomischen Analyse würden der tatsächliche und der erwartete Wert desselben Preises in verschiedenen Unternehmungen auftauchen.)

Nimmt man der Einfachheit halber an, daß der erwartete Geldlohn dem tatsächlichen entspricht $w_g^e = w_g$ und ebenso $r^e = r$, und definiert man den erwarteten Reallohn w^e als w_g^e/p^e, der dann hier den Wert w_g/p^e hat, so liefert die Division der Gleichung durch

$p^e y^e$ und Berücksichtigung von $\pi = \pi J$ usw.:

$$(2.1')\qquad p/p^e = w^e n + rk + \pi k - \frac{\pi}{y^e/K_{-1}} \ .$$

Lohn- und Zinssatz sind dann nicht mehr so eindeutig festgelegt wie im Monopolgleichgewicht. Die Anbieter können Bewegungen der Löhne und Zinsen unter Umständen durch Preisstrategien auffangen, die sich am erwarteten Preisniveau orientieren. Bei einem gegebenen Zinssatz kann sich der gleiche Wert von p/p^e aus unterschiedlichen Kombinationen von w^e/r und y^e/K_{-1} ergeben. *)

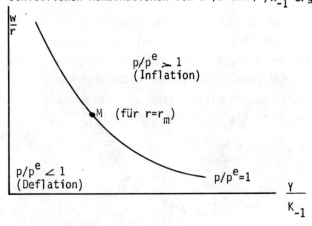

Figur 3:

Alle Kombinationen, die das Gleichgewicht $p/p^e=1$ zulassen, liegen auf der fallenden Kurve. Wenn der Zinssatz den Wert annimmt, den er im Monopolgleichgewicht hat, dann läuft die Kurve außerdem durch den entsprechenden Gleichgewichtspunkt M. Rechts liegt der Bereich, in dem $p/p^e \gtrsim 1$ ist, links davon ist $p/p^e < 1$. Der rechte Bereich bezeichnet den Inflationsbereich, der linke den Deflationsbereich. Denn, wenn das tatsächliche Preisniveau höher ist als erwartet, kann man annehmen, daß man die Erwartungen nach oben korrigiert, und daß gerade das Preisniveau steigt.

*) Es ist $p/p^e = r (w^e/r \cdot n + k) + \pi K - \pi K_{-1}/y^e$.

Entsprechend im Deflationsbereich.

Dieser Zusammenhang zeigt sich bei einer genaueren Analyse:

Die Inflationsrate, die als Wachstumsrate $\hat{p}$ des Preisniveaus definiert ist ($\hat{p}=\dot{p}/p$), läßt sich durch

$$\hat{p} = (\hat{p}/p^e) + \dot{p}^e/p^e$$

darstellen. Man betrachtet nun ein konstantes p/p^e, also irgendeinen Punkt in der Figur. In diesem ist $(\hat{p}/p^e)=0$ und infolgedessen

$$\hat{p} = \dot{p}^e/p^e \ .$$

Die Inflationsrate ist genauso hoch wie die Wachstumsrate des erwarteten Preisniveaus. Man darf diese nicht mit der sogenannten erwarteten Inflationsrate $\hat{p}^e$ verwechseln, welche die relative Differenz zwischen dem erwarteten und dem gültigen Preisniveau ausdrückt. Zwischen beiden besteht aber ein Zusammenhang. Bei diskreter Zeitbetrachtung ist

$$\hat{p}^e = (p^e_{+1} - p) \ / \ p,$$

und daraus ergibt sich für $\dot{p}^e=p^e_{+1}-p^e$ der Ausdruck

$$\dot{p}^e/p^e = p/p^e \cdot \hat{p}^e - (1 - p/p^e).$$

Infolgedessen ist

$$\hat{p} - \hat{p}^e = - (1 - p/p^e) (1 + \hat{p}^e).$$

Dies ist der Ausdruck für die nicht antizipierte Inflationsrate, also für den Teil der Inflation, der nicht erwartet wurde. Wenn die nicht antizipierte Inflation positiv ist, wird die erwartete Inflationsrate entsprechend steigen. Früher oder später wird auch die Inflationsrate selbst zunehmen, denn es ist ja $\hat{p}-\hat{p}^e \gtrdot$ o bei steigendem $\hat{p}^e$. Im umgekehrten Fall umgekehrt.

Der Inflationsbereich beinhaltet also langfristig steigende, der Deflationsbereich langfristig sinkende Inflationsraten.

Die Preis- und Mengendynamik kann in diesem Zusammenhang wie

- 83 -

folgt bestimmt werden.
Die Gleichung (2.2) des Nachfragegleichgewichts kann beibehalten werden, wenn man als ursprüngliche J-S Gleichung

$$s \, (p^e Y - \pi p^e J) + \pi p^e J = p^e J$$

akzeptiert.
Das <u>Preisniveau</u> ist also in diesem Zusammenhang <u>für</u> <u>Haushalte</u> <u>und Unternehmungen Erwartungsparameter</u>, während die Haushalte ihren Sparentscheidungen die tatsächliche Beschäftigung zugrunde legen. (2.2) soll also in dem Sinne weiter gelten, daß die Unternehmungen ihre Produktion in jeder Periode an die tatsächliche Nachfrage anpassen, während sie ihre Investitionsnachfrage Y an der erwarteten Gesamtnachfrage orientiert haben.

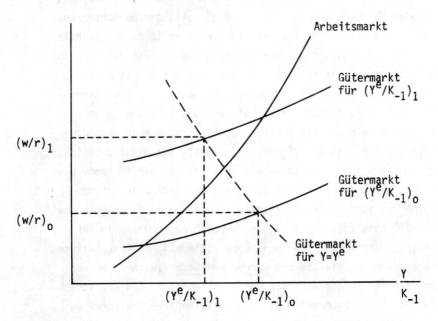

Figur 4:

Der Gütermarkt wird also durch eine steigende Gütermarktkurve

charakterisiert, deren Lage von den Absatzerwartungen Y^e abhängt.
Da die aktuellen Punkte immer auf einer solchen Gütermarktkurve
liegen, ist der Arbeitsmarkt bei dem Lohn/Zinsverhältnis im
Gleichgewicht, bei dem sich die entsprechende Gütermarktkurve
mit der Arbeitsmarktkurve schneidet. Aber ein solcher Zustand
ist normalerweise mit enttäuschten Absatzerwartungen verbunden.
So ist bei $(Y^e/K_{-1})_0$ die Nachfrage im Arbeitsmarktgleichgewicht
niedriger als erwartet, und bei $(Y^e/K_{-1})_1$ ist sie höher. Die
Mengenerwartungen treffen in diesen Fällen nur in Ungleichgewichtspreisen w/r, also bei Ungleichgewicht auf dem Arbeitsmarkt zu. Wenn zum Beispiel bei den Nachfrageerwartungen $(Y^e/K_{-1})_0$
das Lohn/Zinsverhältnis den Wert (w/r_0) annimmt, dann entspricht die Nachfrage tatsächlich den Erwartungen. Aber gleichzeitig herrscht Obernachfrage auf dem Arbeitsmarkt. Infolgedessen wird der Geldlohn w_g steigen. Die <u>neoklassische</u> Konsequenz
wäre, daß durch die Konkurrenz die Preise steigen, daß deshalb
über den Realkasseneffekt der Zinssatz steigt, und daß dadurch
schließlich w/r sinkt, also eine Bewegung zum Arbeitsmarktgleichgewicht ausgelöst wird. <u>Aber</u> bei unsicheren Erwartungen
ist dieser Ablauf nicht gewährleistet. Die Geldlohnsteigerun-
gen werden zwar auf die Preise überwälzt, aber auch wenn dadurch der Zinssatz heraufgeht, muß deshalb w/r nicht unbedingt
sinken, weil der Zinssatz ebenfalls überwälzt werden kann. Dies
zeigt Gleichung (2.1'). Alle durch die Obernachfrage auf dem Arbeitsmarkt ausgelösten Preissteigerungen können durch Erhöhung
von p/p^e abgefangen werden. Die Obernachfrage mündet in Inflation. Berücksichtigt man dabei noch die Möglichkeit expansiver
Mengenprozesse, wie sie von <u>Harrod</u> und <u>Domar</u> beschrieben werden, dann schaukeln sich die Obernachfragen auf dem Arbeits-
und Gütermarkt einerseits und die inflationären Preisbewegungen andererseits hoch. Das Ergebnis ist eine sich verstärkende Boomsituation mit steigender Inflation. Auf der anderen Seite gibt es in ganz entsprechender Weise einen symmetrischen

deflationären Rezessionsprozeß. Darauf soll weiter unten noch
näher eingegangen werden. [12) Aber bereits diese Überlegungen
zeigen, daß die Stabilität des Monopolgleichgewichts problema-
tischer ist als die des (neoklassischen) Konkurrenzgleichgewichts, wenn man unsichere Erwartungen berücksichtigt. Am Beispiel des Harrod-Domar-Prozesses wird sich zeigen, daß es jedenfalls hinreichend instabil ist, um den Wachstumsprozeß mit
einem endogenen Risiko zu befrachten. Auf der anderen Seite
sind Monopolgewinn und Wachstum einerseits, destabilisierende
Erwartungsprozesse andererseits gerade durch das Risiko des
Prozesses begründet.

2. Die Struktur des Ungleichgewichts

Rein ökonomisch betrachtet ist das langfristige Monopolgleichgewicht ein Gleichgewicht im üblichen, neoklassischen Sinn.
Alle Märkte sind ausgeglichen, die Erwartungen erfüllt, die
Strukturen konstant. Im Makromodell gelten die Gleichungen
(2.1) bis (2.4). Die Preise decken gerade die Lohn und Zinskosten plus die für das Wachstum erforderlichen Gewinne. Sie
entsprechen ihren Werten. Geplante Investitionen und Ersparnisse stimmen überein, und zwar bei einer Produktion in Höhe der
erwarteten Nachfrage, die auch eintritt. Der Arbeitsmarkt wird
geräumt. Sozialprodukt und Kapitalstock wachsen mit der langfristigen Wachstumsrate. Die Einkommensverteilung bleibt konstant. Wenn das Geldangebot ebenfalls mit der Gleichgewichts-
rate wächst, wird das Preisniveau konstant gehalten.
Diese logische Konstruktion, die reale Strukturen und Tendenzen
auf einen Nenner bringt, ist zugleich als Darstellung des "natürlichen" Wachstumsgleichgewichts zu verstehen. Natürlich wird
nicht behauptet, daß die Realität genau auf diesem Wachstumspfad verläuft. Aber es wird vertreten, daß Abweichungen Gegen-
tendenzen auslösen werden, die die Abweichungen in Grenzen hal-

ten, und sogar bei Abwesenheit aller Störungen zum Verschwinden
bringen würden.

Im Unterschied zum Konkurrenzgleichgewicht kann man solche Stabilitätsmechanismen aber nicht in erster Linie über das Preissystem erwarten. Es läßt sich sogar zeigen, daß die Monopolele-
mente dieses Gleichgewicht, insbesondere die Durchsetzung von
Monopolgewinn, Akkumulation und Technik, seine Stabilitätsei-
genschaften gefährden. Der Unterschied zur Wirkung des Preismechanismus im Konkurrenz-Gleichgewicht ist der, daß er durch
das Monopol-Gleichgewicht eher zum Stillstand gebracht wird,
nämlich schon, wenn positive Gewinne auftreten. Und dieser Unterschied ist nicht ein Unterschied in den Eigenschaften des
Gleichgewichts, sondern ein Unterschied in den Gleichgewichtswerten, der die Reaktion des Preismechanismus auf Übernachfrage
oder Überangebot nicht berührt. Es ist also nicht der Preismechanismus selbst, der die beiden Gleichgewichte unterscheidet,
sondern seine Wirksamkeit. Diese Wirksamkeit des Preismechanismus ist beeinträchtigt, weil das Monopolgleichgewicht selbst
ein Ungleichgewichts-Potential enthält, auf dessen Bewältigung
oder gar Beseitigung der Preismechanismus gar nicht eingerichtet ist - und auch nicht eingerichtet werden kann. [13]

3. Ökonomisches und gesellschaftliches Gleichgewicht

Das Monopolgleichgewicht ist zwar ein Gleichgewicht mit allen
zugehörigen Merkmalen, es stellt aber gleichzeitig ein gesellschaftliches Ungleichgewicht dar. Denn sowohl statisch als auch
dynamisch betrachtet kann man davon ausgehen, daß es die Bedürfnisse der Individuen in Hinblick auf Verteilung, Wachstum und
Technik nicht optimal befriedigt[*] - wenn man die Gleichgewichts-
merkmale vor dem Hintergrund der neoklassischen Legitimation des
ökonomischen Prozesses betrachtet. Dies folgt schon

---

[*] Die unternehmensinternen Gründe für dieses Ungleichgewicht werden weiter unten in § 5 "Theorie der Unternehmung" diskutiert.
Vgl. die Ausführungen zum Monopolmodell (Kap. IX) und zur Konkurrenzunternehmung (Kap. VII), die wiederum zum Basismodell
der Analyse genommen wird.

aus einem Vergleich des Konkurrenzgleichgewichts mit dem Monopolgleichgewicht - wobei sich die Differenz aus dem Monopolgewinn und seiner Verknüpfung mit Eigentum und Wachstum ergibt.
Im Paradigma der neoklassischen Theorie konnte ein gesellschaftliches Ungleichgewicht als ökonomisches Problem auch
nicht thematisiert werden, weil dort das gesellschaftliche
Gleichgewicht mit dem Konkurrenzgleichgewicht identifiziert
und lediglich die Wirksamkeit der ökonomischen Stabilitätsmechanismen - die dann zugleich als gesellschaftliche Stabilitätsmechanismen zu verstehen sind - untersucht wurden. Im Zusammenhang mit dem Monopolgleichgewicht treten diese Probleme
als ökonomische Konflikte deutlich hervor. [14] Die Individuen
haben sozusagen im Monopolgleichgewicht immer die Möglichkeit,
den Prozeß und das Ergebnis des Gleichgewichts anzufechten,
und in dieser Möglichkeit drückt sich das gesellschaftliche
Ungleichgewicht aus. Wenn die Individuen versuchen, die Ergebnisse des Monopolgleichgewichts zu ihren Gunsten zu verändern,
dann kann offensichtlich selbst in diesem Gleichgewicht Bewegung in das System kommen. In diese Richtung geht die folgende Argumentation. Ausgangspunkt ist die These, daß die Individuen versuchen werden, ihre Position im Monopolgleichgewicht
zu verändern. Gerade dadurch werden Ungleichgewichte im ökonomischen System provoziert.
Die Chance für Veränderungen eröffnet sich vor allem in einem
länger anhaltenden Gleichgewicht. Wenn eine längere Zeit
Gleichgewicht geherrscht hat, mag jeder seine Position für
vergleichsweise gesichert halten, und das mag sie zu dem Versuch veranlassen, sie zu verbessern. Wenn sich, wie Minsky [15]
darlegt, im Laufe der Zeit die Erfahrung verdichtet, daß Produktion und Absatz wie erwartet verlaufen, werden Investoren
auch riskantere Vorhaben als bisher in Angriff nehmen. Sie
werden Kreditgeber finden, die aus einem ähnlichen Eindruck
zur Finanzierung bereit sind. So entsteht eine allgemeine

Übernachfrage, die schließlich in einen inflationären Prozeß mit
spekulativem Charakter mündet.

Die allgemeine Lehre aus solchen Überlegungen - die selbst für
anhaltende Gleichgewichtssituationen gelten, hinter denen sich
kein gesellschaftliches Ungleichgewicht verbirgt - ist, daß es
anhaltende Gleichgewichte nicht geben kann, weil die Dauer des
Gleichgewichts dazu verführt, Möglichkeiten in Angriff zu nehmen, wodurch nun gerade Ungleichgewichte produziert werden. Eine solche lokale Instabilität ist natürlich besonders dann plausibel, wenn sich hinter dem Gleichgewicht noch ein eigener Un-
gleichgewichtsfaktor, wie das gesellschaftliche Ungleichgewicht
hinter dem Monopolgewicht, verbirgt. Dieser Schluß soll an einem
zentralen Beispiel erläutert werden.

4.   Das Beispiel: Der Harrod-Domar-Prozeß

4.1. Drei Faktoren kumulativer Inflationsprozesse

Die Verletzung des Gleichgewichts kommt einer Überbeanspruchung
der (makro-)ökonomischen Möglichkeiten gleich. Auf der einen
Seite stehen die ökonomischen Erfordernisse von Gewinn und
Wachstum, wie sie durch das Monopolgleichgewicht definiert sind,
auf der anderen Seite die Forderungen der Arbeitnehmer zur Durchsetzung eines höheren Nutzens. Beides ist nicht vereinbar. Als
erstes ist infolgedessen ein inflationärer Druck zu erwarten,
der sich in zunehmenden Preissteigerungen zeigt. Der entsprechende Inflationsprozeß läßt sich im Rahmen des dargestellten
Makro-Modells erläutern, und zwar im Anschluß an die dort ein-
geführte Stabilitätsanalyse.

Ausgangspunkt ist ein allgemeines Gleichgewicht, wie es durch
die Gleichungen (2.1) bis (2.4) dargestellt wird.

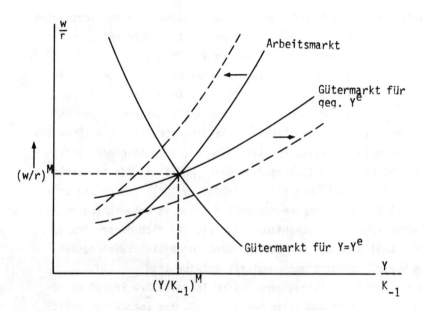

Figur 5

Das Gleichgewicht wird durch den Schnittpunkt der Kurve des Arbeitsmarktgleichgewichts und des Gütermarktgleichgewichts für $Y=Y^e$ repräsentiert. Die entsprechenden Gleichgewichtswerte sind $(Y-K_{-1})^M$ und $(w/r)^M$. Neben dem temporären Gleichgewicht auf den Märkten ist $p/p^e=1$ und $Y/Y^e=1$, d.h. Preis- und Absatzerwartungen erweisen sich als richtig. Schließlich handelt es sich bei M um ein langfristiges Gleichgewicht, das sich nicht mehr durch wachstumsbedingte Verschiebungen der Arbeitsmarktkurve verändert - oder sich nur marginal verändert.

Wenn die Arbeitnehmer ihren Arbeitseinsatz zu ihren Gunsten verändern, dann wirkt das insgesamt so, als ob das Arbeitsangebot bei diesen Preisen gesunken wäre. Der Wert von N_H/K_{-1} nimmt ab. Das kommt einer Linksverlagerung der Arbeitsmarktkurve gleich. Bei herrschenden Gleichgewichtspreisen und bei Gleichgewicht auf dem Gütermarkt entsteht dadurch eine Übernachfrage auf dem

Arbeitsmarkt. Die Produktion, die den Gütermarkt ausgleicht, wird
(aus Lagerbeständen, durch Oberstunden, etc.) aufrecht erhalten.
Aber natürlich steigen die Geldlöhne w_g. Dies erhöht den Reallohn ($w^e=w_g/p^e$). Damit die Gewinne gehalten werden können, müssen die Preise im Verhältnis zu den erwarteten Kosten steigen, d.
h. $p/p^e \geq 1$. Aber bei $p/p^e \geq 1$ wird ein inflationärer Prozeß in
Gang gesetzt. Die tatsächliche Inflationsrate ist dabei höher als
die erwartete. Es existiert also eine nicht antizipierte Inflation, welche die Inflationserwartungen und damit die tatsächliche Inflation nach oben treibt. In diesem Inflationsprozeß zeigen sich die unvereinbaren Ansprüche. Aber im Unterschied zu den
üblichen Konkurrenzmechanismen stabilisiert sich dieser Prozeß
nicht, weil sich der Inflationsprozeß durch die Erwartungsbildung verselbständigt und kumulativ entwickelt.
Von der Marktentwicklung wird dieser inflationäre Prozeß bestätigt, mitgetragen und sogar verstärkt. Da das Lohn/Zinsverhält-
nis durch die Obernachfrage auf dem Arbeitsmarkt steigt, ist die
Nachfrage auf dem Gütermarkt höher als erwartet. Zunächst ist
die Gleichgewichtsnachfrage Y^M erwartet worden. Wenn w/r über
den Gleichgewichtswert hinaus zunimmt, ist die die Gütermarkt
räumende Produktion höher als die erwartete Nachfrage Y^M. Es ist
also $Y/Y^e \geq 1$. Infolgedessen werden die Nachfrageerwartungen nach
oben korrigiert. Die Gütermarktkurve verschiebt sich nach rechts.
Damit nimmt die Obernachfrage auf dem Arbeitsmarkt weiter zu.
Die Löhne steigen verstärkt, und dies verstärkt wiederum den ex-
pansiven Druck auf den Gütermarkt, der sich im Sinne des "Harrod-
Domar-Prozesses" weiter destabilisiert. Durch die Expansion von
Mengen und Preisen steigen bei gegebener Entwicklung der Geldmenge auch die Zinssätze. Solange dadurch jedoch das Lohn/Zins-
verhältnis nicht entscheidend gedrückt wird, führt dies wegen
der Oberwälzung zu einer Verstärkung der Inflation.
Damit ergibt sich eine mehrfache Kumulation des Inflationsprozesses. Erstens verstärkt er sich durch den Aufbau und die Steige-

rung inflationärer Erwartungen selbst. Zweitens wird er durch
die boomartige Entwicklung von Nachfrage und Produktion ge-
stützt, die sich selbst kumulativ verstärkt. Drittens schaukeln
sich diese Preis- und Mengenprozesse noch gegenseitig hoch.

Triebkraft dieses kumulativen Inflationsprozesses sind somit
drei Faktoren. Erstens die typischen neoklassischen Preisbewegungen, die sich aus Marktungleichgewichten ergeben. Im Sinne
des Preismechanismus sollten sie eigentlich stabilisierend
wirken. Aber es zeigt sich, daß die Erwartungsbildungen dafür
hinderlich sein können. Diese machen den zweiten Faktor aus. Die
Stabilisierungsleistung der Preise wird jedenfalls zunächst
durch den Aufbau von Inflationserwartungen auf der Preisseite
und Boomerwartungen auf der Mengenseite durchkreuzt. Denn statt
zum Abbau des Arbeitsmarktgleichgewichts führen die Lohnsteige-
rungen einerseits zu steigenen Nachfrageerwartungen und andererseits zu steigenden Preiserwartungen. Beides treibt die Löhne
weiter hoch, ohne das Ungleichgewicht zu beseitigen. Nur wenn
alle Akteure gegen die Ungleichgewichtsentwicklungen unbeirrt
an Gleichgewichtserwartungen festhalten würden, könnte der
Preismechanismus reibungslos funktionieren. Aber solche Gleichgewichtserwartungen sind unrealistisch, auch wenn man sie in
der Literatur als "rationale Erwartungen" bezeichnet. Sie sind rational im Gesamtzusammenhang des Gleichgewichts, aber nicht für
einzelne Akteure. Jedem einzelnen Akteur muß es besser erscheinen, seinen konkreten Erfahrungen zu folgen, statt sich auf
ein allgemeines Gleichgewicht zu verlassen, das ihm nicht garantiert werden kann. Eine solche Garantie würde ein "Gleichgewichts-Abkommen" erfordern, aus dem individuelle Gleichgewichtserwartungen abgeleitet werden können. Ein solches Gleich-
gewichtsabkommen kann im Monopol aber nicht erwartet werden.

Dies führt zum dritten Faktor des kumulativen Inflationsprozesses, dem sozialen Ungleichgewicht, auf dem das Monopolgleichgewicht beruht. Jedes "Gleichgewichts-Abkommen" müßte dieses Ungleichgewicht bestätigen. So verhindert dieses Ungleichgewicht,
das die eigentliche Ursache des Inflationsprozesses ist, zu-

gleich die Ausschaltung der inflationären Erwartungen als wesentlicher Inflationsverstärker.

Gegenüber anderen Inflationsauslösern, die im Wachstum auftreten, nimmt das soziale Ungleichgewicht aus zwei Gründen eine besondere Stellung ein: Es ist erstens als systematisches Element
des Monopolgleichgewichts stets vorhanden. Zweitens verstärkt
sich seine Wirkung im Inflationsprozeß systematisch, weil die
Stellung der Arbeitnehmer durch die steigende Übernachfrage auf
dem Arbeitsmarkt immer sicherer wird. Dies hat aber nicht den
Abbau des gesellschaftlichen Ungleichgewichts zur Folge, weil
dieses als Gleichgewichtsbedingung des Monopolgleichgleichge-
wichts erhalten bleiben muß. In dieser Unvereinbarkeit der beiden Imperative gesellschaftlichen und ökonomischen Gleichgewichts gerät die ökonomische Funktionsfähigkeit in Gefahr.

Zum Hauptproblem wird dabei, daß die Märkte nicht mehr richtig
koordinieren, weil der Preismechanismus das Gleichgewicht nicht
mehr herbeiführt. Wenn die Märkte für ihre Koordinationsfunktion
nicht mehr richtig erfüllen, entsteht und verstärkt sich eine
doppelte Unsicherheit. Einerseits werden die Erwartungen zukünftiger Variabler unsicherer, die in die ökonomischen Planungen eingehen, weil sie nicht mehr an die relativ stetige Entwicklung des Gleichgewichts gebunden sind. Andererseits steigt
die Unsicherheit darüber, welche staatlichen Eingriffe erfolgen
werden, und welche Organisationsformen an die Stelle der Markt-
koordination treten. Das Marktsystem kann auf Dauer ja nur so
stabil sein, wie es ihm selbst gelingt, sein Gleichgewicht zu
stabilisieren. Schon die erste sich verstärkende Unsicherheit,
die die Erwartungen und Planungen innerhalb der gegebenen inflationären Entwicklung beeinträchtigt, kann diese schließlich
in die Krise führen. Abgesehen davon, daß die einzelnen Preise
und Nachfrageentwicklungen nur schwer prognostizierbar sind,
wird die Prognose der weiteren inflationären Entwicklung selbst
zu einem Hauptproblem. Da in der Inflation die Geldzinssätze

steigen, kann der Gegenwartswert geplanter Investitionen nur
dann hinreichend positiv bleiben, wenn auch für die Zukunft
eine weiter steigende Inflationsrate unterstellt werden kann.
Die Investoren müssen also erwarten, daß $p/p^e > 1$ bestehen
bleibt. Auf der anderen Seite ist zu erwarten, daß irgendwann
wieder ein Gleichgewicht mit $p=p^e$ eintreten muß. In diesem Zustand blüht die Spekulation. Wer auf den Fortgang der Inflation setzt, verstärkt diese weiter. Aber es mag andere geben, denen das Risiko allmählich zu groß wird, bei denen also Gleichgewichtserwartungen die Oberhand gewinnen. Der Rückzug löst den
Zusammenbruch aus. Unterstützt oder auch selbständig ausgelöst
wird dieser Umschwung dadurch, daß sich auch Gleichgewichtserwartungen herausbilden können, die sich unmittelbar auf die
Nachfrage richten. Wenn auf dem Gütermarkt stets Übernachfrage
herrscht, dann ist das zunächst Anlaß zur Expansion. Aber die
Unternehmungen müssen damit rechnen, daß dieser Ungleichge-
wichtszustand zu einem Ende kommt. Das kann sie dazu veranlassen, im Interesse der Risikovermeidung mit einer geringeren
langfristigen Nachfrage zu rechnen. Dadurch verschiebt sich
die Gütermarktkurve ebenfalls nach links, so daß sich die Prognose selbst bestätigt. Verstärkt wird dieser Effekt durch die
laufende Übernachfrage auf dem Arbeitsmarkt, aus der die Unternehmer den Schluß ziehen müssen, daß die Unternehmungen auf
Dauer die boomartige Expansion nicht werden durchhalten können.

In allen Fällen geht der Rückgang der Nachfrage mit einem mehr
oder weniger starken Zusammenbruch der Investition einher. Zu
dieser endogenen Unsicherheit über den Ablauf der Inflation
kommt als zweites die Unsicherheit über die Entwicklung des
Marktsystems selbst. [16)] Die Unternehmungen können nicht sicher sein, ob und wie sie sich in der hinter der Inflation
steckenden Auseinandersetzung um die Bedingungen des Monopolgleichgewichts schließlich behaupten werden. Sie müssen mit
staatlichen Eingriffen rechnen, in denen entweder ihre Position

geschwächt, oder nur über den Zusammenbruch der Inflation wieder bestätigt wird. Für beide Eventualitäten werden sie in ihre Investitionsplanungen die Boomerwartungen einbeziehen. Wenn ihnen das Risiko zu groß wird, löst ihr Rückzug, der endogen aus der wachsenden Unsicherheit folgt, den Rückgang der Nachfrage aus, der mit einem mehr oder weniger starken Zusammenbruch der Investitionen einhergeht - darauf werde ich im Anschluß an die Darstellung makroökonomischer Zusammenhänge eingehen.

Zur Wiederherstellung der Gleichgewichtsbedingungen des Monopolgleichgewichts genügt es natürlich nicht, das inflationäre Ungleichgewicht langsam wieder zum Gleichgewicht zurückzuführen. Es muß dazu der "normale Sanktionsmechanismus" der Konkurrenz wieder in Kraft gesetzt werden, der dafür sorgt, daß überhöhte Ansprüche zurückgenommen werden. Einbruch bei der Nachfrage und der entsprechenden Erwartungen und daraus folgende Arbeitslosigkeit sind also notwendiges Ergebnis.

4.2. Deflation und Rezession

Insgesamt kehren sich die Ungleichgewichtsprozesse um. Die Gütermarktkurve für die jeweils geltenden Erwartungen liegt nun links vom Gleichgewicht, und das Lohn/Zinsverhältnis hat die Tendenz, zu fallen. Mengen- und Preisprozesse verstärken sich jeweils selbst und kumulativ nach unten. Die Nachfrage stellt sich als noch geringer heraus als erwartet. Die Erwartungen werden weiter sinken. Dadurch nimmt die Investitionsnachfrage ab. Die Gütermarktkurve verschiebt sich weiter nach links. Dadurch wird die Nachfrage tendenziell noch geringer. Ein rezessiver Harrod-Domar-Prozeß läuft ab, in dem sich Rezession und Deflation kumulieren. Gleichzeitig sinkt wegen der Arbeitslosigkeit der Geldlohn w_g und damit auch bei den jeweils geltenden Preiserwartungen der "Reallohn" w_g/p^e. Wenn sich die Geldmenge entsprechend dem Gleichgewicht entwickelt, kann zunächst nicht mit kompensierenden Zinssetzungen gerechnet werden. Deshalb wird das Lohn/Zinsverhältnis fallen. Gleichzeitig führen die Lohnsenkungen dazu, daß das tatsächliche im Verhältnis zum erwarteten Preisniveau zurückgeht, also p/p^e sinkt. Wenn $p/p^e < 1$ ist, wird ein deflationärer Prozeß in Gang gesetzt, in dem die Inflationsrate, nicht aber das Preisniveau selbst, sinkt. Die Arbeitslosigkeit beseitigt also tendenziell die Inflation. Der Deflationsprozeß würde bei gegebener Produktionshöhe schließlich das Lohn/Zinsverhältnis so weit nach unten drücken können, daß sich der Arbeitsmarkt ausgleicht.

Faktisch stabilisiert sich aber der Arbeitsmarkt auf diese Weise nicht. Denn durch die Abnahme des Lohn/Zinsverhältnisses werden die Investitionen eingeschränkt, und dadurch nimmt die Nachfrage erst recht ab. Der rezessive Harrod-Domar Prozeß findet in der Preisbewegung sogar noch eine Unterstützung. Durch die Arbeitslosigkeit wird aber nun umgekehrt der deflationäre Preisprozeß verstärkt. So schaukeln sich die negativen Entwicklungen in den Mengen und den Preisen in sich selbst und gegenseitig hoch. Rezession und Deflation kumulieren sich.

Zunächst hat diese Entwicklung ihre Funktion. Durch sie wird die Oberbeanspruchung des Systems beseitigt. Alle Versuche, die Gleichgewichtsbedingungen zu verändern, müssen als vergeblich erkannt werden. Diese Funktion also muß die ökonomische Krise erfüllen: Sie muß eine Reinigungskrise sein.

4.3. Die Irrelevanz des neoklassischen Preismechanismus

Der zentrale Stabilitätsmechanismus der neoklassischen Theorie liegt im Preismechanismus. Bei gegebener Entwicklung des Geldangebots setzt die Deflation Realkasse frei. Dadurch fällt der Zinssatz, und zwar schließlich so stark, daß das Lohn/Zinsverhältnis steigt. Dies induziert zusätzliche Investitionsnachfrage

und damit eine Ausdehnung der Produktion. Der Prozeß setzt sich
so lange fort, bis die tatsächliche Nachfrage höher wird als
die erwartete ($Y/Y^e \geq 1$). Das ist der Ausgangspunkt für einen
sich selbst tragenden Aufschwung. Im Zusammenhang gesehen liegt
die Ursache für diesen Aufschwung darin, daß die Deflation eine
Substitution von Geld durch Güter vorteilhaft macht. Deshalb
werden die Wirtschaftssubjekte Geld, das sie bisher als Kasse
geschaffen haben, für Güter ausgeben. Auf diese Weise steigt
die Nachfrage.

Dieser Preismechanismus ist aber nur dann wirksam, wenn die Bedingung erfüllt ist, daß die Überschußnachfragen fest vorgegeben sind. Gerade das kann man aber in der ökonomischen Krise
nicht erwarten, und deshalb ist es möglich, daß der Preismechanismus hier außer Kraft gesetzt ist - also nicht stabilisiert. Die
Begründung dafür folgt daraus, daß Geld keine Substitutionsela-
stizität von Null oder nahezu Null besitzt. Die Deflation veranlaßt die Wirtschaftssubjekte also nicht, Geld durch Güter zu
ersetzen.

Diese Begründung stützt sich auf die Rolle von Erwartungen.[17] In
der Depression herrschen in bezug auf die Preise Deflationser-
wartungen und in bezug auf die Mengen Rezessionserwartungen.
Deshalb ist es unwahrscheinlich, daß die durch Deflation frei
werdende Realkasse für zusätzliche Nachfrage verwendet wird.
Nachfrage wird noch aufgeschoben werden. Die Investoren werden
damit rechnen, daß die Nachfrage noch weiter zurückgeht, so daß
sie selbst bei günstigeren Preisverhältnissen die Investitionsnachfrage weiter zurückhalten.

Im Gegensatz zur neoklassischen Auffassung spielt sich also der
Vorgang so ab, daß die Realkasse durch die Deflation zwar zunimmt, die Individuen sie jedoch auch in ihrem wachsenden Umfang weiter halten. In Gleichung (2.4) $M/pK_{-1} = 1(r)Y/K_{-1}$ drückt
sich das so aus, daß die deflationäre Zunahme auf der linken
Seite durch eine gleichgerichtete Erhöhung der Liquiditätsprä-

ferenz 1 (r) auf der rechten Seite bei gleichbleibendem Zinssatz
kompensiert wird. Also bleibt die Oberschußnachfrage bei einem
herrschenden Zinssatz nicht konstant, sondern wird durch Erwar-
tungseinflüsse verändert.

Selbst wenn der Zinssatz sinken würde und sich dadurch eine bessere Rentabilität der Investitionen ergäbe, würden die Unternehmer wegen der unsicheren Nachfragesituation die Investitionsnachfrage doch nicht erhöhen. In der Terminologie der Gleichung
(2.2) würden die Investitionen $J/K_{-1}=k(w/r)Y^e-1$ zwar wegen des
steigenden Kapitalkoeffizienten Auftrieb erhalten, aber dieser
würde durch die entgegengesetzten Absatzerwartungen wieder in
sich zusammenfallen. Auch auf dem Gütermarkt ist also die Oberschußnachfrage nicht konstant, sondern mit den Erwartungen va-
riabel. Deshalb ist der Preismechanismus unwirksam.

Der Zinssatz müßte sinken, wenn die Bewegung zum Monopolgleichgewicht zurückführen sollte, aber ein solcher Stabilisierungseffekt kann unwirksam bleiben, solange die Gütermarktkurve bei
den jeweils herrschenden Erwartungen nicht im Gleichgewicht ist.

Diese Kritik am Einfluß der Deflation auf die Geldnachfrage
trifft den einzigen systematischen Stabilitätsmechanismus in
der ökonomischen Krise. Die Linie des neoklassischen Arguments
läuft so, daß bei gegebenen Preiserwartungen ein temporäres
Gleichgewicht existiert, bei dem bei gegebenen Preiserwartungen p^e alle Märkte ausgeglichen sind, so daß die Oberschußnachfrage $z(p,p^e)=0$ ist. Das schließt die Räumung der Arbeits-
märkte natürlich ein. Natürlich gibt es Anpassungsprobleme.
Selbst bei Konstanz der Daten und ohne weitere Störfaktoren
wird sich über den Preismechanismus ein Gleichgewicht nicht
sofort wieder herstellen. Es ist sogar möglich, daß das Festhalten an Ungleichgewichtspreisen für eine gewisse Zeit rational sein kann. Aber auf Dauer lassen sich Preisänderungen
bei Ungleichgewichten nicht vermeiden, weil sie für eine der

Marktseiten vorteilhaft sind und durch die Konkurrenz allgemein durchgesetzt werden. [18)] Die Resistenz des Ungleichgewichts beruht offensichtlich nicht auf der mangelnden Preisanpassung, sondern auf der besonderen Rolle von Erwartungen. Diese Preiserwartungen p^e können demnach nicht als gegeben vorausgesetzt werden, weil sie auf Preisänderungen unmittelbar reagieren. Es gibt also eine Reaktionsfunktion $p^e(p)$ der Erwartungen, die die Wirkung des Preismechanismus außer Kraft setzen kann. Das ist dann der Fall, wenn es aufgrund einer solchen Erwartungsfunktion keinen Preis mehr gibt, der die Märkte räumt, wenn also

$$z\ (p/,p^e(p)) \neq 0 \quad \text{für alle p.}$$

Es existiert unter diesen Bedingungen also kein temporäres Gleichgewicht - und die Nicht-Existenz eines temporären Gleichgewichts schließt die Instabilität des allgemeinen Gleichgewichts ein.

Nach postkeynesianischer Auffassung beruht also die Existenz von Marktungleichgewichten nicht auf inflexiblen Preisen, sondern gerade bei Flexibilität der Preise auf erwartungsgesteuerten flexiblen Überschußnachfragen. Die Reaktion der Überschußnachfragen kann dabei allerdings zu starren Preisen führen. Aber diese sind dann nicht starr, weil sie nicht auf Ungleichgewichte reagieren würden, sondern weil die Flexibilität der Überschußnachfrage die Behebung der entsprechenden Ungleichgewichte verhindert. Anders ausgedrückt: Der Preis ist nicht deshalb fest, weil er Ungleichgewichte nicht aufnimmt, also auf Veränderungen von Angebot und Nachfrage nicht reagiert, sondern im Gegenteil deshalb, weil diese Veränderungen ihn festhalten. [19)]

Die Frage ist nun, wie allgemein diese Erwartungsstruktur ist, die die Irrelevanz des Preismechanismus verursacht, daß sie als ökonomische Determinante einer Allgemeinen Gleichgewichtstheorie betrachtet werden kann.

Da es sich um Ungleichgewichtserwartungen handelt, sind "ratio-

nale" Gleichgewichtserwartungen natürlich ausgeschlossen. Dies
wird vor allem dann der Fall sein, wenn Ungleichgewichte schon
vorhanden sind, und die Wirtschaftssubjekte durch ihr Verhalten die Ungleichgewichte und damit ihre Erwartungen bestätigen.
Diese Erwartungen sind sicherlich rational (Davidson). Sie sind
nur falsch im Hinblick auf das Gleichgewicht, aber nicht in bezug auf die reale Entwicklung. Sie entstehen aus dem Ungleichgewicht, prognostizieren dieses und stellen es dadurch wieder
her. Es entsteht daraus natürlich kein Gleichgewicht, sondern
nur ein durch Erwartungen festgehaltenes Ungleichgewicht. Infolgedessen kommt das System auch nicht zur Ruhe. Es besteht
ein ständiger Druck auf die Preise, der sich im Fortgang des
Deflationsprozesses ausdrückt. Der entscheidende Umschwung kann
infolgedessen endogen nur durch einen Umschwung der Erwartungen
herbeigeführt werden. Konkret würden danach vor allem die Unternehmungen allmählich sich auf einen Aufschwung einrichten,
entsprechend investieren und dadurch die Gütermarktkurve ins
Gleichgewicht bringen. Aber sie riskieren mit solchen Kapazitätserweiterungen eine Verschlechterung ihrer Situation, die
ohnedies durch zu hohe Kapazitäten gekennzeichnet ist.
Die Unsicherheit der Entwicklung läßt also einen Vertrauensum-
schwung nicht zuverlässig erwarten. Dies gilt selbst dann, wenn
sich die Unternehmungen risikoneutral verhalten. [20] Auch unter
dieser Annahme kann es für Unternehmungen in Perioden großer
Unsicherheit optimal sein, sich vor Inangriffnahme von Investitionen erst hinreichend expost-Informationen zu beschaffen. Allgemein ist aber damit zu rechnen, daß Unternehmungen in einer
ökonomischen Krise eher risikoscheu sind. Das bedeutet, daß sie
selbst bei hoher subjektiver Wahrscheinlichkeit eines Umschwungs
ihre Investitionszurückhaltung nicht aufgeben, wenn das Kon-
kursrisiko nach wie vor besteht.
So bleibt die Frage, ob es nicht doch eine Schranke gibt, bei

der die Wahrscheinlichkeit eines Umschwungs schließlich hoch genug wird. Sicher kann der Deflationsprozeß nicht unbeschränkt
sein. Die Frage ist jedoch, ob sich daraus eine Spekulation auf
den Umschwung ergibt. Es gibt nämlich auch die Alternative, daß
das Vertrauen in das Marktsystem erschüttert wird. In einer
sich selbst überlassenen Ökonomie ist diese Alternative nicht
auszuschließen. Es ergibt sich somit dieselbe Problemkonstella-
tion wie in der Inflation: Die Funktionsfähigkeit der Märkte
läßt auf die Dauer das Vertrauen in das Marktsystem selbst
schwinden. Im Inflationsprozeß scheint dieses Vertrauensdefi-
zit wenigstens insofern einen Stabilisierungseffekt zu besitzen, als es der Inflation den Boden entzieht. Aber in der Situation von Rezession und Unterbeschäftigung erweist es sich
als vollends destabilisierend. Es ist gewissermaßen die ökonomische Krise in Vollendung.

4.4. Institutionelle Konsequenzen

So führt eine eindeutige Linie vom gesellschaftlichen Ungleichgewicht im Monopolgleichgewicht über die Inflation zur ökonomischen Krise. Nicht, daß man sich nicht andere auslösende Faktoren neben dem gesellschaftlichen Ungleichgewicht vorstellen
künnte. Aber das soziale Ungleichgewicht ist der einzige Faktor,
der sich systematisch mit dem ökonomischen Gleichgewicht verbindet, und der deshalb weder als solcher noch in seinen Wirkungen ausgeschaltet werden kann. Für alle anderen Mechanismen
können Auffangmechanismen vereinbart werden. Gegenüber dem sozialen Ungleichgewicht und seinen Auswirkungen können solche
Vereinbarungen nicht getroffen werden, ohne es selbst und damit den institutionellen Rahmen des Monopolgleichgewichts
zum Thema zu erheben. Dem Hauptergebnis der hier vorgetra-

genen theoretischen Kritik an der praktischen Bedeutung des
Konkurrenzgleichgewichts der Neoklassik, daß das Wachstumsgleichgewicht auf Monopol und sozialem Ungleichgewicht beruht,
muß nur hinzugefügt werden, daß sich aus dem Ungleichgewicht
destabilisierende Kräfte entwickeln, welche Funktionsfähigkeit und Zusammenhalt des ökonomischen Systems in Frage stellen. Die politische Sicherung des allgemeinen Konkurrenzgleichgewichts und die Herstellung von Bedingungen, unter denen die
neoklassische Theorie wieder gilt, läßt sich von daher vor allem auch als Sicherung der gesellschaftlichen Institutionen
des Marktsystems verstehen, um individuelle Freiheit und Effizienz zu sichern. Aufgrund der vorangegangenen Analyse ist
aber nicht zu erwarten, daß sich die gesellschaftlichen Institutionen des Marktes in neoklassischer Weise stabilisieren lassen. Sie sind in Frage gestellt, wenn nicht dieses, sondern
das Monopolgleichgewicht den Entwicklungspfad der Ökonomie beschreibt. Die ökonomische Funktionsschwäche, die sich in dieser Entwicklung zeigt, hat dann die gesellschaftliche Funktion,
die Bedingungen des Monopolgleichgewichts wiederherzustellen.
Eine Stabilisierung kann aber schon dehalb nicht vollständig
gelingen, weil die Ungleichgewichte beträchtlich sind. Das
läßt sich schon an den Erfordernissen des Monopolgleichgewichts zeigen. Zu diesen Erfordernissen gehören hinreichende
Gewinne und ein entsprechendes Wachstum. Diese sind nur im Monopolgleichgewicht selbst und in der darauf aufbauenden Inflation gesichert, in der Rezession hingegen mehr oder weniger
stark gefährdet. Die Akkumulation braucht also, um sich entwickeln und stabilisieren zu können, längere Phasen der Inflation. Kurze Inflationsprozesse verhindern eine Stabilisierung
des Akkumulationsprozesses. Wiederholte Erfahrungen dieser Art
fördern stagnative Erwartungen, die den Akkumulationsprozeß
vollends lähmen. Auf der anderen Seite erfordert dann der Abbau eines so hohen Inflationspotentials, der zur Sicherung der

Funktionsfähigkeit der Märkte immer dringender wird, eine starke Rezession. Dadurch werden freilich ebenfalls stagnative Erwartungen geweckt und verstärkt. Um sie abzubauen, muß wieder ein anhaltender Inflationsprozeß ausgebildet werden.

Das Problem besteht also insgesamt gesehen darin, soviel Inflation zuzulassen, daß der Akkumulationsprozeß wieder stabil verläuft, und soviel Rezession, daß sich nicht auf Dauer ein steigender Inflationssockel bildet, und daß zu kurze Inflations- und damit Akkumulationsprozesse ebenso wie anhaltende Depressionen stagnative Erwartungen fördern. Nur lange Inflationsprozesse können diesen entgegenwirken oder sie abbauen. Sie lassen sich aber wiederum nicht durch kurze, sondern nur durch lange Rezessionen beseitigen. Lange Inflations- und Rezessionsphasen sind so immer wieder notwendige Begleiterscheinungen des Wachstumsprozesses. Das Dilemma liegt darin, daß einerseits Ungleichgewichte verhindert werden müssen, die so groß sind, daß die Funktionsfähigkeit des Marktsystems in Frage gestellt ist, daß aber andererseits Ungleichgewichte zugelassen werden müssen, die groß genug sind, um die Funktionsfähigkeit des Monopolgleichgewichts zu sichern. [21)]

Der eigentliche Unruheherd dabei liegt im gesellschaftlichen Ungleichgewicht, das immer wieder inflationären Druck erzeugt. Es liegt deshalb nahe, nach Lösungen Ausschau zu halten, die den _institutionellen_ Rahmen des Monopolgleichgewichts betreffen. _Kapitalbeteiligung_ und die Bildung von _Kapitalfonds_ weisen als Lösungsversuch in diese Richtung. Ein ernsthafter Vertrag über die Verteilung im Gleichgewicht kommt aber letztlich nicht daran vorbei, das Monopolgleichgewicht und seine Institutionen selbst zu thematisieren. Eine erfolgreiche ökonomische Stabilisierung kann man sich nur dann vorstellen, wenn die Problematik des gesellschaftlichen Ungleichgewichts aufgenommen und gelöst wird. Eine ökonomische Stabilisierung allein, die die verfassungsmäßigen Grundlagen nicht thematisiert, wird dazu außerstande sein. Um eine "neoklassische Ökonomie" durchsetzen zu können, müßte das Monopolgleichgewicht der Unternehmung durch Institutionen ergänzt werden, bei denen das ökonomische mit dem gesellschaftlichen Gleichgewicht zusammenfällt. Institutionelle Reformvorschläge dieser Art setzen allerdings eine genaue Kenntnis der mikroökonomischen Basis und darin der Institution Unternehmung, dem "Zentrum" des Monopolgleichgewichts, voraus. Deshalb werden wir uns erst nach einer Analyse der mikroökonomischen Basis der Unternehmensplanung und Unternehmenstheorie wieder der institutionellen Problematik zuwenden und ein institutionell revidiertes neoklassisches Modell zur Diskussion stellen.

5. Rückblick und Vorschau

Erinnern wir uns: Für die Neoklassik war das Kriterium der Konkurrenz erfüllt, wenn für Anbieter und Nachfrager die Preise ein Datum sind. Und diese Voraussetzung wurde als gegeben betrachtet, sobald die Zahl der Anbieter und Nachfrager groß genug (potentiell unendlich) ist. Die moderne Wettbewerbstheorie hat die Mechanismen der Produktdifferenzierung u.ä. hervorgehoben, in denen sich die Unvollkommenheit der Märkte ausdrückt. Sie hat außerdem die Vorstellung relativiert, derzufolge eine verringerte Zahl der Unternehmungen notwendig zu monopolistischen Situationen führt. Ihr zufolge stehen auch diese Unternehmungen unter dem Druck der Konkurrenz. Insofern kehrt die moderne Wettbewerbstheorie zu einem klassischen Konkurrenzbegriff zurück. In der Klassik wurde Konkurrenz nicht daran gemessen, ob für das einzelne Unternehmen die Preise Aktionsparameter sein können, sondern daran, ob ein bestimmter Markt für das Eindringen neuer Unternehmungen offen ist, so daß die Gewinnrate sich einem allgemeinen Durchschnitt annähert oder nicht. Die Tendenz zu einer uniformen Gewinnrate ist gewissermaßen gleichbedeutend mit der Voraussetzung von Konkurrenz im klassischen Sinn.

Bezogen auf die Produktionspreise folgt daraus (für eine längerfristige Produktionsperiode): Die Unternehmungen planen bei ihren Investitionen von vornherein Überkapazitäten ein, um in schwer vorhersehbaren Fällen einem Nachfrageboom genügen zu können. Die Preise werden so angesetzt, daß bei einer als durchschnittlich angesehenen Auslastung der Produktionskapazitäten der Aufschlag der Preise auf die variablen Kosten gerade hinreicht, um die fixen Kosten und insbesondere die Abschreibungen neben einem als normal angesehenen Gewinn zu decken. [22] Konkurrenz bedeutet, daß der als normal angesehene Gewinn ungefähr der uniformen allgemeinen Gewinnrate entspricht. Der Aufschlag auf die variablen Kosten ist nicht in die Entscheidungsfreiheit der Unternehmungen gestellt ("privat administrierte Preise"). Der langfristige Durchschnittsgewinn hängt von der langfristigen Auslastung der Kapazitäten, also von der Nachfrage ab. Insofern determinieren die Investitionen die Preise, die ihrerseits von der Nachfrage in Schranken gehalten werden. [23]

Bezüglich der Produktionstechnik kann die Schumpetersche Vorstellung einer langfristig gegebenen Technik und einer wachstumsinduzierenden kostengünstigen Technik übernommen werden. Sie erlaubt zwar kurzfristige Extragewinne, diese werden aber im Imitationswettbewerb verschwinden. Probleme entstehen hier erst dann, wenn man berücksichtigt, daß die Technikwahl durch Innovation und Konkurrenz nicht mehr als gegeben angenommen werden kann, wenn die Konkurrenz ab- und die Staatsintervention zunimmt. Man denke nur an die Bestimmung der Qualität eines Produkts durch staatliche Auflagen (Beispiel Automobil), oder Auflagen, die beim Bau einer Produktionsanlage erfüllt werden müssen (Beispiel Umweltschutz). Für diese politischen Entscheidungen, die sich zum Teil an wirtschaftlichen Erfordernissen orientieren, gibt es, neoklassisch betrachtet, kein eindeutiges ökonomisches Kriterium. Wo aber nicht vollständig "rational",

im neoklassischen Sinne, d.h. nicht nach dem Prinzip der Gewinnmaximierung entschieden werden kann, müssen andere Entschei-
dungskriterien zu Hilfe genommen werden. Das gilt dann insbesondere für die Planung zukünftiger Technologien (wie sie zum Beispiel durch die Energieforschung definiert werden).
Im Rahmen der Erweiterung des neoklassischen Modells [24] war die
Notwendigkeit, technischen Fortschritt in ausreichendem Maße zu
produzieren, eine wesentliche Bestimmungsgröße des Akkumulations-
und Wachstumsprozesses. Es wird deshalb wichtig zu wissen, wie
technischer Fortschritt entsteht, in welchen Formen er sich äus-
sert, welche Kosten er verursacht und wie sich die Kosten in Zukunft entwickeln werden. Nach der folgenden mikroökonomischen
Analyse der Determinanten von Investition und Preisbildung soll
deshalb hier und in der nachfolgenden Untersuchung (§ 5) auch ge-
klärt werden, ob nicht die steigenden sozialen Kosten des Wachstums [25] die Folge eines wachsenden Kapitalkoeffizienten sind
und welche wirtschaftsordnungspolitischen Konsequenzen sich daraus ergeben. [26]

§ 4 Unternehmensplanung

VII. Determinanten der Preisbildung im Monopol: Eine Erwei-
terung des mikroökonomischen Modells

Der entscheidende Hinweis zur theoretischen Fundierung einer allgemeinen Theorie des Monopolgleichgewichts der Unternehmung lau-
tete, daß es nicht möglich sei, unabhängig vom verfügbaren Eigenkapital über den Kapitalmarkt jederzeit soviel Fremdkapital zu
beschaffen, daß Monopolgewinne durch ungehinderten Marktzutritt
wegkonkurriert werden können. Monopolgewinne seien sowohl Folge
als auch Bedingung von Eigenkapital. In der Theorie zeigt sich
dann, daß Preise zwar Konkurrenzpreise sind, insofern sie durch
die Konkurrenz auf dem Markt bestimmt und für die Unternehmung
gegeben sind. Der Monopolgewinn wurde deshalb als eine Art Knappheitsrente bestimmt, wobei der knappe Faktor die Unternehmung

selbst ist und der Grund der Knappheit in ihrem Risiko liegt.
Die Risikoprämie, so haben wir argumentiert, muß im Investitionsprozeß zur Bildung von Eigenkapital verwendet werden. Dieses
Eigenkapital wächst durch den Monopolgewinn, und so besteht in
der Unternehmung ein unauflöslicher Zusammenhang zwischen Eigenkapital, Monopolgewinn und Wachstum. Der Wachstumsprozeß ist dadurch gekennzeichnet, daß Monopolgewinne gar nicht die Tendenz
haben zu verschwinden, sondern auch unter Konkurrenzbedingungen
einen Gleichgewichtswert besitzen. Aufgrund ihrer Stellung im
ökonomischen Prozeß werden die Preisentscheidungen der Unternehmung auch nicht durch das neoklassische Modell des Konkurrenzgleichgewichts dargestellt werden können. Die Preisentscheidungen sind vielmehr unmittelbar mit den Investitionsentscheidungen verknüpft. Preise werden so gesetzt, daß die intern gebildeten Fonds, die erforderlich sind, um die gewünschte Rate der
Kapitalexpansion zu finanzieren, abgesichert werden können. Dieser
Ansatz zur Lösung des Problems der Monopolpreisbildung auf der Mikro-
ebene ermöglicht zugleich ihre Integration in die, in den vorangegangenen Kapiteln dargestellte, makroökonomische Theorie.

Diese Überlegungen sollen im Rahmen einer Erweiterung des mikroökonomischen Modells präzisiert werden.

1. Preispolitik, Investition und Finanzierung [27]

Das Modell, das zumeist zur Erklärung der Determinanten von Mono-
polpreisen und deren Abweichung von Wettbewerbsbedingungen herangezogen wird, ist das 1930 entwickelte Chamberlin-Robinson Modell,
das implizit auf den Marshallschen "Prinzipien" aufbaut und dem
die neoklassische Hypothese der Gewinnmaximierung zugrunde liegt.[28]
In der Analyse des monopolistischen oder unvollkommenen Wettbewerbs wird angenommen, daß die Unternehmung bei abwärts verlaufen-
der Erlöskurve die Preise so setzt, daß die Grenzkosten dem Grenzerlös entsprechen. Aus der Gewinnmaximierungsannahme im neoklassischen (mikroökonomischen) Gleichgewichtsmodell folgt, daß die

Unternehmung den Nettoerlös maximiert, wenn sie die Produktions-
pläne an den Grenzkosten so ausrichtet, daß der Grenzerlös gleich
den Grenzkosten ist. Unter den Bedingungen vollkommener Konkurrenz, hier: einer hinreichend großen Anzahl von Unternehmungen
determiniert die Nachfrage nach den produzierten Gütern dann einen uniformen Marktpreis und koordiniert das Güterangebot. Wenn
diese Bedingungen nicht vorliegen, wenn zum Beispiel ein Unternehmen den Marktpreis unmittelbar durch seine Produktions- oder
Preisentscheidungen beeinflussen kann, kann der Güterausstoß,
dessen Grenzkosten den Grenzerlösen entsprechen, zu jedem Preis
vermarktet werden, oder der Preis kann bei gegebener Nachfrage
so gesetzt werden, daß die gleiche Gütermenge nachgefragt wird.
In beiden Fällen hat man die monopolistische Variante des Basis-
modells vollkommener Konkurrenz.
Das entscheidende Argument gegen dieses Modell betrifft den Zeithorizont. Großunternehmungen, die auf Dauer eingerichtet sind,
können in diesem Modell aus zwei Gründen nicht dargestellt werden. Zum einen kann deren Zielsetzung sicherlich eher durch die
Annahme, daß sie an Wachstum und nicht an Gewinn im neoklassischen Sinn orientiert seien, wiedergegeben werden. Dafür sprechen auch die Analysen des Monopolgleichgewichts auf Makroebene
(Kaldor) und das oben dargestellte Makromodell. Dieses Argument,
das die interne Struktur der Unternehmung hervorhebt, wird noch
dadurch erhärtet, daß Großunternehmen sinnvollerweise nicht
schlicht überleben wollen und sich dabei an einer gegebenen
(elastischen) Nachfragekurve orientieren, sondern sich dem Wachstumsprozeß der Industrie anpassen werden - daß die Großunternehmen
sich also unmittelbar am (makroökonomischen) Wachstumsprozeß
orientieren. Die Stabilität der jeweiligen Marktanteile, die Expansion in neue Märkte und die Verhinderung des Marktzutritts
neuer Unternehmungen sind dabei entscheidende Imperative eines
gleichgewichtigen Wachstums. Daraus folgt, daß die Unternehmung
eine definitive Zukunft hat und ihre Pläne langfristig orientiert.

Aus dieser Hypothese der langfristigen Maximierung des Unternehmenswachstums folgt zweierlei. Zum einen kann die, auch im Chamberlin-Robinson Modell noch unterstellte Verhaltensregel, kurzfristig Nettoerlöse zu maximieren, nicht mehr aufrecht erhalten werden. Die Erhöhung der Preise, um kurzfristig die Nettoerlöse zu erhöhen, würde es anderen Unternehmungen ermöglichen, die "Kostenschwelle" zu überschreiten und den Marktanteil des Unternehmens gefährden. Außerdem sind staatliche (wettbewerbspolitische) Interventionen zu befürchten. Neben dem Zeitargument spricht die Interdependenz der Unternehmungen gegen die Hypothese der Nettoerlösmaximierung. Im Monopol sind die Unternehmen zu gemeinsamer Gewinnmaximierung gezwungen. Gewinnmaximierung aufgrund der individuellen Absatzelastizität kann aus den dargelegten Gründen eines Verlustes von Anteilen an wachsenden Märkten nicht betrieben werden. Die geringen langfristigen Absatzelastizitäten erlauben zwar höhere Aufschlagsätze, deren Obergrenze aber dadurch gegeben ist, daß überhöhte Sätze im Vergleich zur durchschnittlichen Verzinsung des Kapitals Konkurrenz anziehen. [29)]

Somit ist die Frage zu beantworten, welche ökonomischen Determinanten die Höhe der Aufschlagsätze der Unternehmungen bestimmen, da - wie oben ausführlich dargelegt - die Preisbildung im Monopol im Hinblick auf eine intensive Wiederverwendung der Gewinn erfolgt. Der Gewinn vermittelt den Zusammenhang zwischen Eigenkapital und Wachstum. Weil die einzelnen Unternehmen jeweils die Gewinnquote der gewünschten Investitionsquote anpassen werden, um die benötigten Finanzierungsmittel über eine Steigerung der Selbstfinanzierungsmittel den geplanten Investitionsausgaben anzupassen, kann die Preisentscheidung nicht mehr unabhängig von den Investitionsentscheidungen betrachtet werden - die ja die Kontinuität des Großunternehmens und sein langfristiges Wachstum sichern.

Wenn also das Chamberlin-Robinson Modell ersetzt werden muß,
dann erscheint es sinnvoll, den empirischen Tatbestand, daß
Kostenaufschläge das Preisverhalten bestimmen (cost- plus
pricing behaviour), zum Ausgangspunkt der Modellkonstruktion
zu nehmen und die Höhe des Aufschlagfaktors in Abhängigkeit
von zusätzlichen Investitionsquoten der Unternehmen oder Un-
ternehmensgruppen zu bestimmen.

Aus der Sicht dieses Modells der Monopolpreisbildung benutzen
die Unternehmen die Preisvariable, um intertemporale Erlös-
ströme zu verändern. Insbesondere können sie aufgrund ihrer Monopolstellung den Kostenaufschlag ("mark-up" oder "margin above
costs") erhöhen, um selbstfinanzierte Fonds aufzubauen, d.h
daß sie einen größeren "cash-flow" planen, um ihre intendier-
ten Investitionsausgaben zu finanzieren. Als Ergebnis dieses
Preissetzungsverhaltens wird der Erlös in zweifacher Weise beeinflußt: Erstens aus den Rückflüssen der so finanzierten Investitionen und zweitens aus dem Rückgang der Verkäufe im Verlauf
der Zeit aufgrund der höheren Preise. Der erste Effekt wird von
der Nachfragekurve des Unternehmens nach zusätzlichen Investi-
tions-Fonds erfaßt, der zweite von ihrer Angebotskurve für solche Fonds. Diese Nachfragekurve entspricht der Grenzleistungs-
kurve der Investition, die allerdings so erweitert wird, daß
die returns on investment, Marketing, Forschung und Entwicklung,
etc. mit enthalten sind. Sie stellt dann einen Indikator für die
Grenzrate des Rückflusses dar, gemessen in zukünftigem cash-flow,
der aufgrund der zunehmenden gegenwärtigen Investitionsrate zu
erwarten ist. Die entsprechende Angebotskurve weicht demgegenüber von der üblichen Bestimmung der Kosten der Selbstfinanzierung in wesentlichen Punkten ab. Die Kosten der Selbstfinanzierung werden nicht der Rückflußrate aus Investitionen außerhalb
des Unternehmens gegenübergestellt, es wird also kein Opportu-
nitätskosten-Konzept verwendet. Dieser alternative Ansatz geht
vielmehr von einem möglichen Rückgang der Erlöse als Folge des

zunehmenden Kostenaufschlags aus, um den cash-flow (die Effekte elastischer Nachfrage im Mittel und langfristig) zu vergrös-
sern. Der Rückgang der Erlöse kann sich drei Gründen verdanken: (1) dem Substitutionseffekt, (2) dem Marktzugangseffekt
und (3) möglichen staatlichen Interventionen. Diese drei Be-
stimmungsgründe können das Preisverhalten beeinflussen.
Die Stärke des Substitutionseffekts ist abhängig von der Elasti-
zität der Nachfrage bei gegebenen Preisveränderungen in der kur-
zen Sicht (nach den Preisveränderungen) und im Zeitverlauf. Der
Marktzugangseffekt resultiert aus der Tatsache, daß dann, wenn
der Kostenaufschlag ansteigt, neue Unternehmen leichter Markt-
zugangsschranken überwinden können und, wenn neue Unternehmen
einer bestimmten Größe relativ zur sektoralen Gesamtnachfrage
im Markt sind, jedes der etablierten Unternehmen einen Rückgang
der Verkäufe erwarten kann. Die Stärke dieses Effekts hängt von
der Möglichkeit ab, mit der ein Neuzugang mit Preisveränderungen in Zusammenhang gebracht wird. Dieser langfristig wirksame
Effekt ist neben der Interdependenz der Entscheidungen im Oligopol einer der Gründe, weshalb das Robinson-Chamberlin Modell
zur Analyse der Preisbildung im Monopol nicht geeignet erscheint.[31]
Der andere Grund wurde bereits weiter oben genannt. Die Preise
sind auch im Monopolgleichgewicht Konkurrenzpreise und insofern
für die Unternehmungen gegeben. Der Fall, daß Unternehmungen
durch Preisfixierung ihren Cournot-Punkt erreichen ist dehalb
grundsätzlich ausgeschlossen - und kann nur unter besonderen Umständen eintreten. Er ist deshalb als Spezialfall der Preisbildung im Monopol zu betrachten.
Beide Effekte können allerdings kurzfristig, d.h. für die Periode,
die unmittelbar nach einem Anstieg des mark-up folgt, vernachlässigt werden, weil monopolistische Industrien im unelastischen Bereich ihrer kurzfristigen Nachfragekurve operieren und weil der
Zugang neuer Unternehmen nur langfristig für das Monopol relevant wird. Wenn der Preisführer im Monopol allerdings weiter in
die Zukunft schaut, werden diese Effekte signifikanter. Zugleich

können sie einen Rückgang im cash-flow unter sein laufendes Niveau anzeigen zu dem Zeitpunkt, in dem der Substitutions- und Marktzugangseffekt tatsächlich positiv wird. Auch wenn dies wenig wahrscheinlich ist, wird der Preisführer nichtsdestoweniger darauf achten, daß der Anstieg des Kostenaufschlags nicht zu einschneidenden staatlichen Interventionen führt, die das langfristige Unternehmenswachstum gefährden.

Ausgangspunkt der Preisfixierung der Unternehmen sind demnach die Investitionspläne, die im wesentlichen aufgrund erwarteter Marktentwicklungen unter Berücksichtigung der vorhandenen Kapazitäten konzipiert werden. Die Preise haben die Aufgabe, neben ihrer Funktion als Allokationsmechanismus, die für die Durchführung der Investitionen erforderlichen Finanzierungsmittel unternehmensintern zu beschaffen.

Der Zusammenhang von Preis- und Investitionsentscheidungsprozeß ist der folgende: Der Entscheidung liegt eine Prognose des voraussichtlich zu erwartenden Nachfragevolumens zugrunde. Dabei wird die Wachstumsrate des gesamten Marktes, die gewünschte Marktanteilsquote und, bei Einführung neuer Produkte, das gewünschte Marktpotential dieses Produktes berücksichtigt. Der Entscheidung über eine entsprechende Kapazitätsausweitung (Investition) ist die Abwägung der erwarteten Rentabilität dieser Investitionsprojekte vorgelagert. Die erwartete Nachfrageentwicklung liefert dabei die Grundlage für die Ermittlung des Kapazitätsbedarfs. Unter Bedingungen der Unsicherheit, die monopolistische Konkurrenz konstituieren (Risiko und Monopolgewinn als Risikorente), wird von vornherein eine Unterauslastung der Kapazitäten eingeplant. Die gewünschte zusätzliche Kapazität unter Berücksichtigung eingeplanter Unterauslastungen liefert die Grundlage für die Bestimmung der Investitionsausgaben. Das Bindeglied zwischen zusätzlicher Kapazität (eine Mengengröße) und daraus zu bestimmender Investitionsausgabe (eine Preisgröße) ist die Wahl der Produktionstechnik (Bestimmung der optimalen Produktionsfunktion und einer optimalen Technik). Da es nur eine optimale Technik zu jedem ge-

gebenen Zeitpunkt gibt, hat die Unternehmung einen zuverlässi-
gen Satz von Erwartungen bezüglich des für die Investitionsausgabe erforderlichen Finanzierungsstroms. Bei gegebener Produktionstechnologie werden die Stückkosten bis zur vollen Kapazitätsauslastung (mehr oder weniger) konstant sein und dann
sprunghaft ansteigen. Angesichts unvollkommener Märkte werden
die Unternehmen in der Regel unterhalb der Kapazitätsauslastung
operieren. Dies gilt insbesondere dann, wenn Marktzuwächse erwartet werden. Die Produktion unterhalb der Kapazitätauslastung
gibt ihnen die Möglichkeit, auf eine wachsende Nachfrage und
Marktschwankungen zu reagieren ohne den Preis zu verändern. Der
Preis wird dabei einen Aufschlag enthalten, der diese Differenz
zwischen Gestehungskosten und Kosten bei Kapazitätsauslastung
enthält. Die Entscheidung in Bezug auf Preise und Kapazitätsauslastung stehen in Zusammenhang mit Investitionsentscheidungen, für die der Grad der Beanspruchung der Kapazität als Früh-
warnsystem dafür fungiert, wie optimistisch oder pessimistisch
die Investitionsentscheidungen waren. Die Relation zwischen
Preisen und Investitionen wird durch die Gewinne hergestellt,
die bei gegebenen Preisen erzielt werden können. Wenn die Investitionsentscheidungen auf zukünftigen Marktzuwachs, veränderte
Marktanteile und potentielle Märkte für neue Produkte (als Aktionsparameter) gerichtet sind, dann werden die Unternehmen zur
Finanzierung eines Amortisationsfonds den höchst möglichen Ge-
winnzuschlag realisieren wollen, den der Markt noch zuläßt, und
diese Mittel zur Selbstfinanzierung weiteren Unternehmenswachstums verwenden. Sie werden versuchen, die Preise so zu setzen,
daß sie die Gewinne erzielen, die zur Finanzierung der Investitionen erforderlich sind. Unter diesen Bedingungen, Extraprofite, die eine Kapazitätserweiterung bei erwartetem Wachstum ermöglichen, ist eine stabile Situation wahrscheinlich, in der
die Investitionen die Kapazität mit der Nachfrage in Einklang
stehen. Der größte Teil der Gewinne steht dann den Unternehmen
zur Verfügung, obwohl sie für die Verfügung über diesen Anteil
keine Legitimation besitzen.
Kurzum: Die Unternehmen entscheiden über ihre zukünftigen Inve-

stitionspläne autonom. Sie wählen dabei den Auslastungsgrad und
die davon affizierten Preise, der eine Kapazitätsauslastung ermöglicht, die um die erwartete durchschnittliche Auslastung
schwankt. Nachfrageveränderungen führen zu Output-Veränderungen
und Veränderungen der Kapazitätsauslastung. Preise und Produk-
tionspläne sind davon nicht unmittelbar betroffen. Kostenaufschläge und Preise sind darauf gerichtet, die Investitionspläne der Unternehmung zu finanzieren. Diese Entscheidungen werden
hinsichtlich der erwarteten und durch Marktforschung als er-
wartbar begründeten Nachfrage getroffen. Aktuelle Preisveränderungen sind jedoch weniger auf Nachfrageveränderungen zurückzuführen, sondern auf den Anteil, den die Firmen benötigen, um
die Gewinne zu erzielen, die erforderlich sind, um die auf zukünftige Nachfrageerwartungen gerichteten Investitionen zu finanzieren. Auf diese Weise ist die Gewinn- und Preispolitik der
Unternehmen direkt mit den Erwartungen der Unternehmen über zukünftige Entwicklungen und die dazu erforderliche profitable
Investitionsrate verknüpft.

Aufgabe der Preispolitik ist es dann, für die Bereitstellung
der für die Investitionsvorhaben erforderlichen Finanzmittel zu
sorgen. Die Höhe der über die Preissetzung zu beschaffenden Finanzmittel hängt nun nur noch - neben dem Gewinnausschüttungs-
satz der Unternehmung, der als relativ konstant vorausgesetzt
werden kann - vom Verhältnis von interner (Eigenkapital) und
externer (Fremdkapital) Finanzierung ab.

Dafür bietet sich folgende Lösung an. Die Kosten einer Erhöhung
der mark-ups bestehen aus:

(1) Kosten, die aus Substitutionseffekten auf dem Markt resul-
    tieren,

(2) Kosten, die aus Umsatzverlusten durch Marktzugänge neuer
    Wettbewerber resultieren,

(3) Kosten, die aus staatlichen (wettbewerbspolitischen) Inter-

ventionen resultieren.

Diesen Kosten wird der aus der mark-up Erhöhung entspringende
zusätzliche Gewinn gegenübergestellt, und es läßt sich so ein
Zinssatz bilden. Durch Vergleich mit dem Kapitalmarktzins. kann
dann bestimmt werden, welcher Finanzierungsanteil über interne
oder externe Finanzierung aufzubringen ist.

Die Entscheidungssituation, Investitionsplanung und Preisbildung, läßt sich wie folgt darstellen: [32]

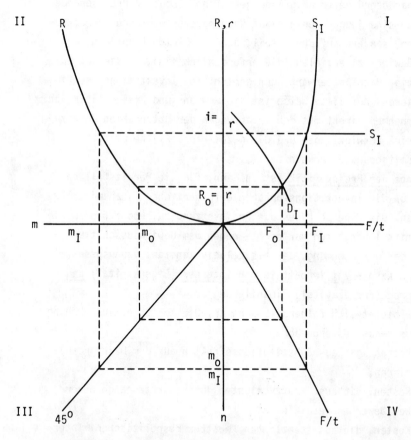

Figur 6: Quelle: Eichner/Kregel (1975), S. 1308 *)

---

*) vgl. auch Eichner (1980), S. 122 .

Der Einfluß des Substitutionseffekts, des Marktzugangsfaktors
und des Interventionsrisikos auf die Preisbildung läßt sich wie
folgt erläutern.

Der interne oder "implizite" Zinsfuß R ist eine Funktion des Kostenaufschlags. Die Entscheidung über die Höhe des Kostenaufschlags entspricht der in Figur 6 dargestellten Situation. Wenn
sich die Unternehmung entscheidet, den mark-up anzuheben, erhöht
sich der cash-flow. Diese Beziehung ist im Quadranten IV dargestellt. Unter der Voraussetzung, daß keine Substitutions- und
Marktzugangseffekte auftreten, würde die Kurve F/t des zusätzlichen Kapitalfonds eine Gerade sein. Da aber Substitutionseffekt
und Marktzugangsfaktor die Höhe des mark-up direkt beeinflussen,
fällt die Kurve des zusätzlichen Kapitalfonds vom Ursprung mit
zunehmender Zinsfußrate nach rechts unten.

Gleichzeitig erhöht der steigende mark-up n die "impliziten Kosten" der internen Finanzierung des zusätzlichen Kapitalfonds.
Diese Beziehung zwischen R und m ist im Quadranten II dargestellt. Den Verlauf der Kurve des internen Zinsfußes bestimmen
wieder die mit zunehmendem mark-up n verstärkt auftretenden
Substitutionseffekte und der Marktzugangsfaktor. An einem bestimmten Punkt wird die Funktion des impliziten Zinsfußes in-
finit, wenn nicht eine Risikoobergrenze erreicht wird.

Einerseits (Quadrant IV) führt also eine Zunahme des mark-up zu
einer Zunahme der intern gebildeten zusätzlichen Fonds. Andererseits (Quadrant II) führt dieselbe Zunahme zu einer Zunahme der
impliziten Zinsrate für diese zusätzlichen Fonds. Aus diesen
beiden Beziehungen kann man eine Angebotskurve für zusätzliche
interne Fonds ableiten; S_I', die zeigt, wie die implizite Zinsrate, R, mit der Höhe der zusätzlichen Fonds, F/t, variiert.
Diese Beziehung ist im Quadranten I dargestellt. Die Angebotskurve S_I' im Quadranten I zeigt an, daß mit der Zunahme der
mark-up Kosten die internen Kosten der Unternehmung (gemessen
in der impliziten Zinsrate R) für zusätzliche Investitions-

fonds F steigen. Berücksichtigt man die Möglichkeit der externen Finanzierung zusätzlicher Investitionen mit einem Marktzinssatz i, dann kann die Angebotskurve mit der Grenzleistungs-
fähigkeit der Investitionen D_I verglichen werden, um den optimalen mark up Punkt zu bestimmen. Quadrant II zeigt, wie der implizite Zinssatz R ansteigt, wenn der mark up angehoben wird,
Quadrant IV zeigt, wie der intern gebildete Fond F zunimmt.

Der entscheidende Punkt dieser Überlegungen ist, daß der mögliche, durch Substitution und/oder Marktzugang verursachte Rückgang im cash-flow unter das gewohnte Niveau analog der fixen
Summe an Zinsen behandelt werden kann, die gezahlt werden müß-
ten, wenn der gleiche Betrag an Investitionsmitteln nicht intern, sondern extern finanziert werden müßte.
Dieser Zusammenhang ist jedoch nur analog, weil die Zinszahlungen an externen Fonds unmittelbar einsetzen, während es mehrere
Perioden dauert, bis der cash-flow unter sein ursprüngliches
Niveau fällt. Hinzu kommt, daß Zinszahlungen über einen längeren Zeitraum gleichbleibend hoch sind, der Rückgang des cash-
flow jedoch in seinem zukünftigen Verlauf nicht definitiv bestimmt werden kann. Aus diesen beiden Gründen ist es für eine
exakte Bestimmung des Gegenwertes für Zinszahlungen an intern
finanzierte Fonds notwendig, einen durchschnittlichen Wert aus
allen Folgen eines rückläufigen cash flow, die auftreten, wenn
er unter sein ursprüngliches Niveau fällt, zu bilden, und dann
einen Diskontierungsfaktor auf diese durchschnittliche Summe
so anzuwenden, daß ihr gegenwärtiger Wert zu dem Zeitpunkt, zu
dem die Zinszahlungen an externe Fonds einsetzen werden, bestimmt werden können.
Dem möglichen Rückgang des cash flow steht der Fond zusätzlicher Investitionen gegenüber, den das Monopol im Laufe der
Zeit aus einem höheren margin above costs angesammelt hat.
Diese zusätzlichen Investitionsfonds sind analog den Erträgen

aus externer Finanzierung - analog aber auch nur insofern, als
die Investitionsfonds nur über einen längeren Zeitraum gebildet werden können. Zum Vergleich mit der Gesamtsumme, die al-
ternativ aus externen Finanzierungen erzielt werden konnte,
ist es erforderlich, den cash-flow mit einem Faktor pro Periode so zu diskontieren, daß die Gegenwartswerte aggregiert
werden können.

Wenn die aus den Substitutions-/Marktzugangseffekten ableitbaren Zinszahlungen (angemessen diskontiert) als Prozentsatz des
in der Zwischenzeit angesammelten Investitionsfonds, der aus
dem höheren margin above costs finanziert wurde (ebenfalls angemessen diskontiert) genommen werden, erhält man einen "impliziten" Zinssatz des zusätzlich intern gebildeten Fonds. Dieser
Zinssatz ist eine Funktion der Höhe des mark-up, der im Monopol gewählt wurde.

Daraus folgt: Je höher der mark-up, umso höher ist der cash-
flow. Mit steingendem margin above costs werden die Verkäufe
zurückgehen, ebenso die zusätzlichen Mittel für den Investi-
tionsfond. Ein Anstieg des mark-up wird gleichzeitig die impliziten Kosten für zusätzliche Investitionsfonds aus Eigenmit-
teln erhöhen; das Risiko, das aus den drei Effekten: Substitution, Marktzugang und Intervention folgt, nimmt ebenfalls zu,
so daß ein maximal akzeptiertes Risiko diesen infiniten Verlauf begrenzt und eine Obergrenze für den Betrag zusätzlicher
intern finanzierter Investitionsfonds bildet.

Andererseits wird ein Anstieg des mark-up, der zu einem Anstieg
des Betrages intern finanzierter Investitionsmittel führt, zugleich aber auch zu einem Anstieg der impliziten Kosten dieses Fonds. Aus diesen zwei Verläufen kann man eine Angebotskurve für zusätzliche interne Fonds ableiten, die anzeigt, wie
die implizite Zinsrate dieser Fonds mit dem Betrag zusätzlicher Mittel (pro geplanter Periode) variiert. Die Veränderungen
des margin above costs werden in jedem Fall von der Grenzlei-

stungsfähigkeit des Investitionsfonds relativ zu Grenzkosten
des (internen wie externen) Fondangebots bestimmt. Damit läßt
sich die Veränderung des mark-up erklären. Nimmt man das histo-
risch bestimmte (absolute) Preisniveau hinzu, so lassen sich
Preisbewegungen im Monopol bestimmen.

Aus den dargelegten Gründen (Wachstum und Monopol) werden die
Unternehmen versuchen zur Finanzierung ihrer Investitionen den
mark-up so zu setzen, daß ihre jährlichen Erlöse ausreichen, um
die Investitionen zu finanzieren. Die Investitionen produzieren
demnach die dafür erforderlichen Gewinne. Wenn den Unternehmen
eine solche Preispolitik möglich ist - und im Monopolfall sind
sie genötigt, ein solches Preisverhalten zu zeigen - und sie
den mark-up setzen können, der ihnen ausreichende Gewinne für
Kapazitätserweiterungen auf wachsenden Märkten garantiert, dann
wird eine stabile Situation erreichbar, in der die Investitionen die Kapazitätsausweitung simultan an die Nachfrage anpassen. Dies ist eine Situation, in der die Möglichkeit aus Gewinnen zu sparen, tendenziell gegen Eins geht. An diesem Punkt
steht der größte Teil der Gewinne den Unternehmen zur Verfügung (verfügbare Einnahmen), obwohl diese Verfügungsgewalt im
Modell der "reinen" Marktwirtschaft nicht legitimiert ist. Die
Unternehmen planen zukünftige Investitionen. Sie wählen dann
den mark-up, der die erforderlichen Gewinne produziert und
richten daran ihre Preispolitik aus, so daß die Kapazitätsauslastung um ein durchschnittlich erwartetes Niveau schwankt, das
dem gewählten mark-up entspricht. Veränderungen in der Nachfrage werden mit Veränderungen im output und Auslastungsgrad be-
antwortet, mit Preisänderungen oder veränderten Investitionsplanungen. Investitionen werden generell so geplant, daß die
Kapazität mit dem erwarteten Nachfrageanstieg übereinstimmt,
und die Kapazitätsüberlastung wird ebenso auf einem mehr oder
weniger konstanten Durchschnittsniveau gehalten. Mark-ups und
Preise werden so gesetzt, daß die Finanzierung erzielt wird,

die sich aus den Investitionsplänen der Unternehmen ergibt.
Diese Entscheidungen haben die erwartete Nachfrage zur Grundlage - sie sind insofern marktorientiert. Aktuelle Preisänderungen werden jedoch weniger von Nachfrageänderungen bestimmt
als von den mark-ups, die das Unternehmen benötigt, um die
für die verfügbaren Ausgaben (Investition) erforderlichen Mittel (verfügbare Einnahmen) zu erzielen, die dann für die Finanzierung der Investitionen bereitgestellt werden, mit denen
die für die Zukunft erwartete Nachfrage realisiert werden kann.
- So verschiebt sich die Legitimität der Verfügung über Gewinne in die Zukunft und wird zu einem nie gänzlich einzulösenden
Legitimationsversprechen.
Unter allgemeinen (nicht-neoklassischen) Wettbewerbsbedingungen
werden die Unternehmen erwarten, daß sie die Gewinnraten verdienen (das residuale Einkommen erzielen), die dem ähnlich ge-
lagerter Unternehmen bei gleichbleibenden Marktanteilen und
gleich effizienter Produktionstechnologie entsprechen. Die Entscheidungen über mark-ups und Preise beziehen sich demnach unmittelbar auf die Erwartungen der Unternehmen über zukünftige
Entwicklungen und profitable Investitionen. Zwischen gleich ge-
lagerten Industrien wird sich eine durchschnittliche Gewinnrate einstellen; unterschiedliche Märkte implizieren unterschiedlich wachsende Gewinnraten und erfordern von daher unterschiedliche Investitionsraten, mark-ups und Preise, um Marktanteile
zu halten. Eine gegebene Verteilung der Gewinnraten ist dann
mit einem allgemeinen Sparen-Investieren Gleichgewicht in der
Ökonomie vereinbar.
Die Vereinbarkeit dieser Preisbildung mit einem stabilen Wachstum läßt sich wie folgt erläutern (vgl. Figur 7).
Die Stückkosten verlaufen bis zur Kapazitätsauslastung F (mehr
oder weniger) konstant, der produzierte output und die Produktionstechnik können als (zum gewählten Zeitpunkt) gegeben vorausgesetzt werden. Nach Erreichen der Kapazitätsgrenze verlaufen die Kostenkurven progressiv.

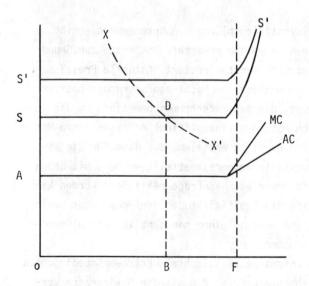

Figur 7: Quelle: Kregel (1978) *)

Demnach bleibt zu bestimmen, an welchem Punkt in OF die Unternehmung produziert. Da die Annahme des vollkommenen (neoklassischen) Wettbewerbs im postkeynesianischen Modell nicht übernommen wird, ist das Unternehmen nicht gezwungen, die Kapazität
voll auszulasten (F). Bei unvollkommenen Märkten werden die Unternehmen unterhalb der Kapazitätsauslastung operieren. Der Kapazitätsauslastungsgrad wird dann vom mark-up über den primären
Kosten zu den allgemeinen Marktbedingungen abhängig sein und innerhalb der Voll-Auslastung liegen. Diese "zurückhaltende" Strategie ermöglicht es dem Unternehmen, innerhalb des offenen Spiel-
raums auf wachsende Nachfrage und veränderte Präferenzen zu reagieren. Sie erlaubt es insbesondere, den output zu erhöhen, ohne die Preise zu verändern, wenn die Nachfrage kurzfristig steigt.

Das Unternehmen hat die gewünschte Kapazitätsauslastung bei OB gesetzt, den mark-up OS/OA und den Preis OS. Die Angebotskurve
für Verkäufe um OB ist durch SS' gegeben. Wenn die Erwartungen

---

*) Vgl. auch Eichner (1980), S. 124

zutreffen, verkauft das Unternehmen OB zu Preisen OS und erzielt einen Gewinn ASDC (die Nachfragekurve würde SS' in D
schneiden). Die Entscheidungen des Unternehmens bleiben unverändert, solange der Gewinn als ausreichend betrachtet wird,
die gewünschte Expansion durch zusätzliche Investitionen zu
finanzieren. Die Gewinnrate ist ausreichend für die Investitionsrate. Wenn sie der gleichgelagerter Unternehmen entspricht,
behält das Unternehmen seinen Marktanteil. Wenn die Gewinnrate
der durchschnittlichen Gewinne der Industrie entspricht, wird
keine Expansion in andere Produktionslinien stattfinden.
Die Verkäufe oberhalb oder unterhalb OB führen allerdings zu
differenten Gewinnraten bei gleichbleibender Kapitalbildung in
der Produktion. Die konstante Gewinnrate für alle Grade der Kapazitätsauslastung sei XX'. Sie zeigt dann die Preise, die bei
unterschiedlichen Graden der Kapazitätsauslastung gesetzt werden müssen, um eine konstante Gewinnrate (pro eingesetztes Kapital) zu erzielen. Es folgt daraus eine veränderte SS' Kurve
für jede gewünschte Investitionsrate (und Kapazitätsauslastung)
und andere Preise, als sie durch die XX' Kurve gegeben sind.
Ein höher erwarteter Marktzuwachs führt zu einer höheren XX'
Kurve; ein höherer Kapazitätsauslastungsgrad zu einer höheren
SS' Kurve, z.B. S'S'. Diese Veränderungen, die die Verkäufe betreffen und von daher Investition, Gewinn, Preise und Normal-
auslastung der Kapazität können von einem Unternehmen nicht unmittelbar kontrolliert werden.
Anders stellt sich diese Situation dar, wenn man über alle
(gleichgelagerten) Unternehmen aggregiert - und eine Branche
betrachtet. Wenn der mark-up OS/OA und die Preise OS als normal
erachtet werden und Verkäufe bei durchschnittlich ausgelasteter
Kapazität OB produzieren, ist die Industrie in der Lage, ihre
geplanten Investitionsprogramme zu finanzieren. Die Investitionen der Industrie produzieren dann die durchschnittliche Rate
der Investition im Verhältnis zur Konsumption. Unter diesen An-

nahmen erhalten die Investitionsentscheidungen eine hervorragende Stellung. Preisentscheidungen werden dann in Hinblick auf den Verlauf der Gewinne oder dem Kapazitätsauslastungsgrad beurteilt. Dadurch werden Entscheidungen über Gewinnraten und Kapazitätsauslastung in Relation zu den Erwartungen der Investoren über zukünftige Entwicklungen gesetzt. Dieses postkeynesianische Theorem widersprich offensichtlich der neoklassischen Annahme, daß Angebot und Nachfrage den normalen mark-up bestimmen, der für ein stetiges Wachstum erforderlich ist.

Wenn nun Erwartungen und Investitionsentscheidungen nicht übereinstimmen? Die Unternehmen werden versuchen, ihre langfristigen Investitionsentscheidungen durchzuhalten, wenn sie gezwungen sind, ihre Entscheidungsvariablen angesichts nicht zutreffender Erwartungen zu ändern. Diese Haltung drückt sich in dem Versuch aus, die Gewinnrate pro investiertes Kapital aufrechtzuerhalten. Geändert werden deshalb eher Preise und Kapazitätsauslastung als Investitionen und Gewinnerwartungen.

Im Ausgangszustand eines stabilen Gleichgewichts, der hier zu Analyszwecken angenommen wird, sind die Erwartungen zutreffend, die Investitionen bewegen sich auf einem stetigen Pfad, die Regel sind normale mark-ups, Preise und Gewinnraten.

Wenn nun die gewünschte und erwartete Gewinnrate zur Finanzierung der Investitionen höher ist als die realisierte, dann sind die vom Unternehmen avisierten Raten des Gewinns pro Kapazitätsauslastung XX' und Angebotskurven SS' zu hoch, um mit dem Gleichgewicht bei der erwarteten Kapazitätsauslastung OB und den Preisen OS kompatibel zu sein. Die Unternehmung verkauft konstant weniger als OB. Da sie ihre Investitionserwartungen und die Erwartungen bezüglich der normalen (durchschnittlichen) Gewinnrate beibehalten, wird sie zuerst ihren Preis verändern, um durch die Wahl eines höheren mark-ups bei niedrigerer Kapazitätsauslastung ihre gewünschte Position und normale Gewinnspanne zu halten. Das bedeutet eine geringere Beschäftigung und kann dazu führen neue Kapazitäten einzubringen, die kurzfristi-

ger angelegt sind, oder Kapazitäten ganz zurückzunehmen.
Das Unternehmen verändert den Punkt auf der XX' Kurve entsprechend einer neuen Angebotskurve, z.B. S S', um eine Kombination
von Preis und Kapazität zu finden, die es ihm ermöglicht, die
erwartete Gewinnrate für ihre langfristigen Investitionspläne
zu halten. Dies kann u.U. dazu führen, daß die Schere zwischen
dem Preis, der aus einem stabilen Makro-Gleichgewicht folgt,
und dem Preis, den das Unternehmen setzt, größer wird.
Aus diesem Effekt unsicherer Erwartungen ergeben sich bestimmte
Konsequenzen für die Finanzstruktur der Unternehmung. Die Preis-
kapazitätskombination des Unternehmens bestimmt seine Investi-
tionspolitik. Es finanziert seine Investitionen (und die Mehr-
zahlseiner Produktiv-Kapital Investitionen) mit den verdienten
Gewinnen. Diese Möglichkeit und die Möglichkeit der Finanzierung von Investitionen zusätzlich zur Eigenfinanzierung durch
Kredit berührt unmittelbar den aktuellen Gewinnverlauf. Wenn
die Gewinne niedriger als erwartet sind, übersteigt die geplante Investition die internen Finanzierungsmöglichkeiten. Deshalb
sind zusätzliche Kredite erforderlich, so daß die Unternehmen
weitere Investitionen unterlassen werden, wenn die Gewinnspanne
zurückgeht oder versuchen, die Gewinne durch Preiserhöhung zu
erhöhen, um die Kredite zu decken. Das kann zu einer Erhöhung
der Zinssätze führen, die es dem Unternehmen zusätzlich erschwe-
ren, die Investitionspläne aufrechtzuerhalten. Die Folge ist,
daß die Beschäftigung pro output und die Kosten reduziert werden, um sie mit der rückläufigen Gewinnspanne in Einklang zu
bringen und Rationalisierungsinvestitionen Platz greifen werden.
Da diese Investitionen gewöhnlich mehr pro Einheit kosten und
der geplante output jetzt niedriger ist, werden die Ausgaben
für die Rationalisierung nicht größer sein als es die Amortisa-
tion der Anlage zuläßt. Hinzu kommt, daß ein höherer Kapitalkoeffizient, der sich einer längeren Lebensdauer der Kapitalgüter
verdankt eine längere Amortisationsperiode in Anspruch nimmt,
so daß die Gesamtkosten pro Jahr niedriger werden. Daraus folgt,

daß die Entscheidung Kapital durch Arbeit zu ersetzen,
nicht so sehr aus technischen Erwägungen bezüglich verbesser-
ter Maschinen oder aus steigenden Lebenskosten resultiert,
sondern aus dem Versuch des Unternehmens, die Unsicherheiten
zu reduzieren und einen beständigen Gewinnrückfluß zu erzielen. Technische Veränderungen erklären sich deshalb nicht nur
aus Veränderungen in den relativen Preisen von Kapital und Arbeit, sondern auch aus dem jeweiligen Grad der Unsicherheit.

Wenn man an den Ausgangspunkt der Analyse zurückdenkt, Erwartungen über Investitionen, die mit den aktuellen Bedingungen nicht
übereinstimmen, dann besteht das Problem darin, daß das Gesamt-
system keinen Mechanismus enthält, der den Unternehmen die adäquate Gleichgewichtskombination von Preis, Kapazität, Investition und Gewinnspanne mitteilt.
Der Unterschied zwischen neoklassischer und postkeynesianischer
Theorie wird an dieser Stelle besonders deutlich, an der der
Preismechanismus als Kommunikationsmittel in Frage gestellt ist.
Dann garantiert (neoklassisch betrachtet) die Preisbildung der
Unternehmen in keiner Weise ein Gleichgewicht, und schon gar
kein stetiges Wachstumsgleichgewicht. Der schwächste Punkt des
Preisgleichgewichts-Theorems der Neoklassik ist, daß es nicht
erklärt, wie die Preise in einem freien Marktsystem im Ungleichgewicht wirken, um im Zeitverlauf eine Gleichgewichtslösung herbeizuführen. Ein allgemeines Gleichgewicht kann das Ergebnis
sein, aber der Weg dorthin ist unklar. Damit ist die Funktion
der Preise in der Dynamik des Monopolgleichgewichts, so wie sie
hier analysiert wurde, nicht außer Kraft gesetzt. Es kann aber
keine eindeutige Aussage über die dynamische Funktion der Preise gemacht werden, und damit über die optimale Bestimmung rela-
tiver Preise oder die entsprechende Güterverteilung. In einer
Gesellschaft, in der Löhne in Geld bezahlt und Konsumgüter auf
Märkten zu Geldpreisen verkauft werden, verteilen und alloziieren

die Preise zwar die Produkte, sie müssen aber weder durch das
Verhältnis von Angebot und Nachfrage bestimmt sein, noch optimale Ergebnisse zur Folge haben, noch ein allgemeines Gleichgewicht als notwendiges Resultat.

2. Makroökonomische Implikationen

Der entscheidende Unterschied zwischen Konkurrenz- und Monopolgleichgewicht zeigt sich aber schon, wenn man von den dynamischen
Aspekten absieht und die Bedingungen betrachtet, denen ein sta-
tionäres Gleichgewicht genügen müßte. Diese sind: Erstens, die
Haushalte sparen im wesentlichen nur, um die Kontinuität ihres Einkommens gegen Risiken zu sichern. Zweitens, technischer Fortschritt

ist mit dem Wachstumsprozeß verbunden. Die erste, oben schon diskutierte Bedingung entspricht der Theorie der Haushalte. Sie besagt, daß Haushalte im wesentlichen nicht sparen, um ihr Einkommen zu erhöhen und sich dann einen zukünftigen Konsum zu sichern,
sondern um sich ein Polster gegen nicht kalkulierbare Einkommens-
ausfälle zu schaffen. Dazu wird ein Vermögen in Höhe eines bestimmten Vielfachen des laufenden Einkommens angespart. Ist diese
Höhe erreicht und damit das "Sicherheitsvermögen" aufgebaut, dann
reagieren die Ersparnisse auch im Hinblick auf den Zinssatz ziemlich unelastisch. Unter diesen Umständen kann man sich einen stationären Zustand mit konstantem Einkommen vorstellen. Die Unternehmungen haben auf der anderen Seite keine Gewinne, aus denen
sie sparen könnten. Infolgedessen werden keine Ressourcen für
Wachstum und Entwicklung freigesetzt. Damit fällt auch der im
Prozeß des wirtschaftlichen Wachstums produzierte Fortschritt
aus. Die Konstanz des Einkommens wird bestätigt.
Deshalb muß, wie bereits Schumpeter vermutet hat, die Konkurrenz
wenigstens vorübergehend unvollkommen sein, damit Wachstum und
Entwicklung (wieder) in Gang gesetzt werden können. Die dynamische Unternehmung sieht in dieser Situation die Chance, sich
über den Einsatz technischen Fortschritts Zusatzgewinne zu verschaffen. Die Mittel für die dazu erforderlichen Investitionen
beschafft sie sich über Bankkredite, wobei die Bank davon überzeugt sein muß, daß die Investitionen gewinnversprechend sind.
Gesamtwirtschaftlich müssen die Investitionen letztlich aber
doch aus Ersparnissen finanziert sein. Hierfür gibt es zwei Möglichkeiten. Erstens werden sie de facto über den Kapitalmarkt
von den Haushalten zur Verfügung gestellt und die Banken spielen letztlich nur eine Vermittlerrolle. Zweitens, die Unternehmung finanziert im Kreislauf schließlich ihre Investitionen
selbst aus den Gewinnen, die ihr durch eben diese Investitionen
zufallen. Die Banken haben praktisch nur vorfinanziert. Der

erste Fall ist typisch neoklassisch. Vermutlich hat ihn Schumpeter nicht im Auge gehabt, [33)] denn sein dynamischer Unternehmer spielt eine wesentlich eigenständigere Rolle. Er nimmt gewissermaßen die Entwicklung für die Haushalte in die Hand und
verändert und verschiebt die Bedingungen des Gleichgewichts,
der Konsument folgt relativ passiv nach. So scheint es sinnvoll,
sich auf den zweiten Fall zu konzentrieren, nach dem die Investitionen in einem nicht unerheblichen Umfang von den Unternehmungen selbst aus den Gewinnen finanziert werden, die sie durch
Überwindung der Konkurrenzbedingungen erzielen. Der Prozeß verläuft dann so. Die Unternehmung sieht Gewinnchancen in der
Durchführung eines Investitionsprozesses, der technischen Fortschritt beinhaltet. Zur Finanzierung zieht sie Bankkredite her-
an, die aus Geldschöpfung stammen. Mit diesen fragt sie Produktionsmittel nach, die sie für ihr Projekt benötigt. Weil keine
freiwilligen Ersparnisse der Haushalte vorliegen, welche die
Finanzierung im Kreislauf letztlich decken, muß eine entsprechende Ersparnis durch Bewegung der relativen Preise produziert
werden. Dies geschieht durch einen Inflationsprozeß, der durch
die Geldschöpfung und die Investitionsnachfrage ausgelöst wird.
Als Ergebnis werden die Geldlöhne und Zinsen so sinken, daß für
Gewinne, die den Investoren zufließen Raum bleibt. Diese dienen
dann als Ersparnis zur Finanzierung der Investitionen.
Die Konsumenten sind bei diesem Prozeß nicht aktiv in Erscheinung getreten. Nur dadurch, daß die Unternehmung aus dem bisherigen Kreislauf ausgebrochen ist und gleichzeitig institutionelle Möglichkeiten vorfand, sich gesellschaftliche Ressourcen anzueignen, konnten Investitionen und Wachstum durchgesetzt werden. Hinterher kann man feststellen, daß die ganze Entwicklung
auch dem Konsumenten zugute kommt. Denn durch den Imitationswettbewerb werden die Gewinne im Laufe der Zeit wieder wegkonkurriert und den Haushalten in Form von höheren Löhnen und Zinsen zugeführt.

Die Unternehmung des Marktsystems erzwingt also eine Umlenkung
gesellschaftlicher Ressourcen in produktive Investitionen. In
der Unternehmung ist die Dynamik der Entwicklung zu suchen,
nicht im Konsumenten, der seine Bedürfnisse für Zukunftsgüter
durch sein Sparangebot auf dem Kapitalmarkt äußert.
In der Theorie Schumpeters, für die die Akkumulation Triebkraft
für Ungleichgewicht und Monopol, die Konkurrenz Motor für die
Anpassung an ein neues Gleichgewicht ist, bildet das klassische
Konkurrenzgleichgewicht die Ausgangsbasis der Entwicklung. Ein
möglicher Prozeß stetiger Akkumulation ruht nicht darunter.
Ein solcher Prozeß folgt aber aus dem oben entwickelten Basismodell des Monopolgleichgewichts mit dauerhaften Monopolgewinnen. Im Unterschied zur sprunghaften Entwicklung des Wachstumsprozesses läuft, der theoretischen Möglichkeit nach, das Monopolgleichgewicht langfristig auf einem Wachstumpfad entlang,
der (wie gezeigt) ökonomisch interpretiert werden kann. Er kommt
dadurch zustande, daß die Monopolgewinne gar nicht die Tendenz
haben zu verschwinden, sondern auch unter Konkurrenzverhältnissen einen Gleichgewichtswert besitzen:
Aufgrund der Absatzerwartungen und der herrschenden relativen
Preise planen die Unternehmungen Investitionen. Aus Risikogrün-
den finanzieren sie einen Anteil davon selbst. Die dafür erforderlichen Gewinne können trotz Konkurrenz am Markt durchgesetzt
werden. Aber sie reichen nicht aus, um die gesamten Investitionen zu finanzieren. Es müssen noch Ressourcen hinzukommen, die
an sich von den Haushalten kontrolliert werden. Dies ist dadurch
möglich, daß über die Investitionen Wachstum tatsächlich abläuft
und die Einkommen steigen, weshalb auch die als Sicherheitsvermögen gehaltenen Einkommen zunehmen müssen. Die Haushalte sparen demnach tatsächlich - aber nicht für das Wachstum, sondern
wegen des Wachstums (Marglin) [34] Faktisch fließen ihre Ersparnisse natürlich den Investitionen und damit dem Wachstum zu.
Die Ersparnisse werden in der Regel auf dem Kapitalmarkt ange-

legt. Dort stehen sie dann den Unternehmungen für die Finanzierung der Investitionen zur Verfügung.

Kurzum: Mit den Investitionen wird technischer Fortschritt entwickelt und durchgesetzt, der das Wachstum langfristig trägt. Durch das Wachstum werden die Haushalte zum Sparen veranlaßt. Ihre Ersparnisse setzen Ressourcen für den Teil der Investitionen frei, der nicht durch Gewinne finanziert werden kann. Aber in den Gewinnen und Investitionen der Unternehmungen liegt die selbständige ökonomische Ursache des Akkumulations- und Wachstumsprozesses, und damit letztlich im Monopolgleichgewicht der Unternehmung. Weil es einen positiven Monopolfaktor gibt, ist die langfristige Wachstumsrate positiv. Weil die langfristige Wachstumsrate positiv ist, ist die Sparquote der Haushalte positiv.

Betrachtet man diesen Prozeß im Ganzen, so erkennt man einen Prozeß, in dem die Haushalte permanent vor vollendete Tatsachen gestellt werden. Im Rahmen dieser Tatsachen entscheiden sie frei nach ihren Bedürfnissen. Sie sparen freiwillig für ein höheres Vermögen, um dessen Relation zum wachsenden Einkommen zu halten. Sie geben den nicht gesparten Teil bei Gleichgewichtspreisen ihrer Bedürfnisstruktur entsprechend für Konsumgüter aus. Ihr Konsum hält also mit dem wachsenden Einkommen Schritt. Die Investitionen schaffen sich gewissermaßen im Gleichgewicht den Konsum, auf den sie angelegt sind. Sie stellen die Bedingungen des Konsums her.

Die Entwicklung ist damit als "autonomer Investitionsprozeß" gekennzeichnet, wie es die Neoklassiker nennen würden. Aber in dieser postkeynesianischen Sicht sind die Investitionen in den Unternehmungen die eigentliche Ursache der Entwicklung. Die erforderlichen Ersparnisse, die notwendige Konsumgüternachfrage und das Arbeitsangebot werden als Folge der Investitionen im Wachstumsprozeß selbst geschaffen.

Von der Entscheidungsstruktur her gesehen, gehen die Investitionen voran. Andererseits sind die Entscheidungen der Individuen innerhalb dieses autonomen Investitionsprozesses frei. Ersparnis, Konsum und Arbeit können mit dem üblichen neoklassischen Kalkül der Nutzenmaximierung erklärt werden.

Die Grundstruktur des Prozesses mit Monopolgewinn und zeitlicher Dynamik in der produktiven Investition ist gewissermaßen klassisch, während im Rahmen dieses Prozesses die neoklassischen Gesetze der Märkte gelten. Die Klassik befaßt sich mit den Gesetzen der langfristigen Entwicklung, die neoklassische Theorie mit dem Zusammenhang von Märkten und Preisen im gegebenen Rahmen der langfristigen Entwicklung.

§ 5 Theorie der Unternehmung

Für die Implementierung betriebswirtschaftlicher Problemlösungsstrategien und Techniken ist die Koordination und Organisation der Planausführung von besonderer Bedeutung. Sie entscheidet über ihre Praktikabilität und grenzt die Aktionsspielräume und Entwicklungspotentiale der Unternehmung ein. Dabei sind, ebenso wie für strategische Entscheidungen über Ziele, strategische Mittelabschätzungen und Alternativen unter beschränkten Ressourcen dieselben Determinanten maßgebend, die auch die Struktur und Dynamik des ökonomischen und gesellschaftlichen Umfelds der Unternehmung bestimmen. Sie vermitteln gewissermaßen dieses Umfeld, die äußere

Struktur der Unternehmung, mit ihrer Binnenstruktur, der Makro-
Struktur ihrer Gesamtorganisation und bilden den Rahmen für die
Organisation der Arbeitsprozesse. Es ist deshalb naheliegend,
aus derselben ökonomischen Basis, die zur Begründung einer Theorie strategischer Planung herangezogen wurde, die Bedingungen
der Unternehmensordnung und ihre Auswirkungen auf die Organisation der Arbeitsprozesse näher zu analysieren. Die Theorie der
Unternehmung ließe sich so im Ansatz zur Grundlage einer ökonomischen Theorie der Unternehmensorganisation erweitern. [35)] Dies
soll, im Sinne der einführenden Anmerkungen zum theoretischen
Rahmen einer partiellen Unternehmenstheorie, zuerst im Zusammenhang mit der Allgemeinen Gleichgewichtstheorie am Beispiel des
neoklassischen Modells eines (Konkurrenz-)Gleichgewichts der Unternehmung gezeigt werden. Vor diesem Hintergrund lassen sich dann
die Differenzen zwischen diesem Modell, das zugleich die Legitimationsbasis der Unternehmensordnung liefert und der Wirklichkeit
des Großunternehmens und seiner Rolle im gesamtgesellschaftlichen
Kontext besonders deutlich herausarbeiten.

VIII. Neoklassische Modelle

1. Konkurrenzunternehmung

Im neoklassischen Modell ist die ökonomische Struktur der Unter-
nehmensumwelt unmittelbar mit Unternehmensordnung und der Organisation der Arbeitsprozesse verknüpft. Ebenso wie die Unternehmung, bezogen auf die Bedürfnisse der Konsumenten keine eigenständige, sondern lediglich eine instrumentelle Funktion hat,
kann sie bezüglich der Organisation der Arbeitsprozesse so betrachtet werden, als ob die in der Unternehmung beschäftigten

Arbeitnehmer die Produktionsmittel selbst gemietet hätten. [36]
In diesem Sinne garantiert die neoklassische "Konkurrenzunternehmung" sowohl die "Konsumenten-" als auch die "Produzenten-
souveränität".

Um diesen Nachweis zu führen, wird an einem einfachen Modell des
Allgemeinen Gleichgewichts gezeigt, warum und in welchem Sinn
die Ergebnisse unabhängig davon sind, ob man gewinnmaximierende
Unternehmungen hat, oder Unternehmungen, die von den Arbeitnehmern selbst verwaltet werden. [37]

Es wird angenommen, daß die Nutzenfunktionen und Produktionsmöglichkeiten in beiden Fällen dieselben sind. [38] Die Nutzenfunktionen der Haushalte sind $u_h(x_h, z_h)$. Hierbei ist z_h die Arbeitszeit, die der Haushalt h insgesamt aufwendet, unter Umständen in verschiedenen Unternehmungen u, so daß

$$z_h = \sum_u z_{hu}$$

gilt, wobei z_{hu} die Arbeitszeit des Haushaltes h in der Unternehmung u angibt. x_h ist das Bündel der übrigen Güter des Haushaltes h.

Eine Unternehmung u wird durch eine Produktionsmenge Y_u charakterisiert. Es herrscht, wie in der Neoklassik üblich, freier
Marktzugang bei konstanten Skalenerträgen. Y_u ist also additiv,
das heißt $Y_u + Y_u \subset Y_u$. Aus ihrer Produktionsmenge wählt die Unternehmung eine Technik $(y_u, z_u) \in Y_u$. z_u ist die für die Produktion in u aufgewendete Arbeitszeit. Sie stammt aus den verschiedenen Haushalten, so daß

$$z_u = \sum_h z_{hu}$$

gilt. y_u ist das Bündel der übrigen Inputs und Outputs der Unternehmung u.

Das Modell der gewinnmaximierenden Unternehmung entspricht genau
dem bereits vorgestellten Modell des Allgemeinen Gleichgewichts,

mit dem einzigen Unterschied , daß nun die Arbeitszeiten explizit ausgewiesen sind, und daß von vornherein wegen der Annahme
konstanter Skalenerträge keine Gewinne ausgewiesen werden.
Die Haushalte maximieren ihren Nutzen unter der Nebenbedingung
ihres Einkommens aus Vermögen und Arbeit:

$$u_h (x_h, z_h) = \text{max!}$$

$$\text{N.B.} \quad px_h = p\bar{x}_h + wz_h .$$

(w ist der Lohnsatz.)
Die Unternehmungen maximieren die Gewinne durch Wahl einer entsprechenden Technik aus ihrer Technologie:

$$py_u - wz_u = \text{max!}$$

$$\text{N.B.} \quad (y_u, z_u) \varepsilon Y_u .$$

Im Gleichgewicht sind alle Gewinne verschwunden und die Märkte
geräumt:

$$py_u - wz_u = 0$$

$$\sum_h (x_{hi} - \bar{x}_{hi}) = \sum_u y_{ui} \quad \text{alle i bis auf eines}$$

$$\sum_h z_h = \sum_u z_u = \sum_{h,u} z_{hu} .$$

Unter den üblichen Voraussetzungen existiert eine Gleichgewichtslösung, die pareto-optimal im Hinblick auf die Bedürfnisse ist.

Im Unterschied zu einer Ökonomie mit gewinnmaximierenden Unternehmungen wird in der selbstverwalteten Unternehmung nicht der
Gewinn maximiert. Die Arbeitnehmer einer Unternehmung u erzielen durch die Produktion einen Überschuß über die Kosten (ohne
Arbeitskosten) in Höhe von py_u. Nach der einfachsten Verteilungs-
regel erhält jeder Arbeitnehmer einen Anteil, der seiner Arbeitszeit entspricht. Daraus ergibt sich ein Entlohnungssatz pro Arbeitszeit in Höhe von

$$v_u = \frac{py_u}{z_u} \cdot$$

Der Zielsetzung der Gewinnmaximierung entspricht hier die Maximierung des Entlohnungssatzes. Die Arbeitnehmer der Unternehmung u werden also eine Technik aus der Technologie Y_u wählen, die bei den vorgegebenen Preisen p ihren Entlohnungssatz pro Arbeitszeit maximiert:

$$v_u = \frac{py_u}{z_u} = \text{max!}$$

$$\text{N.B.} \quad (y_u, z_u) \in Y_u \cdot$$

Daraus folgt natürlich auch eine bestimmte erwünschte Arbeitszeit z_u in Abhängigkeit von den Preisen.
Auf der anderen Seite wird die erwünschte Arbeitszeit gleichzeitig durch die Nutzenmaximierung in den Haushalten festgelegt, und zwar ebenfalls in Abhängigkeit von den Preisen. Das Maximierungskalkül der Haushalte lautet:

$$u_h (x_h, z_h) = \text{max!}$$

$$\text{N.B.} \quad px_h = p\bar{x}_h + \sum_u v_u z_{hu} \cdot$$

Im allgemeinen Gleichgewicht sind die Gütermärkte geräumt, und die von den Haushalten erwünschten Arbeitszeiten können gerade in den Unternehmungen untergebracht werden:

$$\sum_h (x_{hi} - \bar{x}_{hi}) = \sum_u y_{ui}$$
$$\sum_h z_h = \sum_u z_u = \sum_{h,u} z_{hu} \cdot$$

Das entsprechende Gleichgewicht einer Ökonomie mit selbstverwalteten Unternehmungen sei (x^s, y^s, z^s, p). Man kann nun leicht zeigen, [39)] daß es dazu einen Lohnsatz w gibt, der es gestattet, (x^s, y^s, z^s, p) auch als Gleichgewicht einer Ökonomie mit gewinnmaximierenden Unternehmungen zu interpretieren.

Als solchen Lohnsatz wählt man den höchsten Entlohnungssatz pro Arbeitszeit, der in der selbstverwalteten Ökonomie möglich ist:

$$w := \max_u v_u .$$

Natürlich gilt $z_u = 0$ für jedes $v_u < w$, weil aufgrund der Nutzenmaximierung niemand in u arbeiten würde, wenn er dort weniger verdient, als anderswo möglich ist. Daraus folgt:

$$v_u z_u = w z_u \quad \text{bzw.} \quad v_u z_{hu} = w z_{hu} \quad \text{für alle h} .$$

Es ist nun <u>erstens</u> zu zeigen, daß bei diesem Lohnsatz w die Gleichgewichtswerte der selbstverwalteten Ökonomie in jeder Unternehmung die Gewinne $p y_u - w z_u$ maximieren, daß also:

$$p y^s_u - w z^s_u \geqslant p y_u - w z_u \quad \text{für alle} \quad (y_u, z_u) \in Y_u .$$

Beweis:

a) $p y^s_u - w z^s_u = 0,$

denn wegen $w z_u = v_u z_u$ ist $p y^s_u - w z^s_u = p y^s_u - v_u z^s_u ,$

und mit $v_u = p y^s_u / z^s_u$ folgt das Ergebnis.

b) $p y_u - w z_u \leqslant 0,$

denn wegen $v_u \leqslant w$ ist

$$p y_u - w z_u \leqslant p y_u - v_u z_u = p y_u - \frac{p y^s_u}{z^s_u} z_u = \left(\frac{p y_u}{z_u} - \frac{p y^s_u}{z^s_u} \right) z_u ,$$

und der Ausdruck in der Klammer ist nicht positiv, weil in der selbstverwalteten Unternehmung v_u maximal ist.

<u>Zweitens</u> muß gezeigt werden, daß beim Lohnsatz w die Gleichgewichtswerte x^s_h und z^s_{hu} die Nutzenfunktion des Haushalts h maxi-

mieren. Dies folgt aber wegen $v_u z_{hu} = w z_{hu}$ einfach aus der identischen Budgetrestriktion:

$$px_h = p\bar{x}_h + \sum_u v_u z_{hu} = p\bar{x}_h + w z_h \ .$$

Das Ergebnis ist folgendermaßen zu interpretieren: Man erhält in einer selbstverwalteten Ökonomie denselben Gleichgewichtszustand, wie in einer Ökonomie mit gewinnmaximierenden Unternehmungen beim Gleichgewichtslohnsatz w. Die Unternehmungen und die gewählten Techniken sind gleich, jeder Haushalt hat in der einen wie in der anderen Ökonomie die gleiche Arbeitszeit, die gleiche Aufteilung dieser Zeit auf die Unternehmungen und das gleiche Konsumgüterbündel. Eine Ökonomie mit selbstverwalteten Unternehmungen ist deshalb von einer Ökonomie mit gewinnmaximierenden Unternehmungen nicht zu unterscheiden.

Das gilt auch umgekehrt. Das Gleichgewicht einer Ökonomie mit gewinnmaximierenden Unternehmungen (x^g, y^g, z^g, p, w) kann so interpretiert werden, als sei es durch Selbstverwaltung der Arbeitnehmer entstanden. Man definiert den Entlohnungssatz pro Arbeitszeit in der Unternehmung u als

$$v_u := \min w_u = w \ .$$

Dann kann erstens gezeigt werden, daß der Entlohnungssatz bei den Gleichgewichtswerten y^g_u und z^g_u in jeder gewinnmaximierenden Unternehmung maximal ist, wie in selbstverwalteten Unternehmungen, also:

$$\frac{py^g_u}{z^g_u} \geq \frac{py_u}{z_u} \quad \text{für alle} \ (y_u, z_u) \in Y_u \ .$$

Denn wegen $py_u - w z_u \leq 0$ für alle $(y_u, z_u) \in Y_u$ und $py^g_u - w z^g_u = 0$ ist

$$\frac{py_u}{z_u} \leq w = \frac{w z^g_u}{z^g_u} = \frac{py^g_u}{z^g_u} \ .$$

Zweitens maximieren die Gleichgewichtswerte x^g_h und z^g_{hu} den
Nutzen des Haushalts u beim Entlohnungssatz v_u. Das folgt einfach wegen $wz_h = \sum_u v_u z_{hu}$ aus der identischen Budgetrestriktion.

Unter den gegebenen Voraussetzungen sind also gewinnmaximierende Unternehmungen und selbstverwaltete Unternehmungen mindestens vom Ergebnis her nicht unterscheidbar. Beide führen über
freien Marktzutritt zu denselben Unternehmungen. Die gewählten
Techniken (y_u, z_u) sind identisch. Die Einkommen sind gleich.
Die optimalen Güterbündel (x_h, z_h) stimmen überein. Dies folgt
schon daraus, daß in beiden Fällen die Haushalte ihren Nutzen
maximieren in Hinblick auf Konsumgüter und Arbeitszeit. Sie
sind dabei durch ihr Einkommen beschränkt. In den gewinnmaximierenden Unternehmungen ist dieses (neben den Vermögenseinnah-
men aus Anfangsbeständen) ein einheitlicher Lohnsatz auf dem
Arbeitsmarkt. In den selbstverwalteten Unternehmungen ist es
der Überschuß pro Arbeitszeit. Aber dieser wird durch die Konkurrenz ebenfalls eingeebnet, weil die Arbeitnehmer immer in
die Unternehmungen mit der höheren Auszahlung gehen. In der Ökonomie mit gewinnmaximierenden Unternehmungen gibt es im Prinzip
Gewinne. Aber durch den freien Marktzugang werden sie wegkonkurriert. Im Gleichgewicht sind sie verschwunden, so daß das ganze
Nettoeinkommen den Arbeitnehmern zufließt, wie in den selbstverwalteten Unternehmungen auch. Dabei wird jeweils effizient produziert und verteilt, so daß die Bedürfnisse im Sinne von Pareto optimal befriedigt sind.
Dies alles erlaubt die Interpretation, daß sich in einer Ökonomie mit gewinnmaximierenden Unternehmungen die Bedürfnisse der
Individuen nicht nur auf dem Markt, sondern auch in der Unternehmung durchsetzen. In der Tat kann man den Gleichgewichtszustand so deuten, als hätten die Arbeitnehmer im Grunde die Produktionsmittel von den Eigentümern gemietet und die Produktion
in eigener Regie zur Maximierung ihres Einkommens durchgeführt.

Die Bedürfnisse der Individuen scheinen souverän nicht nur im
Hinblick auf den Konsum, sondern auch in der Produktion.

Dieser Schluß, der aus der Äquivalenz von gewinnmaximierender
und selbstverwalteter Unternehmung folgt, ist für unsere heu-
tige Situation insofern von Bedeutung, als er auch den Schluß
nahelegt, daß in einer Situation gesellschaftlicher Instabilität und ökonomischen Ungleichgewichts nichts gegen die Übernahme
von Unternehmungen in Manager- oder Arbeiter-Selbstverwaltung
spricht; und dafür angeführt werden kann, daß bei Versagen von
Marktmechanismen partizipatorische Entscheidungsprozesse das
naheliegende sind, und selbstverwaltete wie Eigentümer-Unterneh-
mungen gleich effizient und optimal produzieren, so daß es
gleichgültig ist, ob die Unternehmung auf der einen oder anderen Institution aufbaut.

2. Produktionstechnik und Arbeitsbedingungen

Betrachtet man jedoch genauer, worüber in den Unternehmungen entschieden worden ist, dann treten die Technik des Produktionsprozesses und damit die Arbeitsbedingungen in den Vordergrund. Daraus kann sich in der gewinnmaximierenden Unternehmung ein Konflikt ergeben, daß es im Interesse des Arbeitnehmers ist, möglichst geringen Belastungen ausgesetzt zu sein, aber bei hoher
Belastung und Anstrengung der Gewinn steigt. Die Arbeitnehmer
können den Wunsch haben, ihre Tätigkeit möglichst selbständig
zu bestimmen, aber die Unternehmensorganisation ist im Interesse der Gewinnmaximierung hierarchisch u.ä.m.. Diese möglichen
Konflikte zwischen Gewinnmaximierung und Bedürfnisbefriedigung
sollen nun für den Fall eines Konkurrenzgleichgewichts untersucht werden.
Dazu führen wir die Arbeitsbedingungen explizit in das Modell
des Konkurrenzgleichgewichts ein. Dies kann zunächst ganz ab-

strakt dadurch geschehen, daß wir die Technologie der Unternehmung u durch ein variables Element b_u ergänzen, das die Arbeitsbedingungen darstellt, so daß also $(y_u, z_u, b_u) \in Y_u$ eine bestimmte
Technik bedeutet. Entsprechend wäre die Nuzenfunktion eines
Haushalts h durch eine Variable b_h zu ergänzen, welche die Wirkungen der Arbeitsbedingungen ausdrückt, denen der Haushalt in
der Unternehmung u ausgesetzt ist, also $u_h(x_h, z_h, b_h)$. Schließlich verlangt der angesprochene Konfliktfall, daß eine Veränderung von b_u, die in der betreffenden Unternehmung zu einer Produktivitätssteigerung führt (also mehr Output bei gleichen Inputs, oder weniger Input bei gleichem Output, jedenfalls ceteris
paribus höhere Gewinne), in den betroffenen Haushalten b_h so verändert, daß der Nutzen sinkt, und vice versa. Während sich so
das Problem klar schematisieren läßt, ist die Lösung auf mikroökonomischer Ebene komplizierter. Das liegt nicht zuletzt daran,
daß die Arbeitsbedingungen b_u der Unternehmung u für die dort
beschäftigten Arbeitnehmer ein öffentliches Gut darstellen;
denn man kann sich wohl schlecht vorstellen, daß jeder Arbeitnehmer in einer Unternehmung seine individuellen Arbeitsbedingungen beziehungsweise Produktionstechniken hat. Infolgedessen
müssen etwaige unterschiedliche Interessen bezüglich der gemeinsamen Arbeitsbedingungen zum Ausgleich gebracht werden. In der
gewinnmaximierenden Unternehmung sorgt dafür die Instanz, der
in der Hierarchie die Funktion Unternehmensführung zukommt. Sieht
man von dieser Problematik ab, dann kann man annehmen, daß sich
die Nutzenvorstellungen der Arbeitnehmer nicht unterscheiden.
Unter diesen Voraussetzungen kann man von einem repräsentativen
Haushalt oder einem Makro-Haushalt ausgehen. Es empfiehlt sich,
auch zur weiteren Vereinfachung, den Unternehmenssektor makro-
ökonomisch einzuführen. Das Problem der Wahl der Arbeitsbedingungen in einer solchen aggregierten Version kann besonders klar
illustriert werden, ohne daß dabei wesentliche Aspekte verloren
gehen. [40)]

Die Höhe der Produktion Y werde durch den Arbeitseinsatz N und
die Arbeitsbedingungen B bestimmt, und zwar vermittels einer
Produktionsfunktion Y=F(N,B) mit positiven partiellen Ableitungen und den üblichen Konkavitätseigenschaften. Durch eine Erhöhung von B wird die Produktivität also gesteigert. Um den Fall
des freien Marktzugangs und damit der Konkurrenz abdecken zu
können, muß man konstante Skalenerträge annehmen. Dies erfordert
hier die spezielle Produktionsfunktion Y=f(B)N mit $f' > 0$, zunächst steigend, dann fallend.

Die Nutzenfunktion sei U(X,NB). X ist das Einkommen der Haushalte. Es ist angenommen, daß die Wirkung der Arbeitsbedingungen
mit dem Arbeitsmarkt verknüpft ist. Der Nutzen nimmt mit steigendem Einkommen zu, das heißt $U_x=U_1 > 0$, und mit steigendem Arbeitseinsatz bzw. steigendem B ab, das heißt $U_{NB}=U_2 < 0$. Im übrigen habe die Nutzenfunktion die erforderlichen Konkavitätseigenschaften.

Wie man sieht, sind die Arbeitsbedingungen so eingeführt, daß der
oben angesprochene Konfliktfall vorliegt. Eine Erhöhung von B
steigert die Produktivität, aber mindert ceteris paribus den Nutzen. Es fragt sich nun, wie dieser Konflikt in der selbstverwalteten Unternehmung einerseits, in gewinnmaximierender Unternehmung andererseits gelöst wird.

In der selbstverwalteten Unternehmung kann man von vornherein davon ausgehen, daß den Arbeitnehmern der gesamte Produktionswert
Y als Einkommen zufließt, also X=Y ist. Die Nutzenmaximierung umfaßt simultan dieses Einkommen, den Arbeitseinsatz und die Produktionsbedingungen. Diese Variablen werden so gewählt, daß der
Nutzen unter der Nebenbedingung der Produktionsmöglichkeiten möglich wird:

(1)   U (Y, NB) = max!

N.B. $Y = f (B) N = \dfrac{f(B)}{B} NB$.

Aus diesem Maximierungsansatz ergeben sich die folgenden Marginalbedingungen:

(2) $\quad F_N/B = f(B) / B = -U_2/U_1 = GRS$

(3) $\quad F_B/N = f'(B) = -U_2/U_1 = GRS$.

GRS ist die Grenzrate der Substitution von Y durch NB in der Nutzenfunktion. Aus den Gleichungen (1), (2) und (3) erhält man die
Gleichgewichtswerte von Y,N und $B(Y^S, N^S$ und $B^S)$.
Die Lösung ist in der Figur 8 dargestellt. Diese Figur enthält
einerseits die Indifferenzkurven der Nutzenfunktion U bezüglich
Y und NB. Andererseits ist die Produktionsfunktion eingetragen,
und zwar Y in Abhängigkeit von NB, also bei gegebenem B eine Gerade durch den Ursprung.

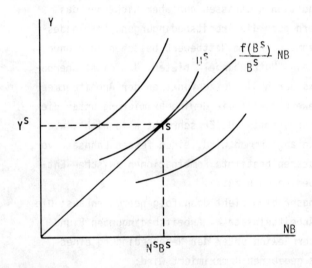

Figur: 8

Man kann sich nun das Nutzenmaximierungskalkül in zwei Schritten
vorstellen. Erstens wird die Produktion Y bei gegebenem NB maximiert. Dazu werden die Arbeitsbedingungen B so gewählt, daß
f(B)/B möglichst groß ist, das heißt, daß die Produktionsfunktion möglichst steil verläuft. Die formale Bedingung dafür ist

f'(B)=f(B)/B. Sie steckt in (2) und (3). Daraufhin wird durch geeignete Wahl von NB, beziehungsweise bei dem schon gegebenen B von N, der Nutzen maximiert. Dies führt zu dem Punkt, in dem eine Indifferenzkurve die Produktionsfunktion berührt, wo also die Grenzrate der Substitution die Steigerung f(B)/B hat. (Bedingung (2)).

Wie sieht nun demgegenüber die Lösung in einer gewinnmaximierenden Unternehmung aus? der Gewinn ist

$$\pi = f\,(B)\,N - wN$$

mit w als realer Lohnsatz. Eine Unternehmung, die im Wettbewerb um Arbeitskräfte steht, kann diese nur halten, wenn sie keine schlechteren Bedingungen bietet als die konkurrierenden Unternehmungen. Diese Konditionen umfassen nun aber nicht nur das Lohneinkommen, sondern auch die Arbeitsbedingungen. Infolgedessen muß jede Unternehmung, um im Wettbewerb bestehen zu können, ihren Arbeitnehmern ein "**Nutzenbündel**" **bieten**, das nicht überboten wird. Dieses wird durch die Nutzenfunktion der Arbeitnehmer bestimmt. Der Wettbewerb stellt die Gewinnmaximierung unter die Nebenbedingung eines bestimmten $\bar{U}$. Er schreibt also nicht, wie in einfachen Modellen angenommen wird, einen festen Lohnsatz vor, sondern läßt statt dessen bestimmte Kombinationen zwischen Entlohnung und Arbeitsbedingungen zu.

Das Gewinnmaximierungsproblem sieht dann folgendermaßen aus: Die Unternehmung wählt Arbeitseinsatz N, Arbeitsbedingungen B und Lohnsatz w so, daß der Gewinn unter der Nebenbedingung eines durch die Konkurrenz gegebenen $\bar{U}$ maximiert wird:

(1') $\pi = f\,(B)\,N - wN = max!$

N.B. $U\,(wN,\ BN) = \bar{U}$.

Die Annahme identischer Bedürfnisstrukturen, also einer einheitlichen Nutzenfunktion, vereinfacht das Problem hier beträchtlich, weil man sonst unterschiedliche Nutzenbündel als Konkurrenzbeschränkungen berücksichtigen müßte.

Als Marginalbedingungen für die Gewinnmaximierung erhält man
die nämlichen Gleichungen wie in der selbstverwalteten Unternehmung:

(2) $\qquad F_N/B = f (B) / B = - U_2 / U_1 = GRS$

(3) $\qquad F_B/N = f' (B) = - U_2 /U_1 = GRS$.

Aber als Nebenbedingung fungiert zunächst nicht (1), sondern
(1'). Aus (1'), (2) und (3) ergibt sich als Partiallösung für
die Unternehmung ein optimaler Wert für Arbeitseinsatz, Arbeits
bedingungen und Lohnsatz, jeweils in Abhängigkeit von dem durch
die Konkurrenz vorgegebenen Nutzenniveau:

$$N (\bar{U}), B (\bar{U}), w (\bar{U}) .$$

$N(\bar{U})$ kann dabei als Arbeitsnachfrage interpretiert werden. B
und w werden so gewählt (natürlich zusammen mit N), daß den Arbeitnehmern das Nutzenbündel $\bar{U}$ gesichert wird, daß sie auch in
anderen Unternehmungen erhalten könnten. Man kann leicht zeigen,
daß unter den üblichen Bedingungen die Arbeitsnachfrage mit
steigendem $\bar{U}$ sinkt.

Das Arbeitsangebot wird durch die Nutzenmaximierung der Haushalte bestimmt, das heißt, diese wählen bei den vorgegebenen Arbeitsbedingungen und dem herrschenden Lohnsatz den Arbeitseinsatz so, daß der Nutzen möglichst groß wird:

$$U (X, NB) = max!$$

$$N.B. \quad X = wN .$$

Daraus ergibt sich die Marginalbedingung

(4) $\qquad w/B = - U_2 / U_1 = GRS$.

Es wird also jene Kombination von X und NB gewählt, bei der die
Grenzrate der Substitution dem Verhältnis w/B entspricht. (4)
kann als eine Arbeitsangebotsfunktion interpretiert werden, ge-

mäß welcher das Angebot an Arbeit von der Höhe des Lohnsatzes und
den Arbeitsbedingungen abhängt:

$$N (w, B) .$$

w und B hängen gemäß dem Gewinnmaximierungskalkül der Unternehmung
von $\bar{U}$ ab, infolgedessen auch das Arbeitsangebot. Die Arbeitsnachfrage hängt ebenfalls von $\bar{U}$ ab. Gleichgewicht auf dem Arbeitsmarkt
herrscht bei dem $\bar{U}$, bei dem Arbeitsangebot und -nachfrage übereinstimmen. Dieses gleichgewichtige Nutzenniveau $\bar{U}=U^g$ ist aber identisch mit dem Nutzenniveau U^s, das sich in einer selbstverwalteten Ökonomie ergibt. Aus (4) und (2) folgt nämlich

$$Y = f (B) \quad N = wN ,$$

also X=Y, so daß man de facto wieder die Gleichung (1) hat, die
dann zusammen mit (2) und (3) genau die Lösung der selbstverwalteten Ökonomie liefert.
Natürlich liegt das an der Bedingung der vollkommenen Konkurrenz,
bei der die Gewinne verschwinden. Genau das besagt ja die eben
abgeleitete Beziehung, denn für Y=wN ist π=Y-wN=0.
Man kann sich dieses Ergebnis mit der Figur 9 klarmachen, die
genauso angelegt ist wie Figur 8.

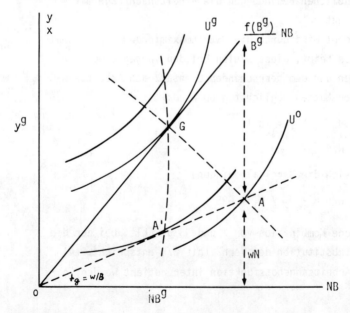

Figur: 9

Zunächst entscheiden sich die Unternehmungen, wie in einer selbstverwalteten Ökonomie, durch geeignete Wahl der Arbeitsbedingungen
für die produktive Technik, also für die Produktionsfunktion
f(B)N, die im Diagramm am steilsten verläuft. Das entsprechende
B ergibt sich wieder aus (2) und (3) durch $f(B)/B=f'(B)$. Die Arbeitsnachfrage wird nun entsprechend Gleichung (2) so gewählt,
daß bei der vom Markt vorgegebenen Indifferenzkurve U die Grenzrate der Substitution gerade f(B)/B, also der Steigung der Produktionsfunktion in Figur 9 entspricht. Für alternative U ergibt sich daraus die gestrichelte Nachfragekurve AG. Ihr steht
eine Angebotskurve A'G der Haushalte gegenüber. Diese wird durch
die Punkte gebildet, bei denen die Budgetgerade $X=wN=\frac{w}{B} NB$ mit der
Steigung w/B gerade eine Indifferenzkurve berührt, so daß Gleichung (4) erfüllt ist.
Der Schnittpunkt der Kurven des Arbeitsangebots und der Arbeitsnachfrage liegt genau dort, wo eine Indifferenzkurve die Produktionsfunktion tangiert, wo also der maximale Nutzen erreicht ist.
Das ist derselbe Punkt, der sich auch in der selbstverwalteten
Ökonomie ergibt, das heißt, es ist $Y^g=Y^s$, $N^g=N^s$ und $B^g=B^s$. Das
ganze Produkt geht an die Arbeitnehmer. Damit ist auch $U^g=U^s$.
Das bedeutet, daß die Unternehmungen im Gleichgewicht als Nebenbedingung ihre Gewinnmaximierung $\bar{U}=U^g=U^s$ zu berücksichtigen haben, also genau jenen Nutzen, den sich die Arbeitnehmer in einer selbstverwalteten Ökonomie durch ihre eigene Planung zu sichern suchen.
Dieses Ergebnis kann durch eine Ungleichgewichtsbetrachtung zusätzlich beleuchtet werden. Nehmen wir an, die Unternehmungen
gingen zunächst einmal von einem "Konkurrenz-Nutzen" $\bar{U}=U^o<U^g$
aus (vgl. Figur 9). Dann würden sie den Arbeitseinsatz so planen, daß sich der Punkt A ergibt. Zu diesem gehört ein Lohnsatz, bei dem die Einkommensgerade der Arbeiter OA ist. Natürlich würden sich unter diesen Umständen Gewinne ergeben, denn
der Wert der Produktion ist, wie man an der Figur sieht, höher

als die Lohnsumme. Aber A ist kein Gleichgewichtspunkt der Haushalte. Diese wählen vielmehr bei der genannten Einkommensgeraden den Punkt A'. Somit ist das Arbeitsangebot niedriger als die Arbeitsnachfrage und das "Entlohnungsbündel" $\bar{U}$ muß steigen - solange bis es seinen Gleichgewichtswert $U^g = U^s$ erreicht hat. Das Ergebnis ist leicht zu interpretieren. Solange die gewinnmaximierenden Unternehmungen nicht jene Kombination von Arbeitsbedingungen und Arbeitseinkommen wählen, für die sich die Arbeitnehmer selbstverwalteter Unternehmungen entscheiden würden, enthält die Ökonomie mit gewinnmaximierenden Unternehmungen Gewinnchancen, die den Unternehmungen offenstehen, die sich zusätzliche Arbeitskräfte beschaffen können. Hieraus ergibt sich jedoch eine Konkurrenz um Arbeitskräfte, die den Nutzen der Arbeitnehmer nach oben treibt und dadurch Gewinne zum Verschwinden bringt, so wie man das im üblichen Konkurrenzgleichgewicht kennt. Die explizite Berücksichtigung von Arbeitsbedingungen führt nur zu einem komplexen Begriff der "Konkurrenz-Entlohnung", ändert aber an der Durchsetzung der individuellen Bedürfnisse durch die Gewinnmaximierung nichts.

3. Kapital und Produktion

Bisher wurde unterstellt, daß alle Einkommen den Arbeitnehmern zufließen. Das liegt aber nur daran, daß die Rolle des Kapitals in der Produktion vernachlässigt worden ist. Dadurch konnten Zinsen als arbeitslose Einkommen nicht erfaßt werden. Dieser Mangel läßt sich aber beheben, wenn man ein Modell mit Kapital und Zinsen betrachtet und in diesem die Bestimmung der Arbeitsbedingungen untersucht. Um wegen der Handlichkeit des Modells die Zahl der Variablen nicht zu vergrößern, wird nun die Zahl der Beschäftigten (beziehungsweise die insgesamt eingesetzte Arbeitszeit) als konstant vorausgesetzt.

Die Nutzenfunktion eines repräsentativen Haushalts sei u (w,B).

w ist das Einkommen eines Arbeitnehmers, B sind die Arbeitsbe-
dinungen. Der Nutzen nimmt mit steigendem Einkommen zu ($u_1 > 0$)
und steigendem B ab ($u_2 < 0$). Im übrigen hat die Nutzenfunktion
die erforderlichen Konkavitätseigenschaften. Insbesondere wird
im folgenden unterstellt, daß die Grenzrate der Substitution von
Arbeitsbedingungen durch Einkommen $dw/dB = -u_2/u_1$, bei vorgegebe-
nem B mit steigendem w zunimmt, das heißt, daß eine Verschie-
bung der Arbeitsbedingungen in der subjektiven Einschätzung des
Haushalts umso teurer wird, je höher sein Einkommen ist.
Die Produktionsfunktion sei $y = f(k,B)$. Hier ist y die Produktion
pro Kopf, das heißt, pro Arbeitnehmer. k ist der Kapitalstock,
der pro Kopf eingesetzt wird, die sogenannte Kapitalintensität.
Sowohl mit steigendem k als auch mit steigendem B nimmt y zu
($f_1 > 0$, $f_2 > 0$). Im übrigen ist die Produktionsfunktion entsprechend der Maximierungsbedingungen konkav.
Wiederum sind die Eigenschaften von Nutzen- und Produktionsfunk-
tion so spezifiziert, daß eine Verbesserung der Arbeitsbedingun-
gen ambivalent wirkt. Einerseits erhöht sie den Nutzen, weil die
Arbeitnehmer natürlich bessere Arbeitsbedingungen höher einschät-
zen. Andererseits senkt sie die Produktivität und erhöht damit
möglicherweise den über das Pro-Kopf-Einkommen erwachsenden Nutzen.
In der Ökonomie mit selbstverwalteten Unternehmungen wird der
Nutzen der Arbeiter wieder direkt maximiert, und zwar unter der
Nebenbedingung, daß das Einkommen der Arbeitnehmer der Teil des
Produktionswertes ist, der nach Abzug der erforderlichen Zins-
zahlungen übrigbleibt:

(5) $u(w, B) = \max!$
        N.B. $w = y - rk = f(k, B) - rk$.

r ist der Zinssatz, der auf dem Markt für Kapital zu zahlen ist.
Natürlich könnte das Zinseinkommen auch ganz oder teilweise den
Arbeitnehmern selbst zufließen. Es würde dann in der Nutzenfunk-

tion zu w hinzukommen. Aber im Maximierungsvorgang darf es nicht
in dieser Weise simultan erfaßt werden, weil die Zinsen auch in
der selbstverwalteten Unternehmung einer Marktwirtschaft Kosten
bedeuten, die sich die Beschäftigten in ihrem Kalkül nicht uno
actu wieder gutschreiben, so als wären sie gar nicht entstanden.
Am besten stellt man sich vor, daß die Zinsen eigenen Konten zufließen. Die Zinsbezieher haben dann kein besonderes Nutzenmaximierungskalkül. Sie stellen das Kapital über den Markt zur Verfügung und erhalten dafür die Zinsen.

Als Marginalbedingungen für die Nutzenmaximierung erhält man:

$$(6) \qquad y_1 = r$$

$$(7) \qquad y_2 = - u_2 / u_1 = GRS \ .$$

Die erste Bedingung besagt, daß die Arbeitnehmer den Kapitaleinsatz pro Kopf wählen, bei dem die Grenzproduktivität des Kapitals dem Zinssatz entspricht, also das übliche neoklassische Ergebnis. Interessant ist die zweite Bedingung, welche das Kriterium für die Wahl der Arbeitsbedingungen nennt. Die Produktions-
erhöhung, die bei einer marginalen Verschlechterung der Arbeitsbedingungen möglich wird, muß durch eine entsprechende Einkom-
menssteigerung so kompensiert werden können, daß der Nutzen
gleichbleibt.
Figur 10 illustriert das Ergebnis.

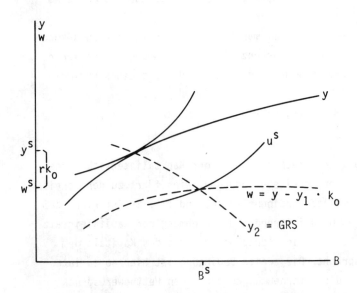

Figur: <u>10</u>

Es enthält zunächst Indifferenzkurven zwischen Einkommen und Arbeitsbedingungen. Ferner ist die Produktionsfunktion unter der
Annahme eingetragen, daß der Kapitalstock pro Kopf in der Wirtschaft gegeben ist:

(8) $K = k_o$

Das Einkommen der Arbeitnehmer ergibt sich durch Abzug der Zinsen von der Produktion. Natürlich ist es, wie die gestrichelte
w-Kurve zeigt, von der Wahl der Arbeitsbedingungen abhängig.
Die Arbeitnehmer wählen die Kombination von Einkommen und Arbeitsbedingungen so, daß die Grenzrate der Substitution zwischen
beiden der Steigung der Produktionsfunktion beim entsprechenden
B gleich ist. Das ist auf allen Punkten der y_2-Kurve der Fall.
Aber natürlich sind nur Einkommen auf der w-Kurve realisierbar.
Deshalb liegt das Optimum im Schnittpunkt der beiden Kurven.
u^s gibt den Nutzen an, der dort erreicht wird. Die Differenz

zwischen dem Wert der Produktion und dem Arbeitseinkommen sind
die Zinsen.

Zum gleichen Ergebnis kommt man bei der Gewinnmaximierungsökono-
mie mit vollkommener Konkurrenz. Die Unternehmungen maximieren
ihre Gewinne π=y-rk-w unter der Nebenbedingung eines Konkur-
renz-Nutzens:

$$\pi = y\,(k,\,B) - rk - w = \max!$$

$$\text{N.B.} \quad u\,(w,\,B) = \bar{u}\,.$$

Sie wählen dazu entsprechende Werte der Kapitalintensität, des
Lohnsatzes und der Arbeitsbedingungen. Dies führt zu den bereits
bekannten Optimalitätsbedingungen (6) und (7). Es ist klar, daß
auch in der gewinnmaximierenden Unternehmung der Kapitaleinsatz
optimal ist, bei dem die Grenzproduktivität des Kapitals dem
Zinssatz entspricht. Die zweite Bedingung ist hier so zu interpretieren, daß die Unternehmungen durch den Wettbewerbsdruck
jede Verschlechterung der Arbeitsbedingungen entsprechend der
Grenzrate der Substitution der Arbeitnehmer durch Lohnerhöhun-
gen kompensieren müssen, wenn sie die erwünschten Arbeitskräfte halten wollen.

Schließlich verschwindet bei vollkommener Konkurrenz im Gleichgewicht der Gewinn (es bleibt die Verzinsung des Kapitals), so
daß π=y-rk-w=0 bzw. w=y-rk gilt. Dies ist aber gerade die Gleichung (5) der Selbstverwaltungsökonomie. Da (8) ohnedies bestehen bleibt, erhält man dieselbe Lösung (5) bis (8) wie vorher.
Anhand der Figur kann man sich klar machen, daß jedes Zurück-
drängen der Arbeitnehmer auf ein niedrigeres Nutzenniveau durch
Verschlechterung der Arbeitsbedingungen (Erhöhung von B) Raum
für Gewinne schafft, auch wenn die Entlohnung der Nutzenrestrik-
tion folgt, also die Grenzrate der Substitution der Arbeitnehmer entlang der Kurve y_2 berücksichtigt. Aber diese Gewinne sind
gerade der Anlaß für einen verstärkten Konkurrenzdruck, über den
steigende Nutzenniveaus bis zum Gleichgewicht durchgesetzt werden, bei dem die Gewinne wieder verschwunden sind.

Dieses vorläufige Ergebnis der Analyse des neoklassischen Modells
kann klar machen, unter welchen Bedingungen die Souveränität des
Individuums in Konsum und Produktion gegeben ist. [41] Nur so weiß
man wirklich genau, was es bedeutet, wenn die Souveränität des Individuums in der Unternehmensorganisation gefordert wird und entsprechende Gestaltungsmaßnahmen ergriffen werden. Trotzdem schildert das Ergebnis einen Idealfall, dem bei einer genaueren Analyse
realer Ökonomie aus systematischen Gründen keine unmittelbare Bedeutung zukommt, weil dort das allgemeine Gleichgewicht eben kein
Konkurrenzgleichgewicht ist - gleichgültig auf welcher Institution,
einer selbstverwalteten oder einer gewinnmaximierenden Unternehmung es gegründet ist. Es stellt sich dort vielmehr stets ein Monopolgleichgewicht ein und entsprechend werden sich die ökonomischen Determinanten der Unternehmensordnung unterscheiden.

IX. Das Monopolmodell

1. Hierarchie

Ein Ergebnis der theoretischen Analyse des Monopolgleichgewichts
war, daß es durch die Konkurrenz gesichert wird. Das ist aber
nur ein Teil der Antwort. Das Monopolgleichgewicht wird nicht
nur extern durch die Konkurrenz gesichert, sondern es muß auch
intern in der Unternehmung durchgesetzt werden. Abgesehen von
den sozialen Kosten konzentrieren sich nämlich dort die Bela-
stumgen des Akkumulationsprozesses. Dort fällt der Gewinn konkret als Einkommen an, das nicht an die Arbeitnehmer geht. Dort
wird die Arbeitskraft entsprechend den Bedingungen der Akkumulation eingesetzt. Dort sind vor allem die Arbeitsverhältnisse
auf diese Bedingungen ausgerichtet. Dort werden insgesamt Nut-
zenrestriktionen durchgesetzt. Dieser Nutzenentzug muß gegenüber den Arbeitnehmern durchgesetzt werden. Darin liegt der ent-

scheidende <u>unternehmensinterne</u> Unterschied zum Konkurrenzgleichgewicht. Dieses beschreibt eine Lösung, von der man annehmen
kann, daß sie auch in Selbstverwaltung entstehen würde, die also die Arbeitnehmer selbst so beschließen würden und der sie deshalb zustimmen können. Das Konkurrenzgleichgewicht baut <u>grund-
sätzlich</u> auf der gleichen Durchsetzungschance in Konsum und Produktion auf.Beim Monopolgleichgewicht ist das nicht der Fall.
Hier herrscht in der Tat Ungleichheit, und die Bedürfnisse der
Individuen sind nicht souverän. In jedem Fall existiert ein gesellschaftlicher Konflikt, der im Konkurrenzgleichgewicht nicht
auftritt. Selbst wenn im Konkurrenzgleichgewicht die Arbeitnehmer mit dem Ergebnis nicht einverstanden wären, könnte dies nur
aus ihrer mangelnden Einsicht erklärt werden; denn es steht ja
objektiv fest, daß sich aus den Unternehmungen nicht mehr her-
ausholen läßt. Es gibt keinen Gewinn und somit keinen Spielraum
zur Erhöhung der Einkommen, Senkung der Arbeitszeit oder Verbesserung der Arbeitsbedingungen. Im Monopolgleichgewicht dagegen
ist dieser Spielraum vorhanden, denn es gibt einen positiven
Monopolgewinn. Aber er steht nicht zur Verfügung, weil er für
die Finanzierung von Investitionen erforderlich ist. Diese vom
Ziel der Gewinnmaximierung und der Konkurrenz diktierte Notwendigkeit muß gegenüber den Arbeitnehmern durchgesetzt werden.

Die ökonomische Theorie hat mit diesem Phänomen immer ihre eigenen Probleme gehabt. Ihre Lösung bestand und besteht auch heute
noch häufig darin, es nicht zur Kenntnis zu nehmen und seine
Analyse anderen Theorien zu überantworten. Vom Konkurrenzgleichgewicht her gesehen, dürften Hierarchie und die autoritäre Ziel-
durchsetzung eigentlich systematisch zunächst gar nicht auftauchen, weil dieser Zustand allein durch die freiwilligen und un-
gezwungenen Entscheidungen der Individuen zustande kommt. Jene
relativ wenigen ökonomischen Theoretiker, die die Diskrepanz
zwischen diesem Ideal und der Wirklichkeit nicht mit der Unzu-
länglichkeit empirischer Beobachtung abtun oder als nicht-öko-

nomisches Problem den Sozialwissenschaften zuweisen wollen, haben drei Lösungen erwogen: Erstens Unsicherheit, zweitens öffentliches Gut und drittens Monopol.

Der erste Lösungsversuch geht auf Knight und Coase zurück.[42]
Er besagt, daß der Unternehmer den Arbeitnehmern feste Löhne garantiert, dies aber nur kann, wenn er die Möglichkeit hat, nach
eigenem Ermessen zu entscheiden und diese Entscheidungen durchzusetzen. Der Unternehmer hat also ein Weisungsrecht, das aber
durchaus von den Arbeitnehmern delegiert ist. Der Arbeitnehmer
hat dieses Recht im Vertrag zum vertragsgemäßen Gebrauch abgetreten, um sich als Gegenleistung ein festes Einkommen zu sichern. Insofern "unterwirft" er sich den Weisungen des Unternehmers freiwillig, im Sinne einer gewollten Arbeitsteilung. So
problematisch dies noch für die Freiheit des Arbeitnehmers sein
kann, wenn sich die jeweiligen Positionen verfestigen, so wenig
ist doch damit offensichtlich das Verhältnis zwischen Unternehmer und Arbeitnehmer betroffen, um dessen Analyse es hier geht.

Das trifft auch auf die zweite Lösungsmöglichkeit zu, die durch
den Aufsatz von Alchian und Demsetz bekannt geworden ist.[43]
Diese betrachten bekanntlich die Organisation der Arbeitsbedingungen in der Unternehmung als öffentliches Gut. Wie bei jedem
öffentlichen Gut kann ein "Gefangenen-Dilemma" auftreten, bei
dem die Arbeitnehmer in Versuchung geraten, im individuellen
Eigeninteresse unbemerkt weniger zu arbeiten als die anderen.
Durch ein solches Verhalten werden jedoch im Ergebnis alle ge-
schädigt. Nach Alchian und Demsetz liegt es deshalb im Interesse der Arbeitnehmer, sich einen "Unternehmer" zu engagieren,
dem sie Unternehmensführung, Planung und Kontrolle überlassen.
Ganz unabhängig davon, was man von dieser Lösung denken mag,
schildert auch sie einen Fall, in dem das Weisungsrecht dem
Unternehmer von den Arbeitnehmern freiwillig quasi-vertraglich
zum vertragsgemäßen Gebrauch abgetreten wird. Anstelle eines

systematischen Konflikts kann hier nur von einer allgemeinen
Übereinkunft gesprochen werden.

So bleibt in der Tat als Begründung für den Konfliktfall nur
das Monopol. Da dieses als systematischer Gleichgewichtsfall
mindestens in der neoklassischen ökonomischen Theorie ausgeschlossen ist, kann es nicht wunder-nehmen, wenn auch das damit verbundene Weisungsverhältnis in der gewinnmaximierenden
Unternehmung als Machtbeziehung gar nicht auftaucht, sondern
entweder gar nicht thematisiert oder nur als freiwillige vertragliche Vereinbarung interpretiert wird. Die Analyse des Monopolgleichgewichts hatte dagegen zum Ergebnis, daß die Ursache dieses Machtverhältnisses in der Struktur des Produktionsprozesses selbst zu suchen ist und nicht in eigentumsrechtli-
chen Beziehungen zwischen autonomen Personen. Die moderne ökonomische Theorie der Unternehmung von Knight über Coase bis
zu Alchian und Demsetz thematisiert zwar relevante Aspekte
des Weisungsverhältnisses, aber sie unterschlägt den wichtigsten Punkt: Nämlich, daß die ungleiche Verteilung der Hand-
lungsbefugnisse in der Unternehmung Ausfluß einer Machtposi-
tion ist, die aus der Gewinnmaximierungs-Ökonomie selbst, also
aus gesellschaftlichen Institutionen folgt. In der Unterneh-
menshierarchie erfährt diese Verteilung ihre optimale Form. [44)]

2. Verteilung und Technik

Die meisten Individuen, die nicht oder nur marginal in Form von
Kapitalbeteiligungen an der Unternehmung beteiligt sind, maximieren zwar ihren Nutzen unter den für sich durch den autonomen
Investitionsprozeß gegebenen Umständen, aber die Umstände sind
nicht aus ihren Bedürfnissen entstanden, wie dies in der neoklassischen Theorie unterstellt wird. Diesem Resultat kann man
aus der Sicht der Neoklassik nur insofern einen positiven Aspekt
abgewinnen, als die Mehrzahl der Individuen durchaus mit den Re-
sultaten der Akkumulation einverstanden ist. Die gewinnmaximie-

rende Unternehmung ist genau die Institution, die (wie schon bei
Adam Smith) im wohlverstandenen Interesse einer (unselbständi-
gen) Allgemeinheit handelt. Weil diese Lösung jedoch mit den liberalen Prinzipien in Widerspruch gerät, kann die Verteidigung
vom liberalen Standpunkt aus nur so aussehen, daß die gewinnmaximierende Unternehmung als die Institution betrachtet wird, die
die Individuen deshalb wollen, weil sie den Akkumulationsprozeß
bewirkt. Sie würden gewissermaßen, wenn es die Unternehmung nicht
gäbe, in Höhe der Monopolgewinne selbst sparen, um den Prozeß in
Gang zu setzen und aufrecht zu erhalten. Die Unternehmung ist in
dieser Hinsicht ein Substitut für die neoklassischen Sparentscheidungen der Haushalte.

Diese Behauptung läßt sich schon deshalb nur schwer begründen,
weil die Substitution von institutionellen und individuellen Ersparnissen sich nicht belegen läßt. Das Problem liegt aber ganz
einfach darin, daß der Akkumulationsprozeß nicht nur Erträge,
sondern auch Kosten verursacht. Vom Konsumenten her gesehen
steigt durch den Wachstumsprozeß sein Einkommen, wodurch sein
Nutzen im Prinzip nur zunehmen kann. Aber natürlich verlieren sie
die Ressourcen, die laufend für das Wachstum abgezweigt werden
für den laufenden Konsum. Sie könnten also entweder in der laufenden Periode mehr materielle Güter beziehen oder ihre Arbeitskraft und -intensität reduzieren. Genauer zeigt sich dieses
Problem aber in der Unternehmung. Dort sind die Kosten der Akkumulation konzentriert: Die dort erwirtschafteten Einkommen werden
nicht voll ausbezahlt, sondern in der Unternehmung zurückbehal-
ten; dort sind die technischen Arbeitsbedingungen auf die Akkumulation ausgerichtet. Als Konsumenten kommen den Individuen zwar
die Erträge zu, aber als Produzenten müssen sie dies erst einmal
ermöglichen. Weil der Zusammenhang nicht durch die Nutzenkalkulation
der Individuen selbst hergestellt wird, muß die Akkumulation in gewisser Weise in der Unternehmung durchgesetzt werden - eben durch
eine entsprechende Einkommensverteilung und eine adäquate Technik

mit den dazu gehörenden Arbeitsbedingungen.

Einkommensverteilung und Technikwahl im Monopolgleichgewicht lassen sich durch einen Vergleich mit dem Gleichgewicht bei vollkommener Konkurrenz näher bestimmen. [45)]

Das dargestellte Gleichgewichtsmodell der vollkommenen Konkurrenz,
in dem Kapitalmarkt und Zinssatz noch vernachlässigt sind, ging
von einer Produktionsfunktion Y=F(N,B) und einer Nutzenfunktion
U(wN,NB) aus, wobei N der Arbeitseinsatz, B die Arbeitsbedingungen und wN das Lohneinkommen sind. Eine Erhöhung von B erhöht ceteris paribus die Produktion, senkt aber ceteris paribus den Nutzen.

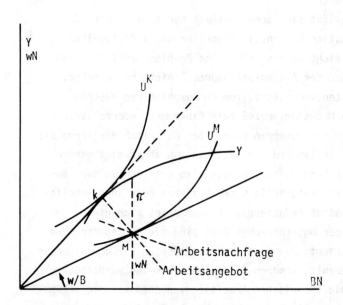

Figur: 11

Die Unternehmungen wählen bei einem von der Konkurrenz vorgegebenen Ū den Arbeitseinsatz N, die Arbeitsbedingungen B und den Lohnsatz w, so daß der Gewinn maximiert wird:

$$\pi = F \ (N,B) - wN = max!$$

$$N.B. \quad U \ (wN, \ NB) = \bar{U} \ .$$

Die Haushalte wählen ihr Arbeitsangebot so, daß bei gegebenem
Lohnsatz und gegebenen Arbeitsbedingungen ihr Nutzen möglichst
groß wird:

$$U \ (wN, \ NB) = max!$$

Aus diesen Maximierungskalkülen ergeben sich die Marginalbedingungen des Konkurrenzmodells (2) bis (4). Diese lassen sich am
besten in einem wN-NB-Diagramm diskutieren, das die Indifferenzkurven der Haushalte enthält. Aus den Marginalbedingungen
der Unternehmung ergibt sich die Arbeitsnachfrage im Diagramm
für jedes NB dort, wo die Steigung einer Indifferenzkurve (Grenzrate der Substitution) gleich ist der zugehörigen Steigung der
Produktionskurve. Aus den Marginalbedingungen der Haushalte ergibt sich das Arbeitsangebot dort, wo die Steigung einer Indifferenzkurve gleich ist der Steigung w/B. Diese Marginalbedingungen sind im Monopolfall genau gleich. Aber die Produktionskurve verläuft anders. Man muß sich vorstellen, daß die technisch mögliche Konstanz der Skalenerträge nur dadurch faktisch
verwirklicht wird, daß hinreichend viele Unternehmungen auf
dem Markt sind. Bei vollkommener Konkurrenz ist das der Fall.Die
Zahl der Unternehmungen ist so groß, daß das Produkt völlig durch

die Faktorzahlungen ausgeschöpft wird und kein Gewinn mehr existiert. Im Monopolfall kann das natürlich nicht zutreffen. Die Zahl der Unternehmungen muß so begrenzt bleiben, daß der erforderliche Gewinn gesichert ist. Dies wird dadurch gewährleistet, daß weitere Unternehmungen diesen Gewinn nicht mehr erzielen können. Durch die beschränkte Zahl an Unternehmungen ergeben sich insgesamt im relevanten Bereich abnehmende Erträge, so daß die Produktionskurve gekrümmt verläuft. Dadurch liegt, wie sich aus den gleichen Marginalbedingungen ergibt, die Arbeitsnachfragekurve weiter links als im Konkurrenzmodell, das heißt, im Monopolfall wird ceteris paribus weniger Arbeit nachgefragt. Die Arbeitsangebotskurve bleibt dagegen unverändert. Infolgedessen ist die Entlohnung der Arbeit im Monopolgleichgewicht niedriger als im Konkurrenzgleichgewicht. Dadurch entsteht der Monopolgewinn. Ob der Arbeitseinsatz und damit die Produktion im einen oder anderen Fall höher ist, hängt vom Arbeitsangebot ab. Im normalen neoklassischen Fall wird dieses mit sinkendem Lohnsatz abnehmen. Arbeitseinsatz und Produktion werden im Monopolgleichgewicht also niedriger sein als bei vollkommener Konkurrenz. Aber man kann sich auch den umgekehrten Fall vorstellen, indem die Arbeiter (wie in der Figur unterstellt) Lohnsenkungen durch erhöhten Arbeitseinsatz ausgleichen wollen. Damit könnte das Monopol gerade durch die niedrigeren Löhne die Produktion steigern und damit höhere Gewinne machen. Wie man den Marktbedingungen entnehmen kann, ist der Lohnsatz nach wie vor gleich der Grenzproduktivität der Arbeit ($w=F_N$); aber er ist beim Monopol natürlich niedriger als die Produktion pro Kopf, denn gerade die Differenz macht den Monopolgewinn aus (vgl. Figur 11).

Bezogen auf die Technikwahl kann man zunächst feststellen, daß die gleiche Gesamthöhe der Produktion bei der optimalen Unternehmungszahl des Monopols im relevanten Bereich höheren Arbeitseinsatz erfordert. (Ein höheres B senkt den Nutzen der Arbeiter.) Bei einer steigenden Arbeitsangebotskurve sind Y und NB

im Monopolgleichgewicht niedriger als im Konkurrenzgleichgewicht. Das ändert natürlich nichts daran, daß der Nutzen für
die Arbeiter niedriger liegt, weil einfach ihr Einkommen entsprechend stark gesunken ist. Aber sie beantworten in diesem
Fall den niedrigeren Lohn mit einem gesunkenen Arbeitsangebot.
Die Unternehmung kann deshalb bei dem geringeren Lohn ihren
Arbeitskräftebedarf nur durch eine entsprechende Verbesserung
der Arbeitsbedingungen decken. Aber natürlich darf dadurch der
erforderliche Monopolgewinn nicht gefährdet sein, und deshalb
tragen die Arbeitnehmer auf alle Fälle die Kosten durch ein
niedrigeres Nutzenniveau.

3. Kapital und Kapitalverzinsung

Bezogen auf den Einfluß von Kapital und Kapitalverzinsung auf
das Monopolgleichgewicht kann man dasselbe Modell wie oben verwenden. [46)]
Der Pro-Kopf-Nutzen des Arbeiters ist (w,B) mit w als Arbeitseinkommen und B als Arbeitsbedingungen, sowie $u_1 > 0$ und $u_2 < 0$.
Die Produktion pro Arbeiter ist $y=f(k,B)$, wobei k die Kapitalintensität in der Produktion, also den Kapitaleinsatz pro Arbeiter bezeichnet und sowohl y_1 als auch y_2 positiv ist. Bei dieser
Betrachtung der Pro-Kopf-Variablen wird der Arbeitseinsatz insgesamt als konstant vorausgesetzt, um das Modell so einfach wie
möglich zu halten. (Die Reaktion des Arbeitsangebots auf Entlohnung und technische Arbeitsbedingung ist nicht berücksichtigt.)
Wie im Konkurrenzmodell ist das Ziel der Unternehmung Maximierung des Gewinns unter der Nebenbedingung eines von der Konkurrenz auf dem Markt vorgegebenen Nutzenniveaus:

$$\pi = y\,(k,B) - rk - w = max\ !$$

$$N.B.\quad u\,(w,B) = \bar{u}\ .$$

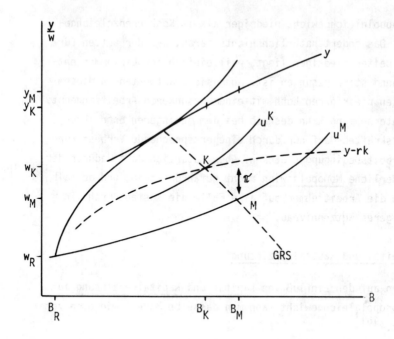

Figur: <u>12</u>

Die Marginalbedingungen sind deshalb dieselben wie im Konkurrenzmodell.

Die Unternehmungen wählen auf der vom Markt bestimmten Indifferenzkurve $\bar{u}$ jenen Punkt, bei dem die Steigerung der Indifferenzkurve (Grenzrate der Substitution) der Steigerung der Produktionskurve (Grenzrate der Transformation) entspricht. Natürlich hängt die Lohnhöhe von der Höhe von $\bar{u}$ ab. Hier ergibt sich nun der entscheidende Unterschied zwischen Monopol- und Konkurrenzgleichgewicht. Denn die Tatsache, daß die Monopolunternehmung einen Monopolgewinn durchsetzen kann, ist gleichbedeutend damit, daß sie die Arbeiter auf ein niedrigeres Nutzenniveau abdrängt. Während also im Konkurrenzgleichgewicht K die Gleichheit der Grenzraten beim Nutzenniveau u^K erreicht wird, ist dies beim Monopolgleichgewicht erst bei einem niedrigeren Nutzenniveau u^M

der Fall, dessen Höhe davon abhängt, welche Gewinne im Wachstumsprozeß nicht mehr wegkonkurriert werden. Aus der Figur 12 ist zu
entnehmen, daß sich die Abnahme des Nutzens sowohl niedrigeren
Löhnen als auch schlechteren technischen Arbeitsbedingungen verdankt. Bei vorgegebener gleicher Kapitalintensität ermöglichen
diese veränderten Arbeitsbedingungen andererseits eine höhere
Produktion. Aus dieser gesteigerten Produktion einerseits und
aus den niedrigeren Löhnen andererseits fließt schließlich der
Gewinn. Daneben werden aus dem Produkt die Zinsen auf das eingesetzte Kapital bezahlt, und zwar mit einem Zinssatz, der im
Gleichgewicht der Grenzproduktivität des Kapitals entspricht.
Normalerweise wird letztere mit steigendem B zunehmen, so daß
die Zinszahlungen im Monopolgleichgewicht höher sind als im Konkurrenzgleichgewicht.
Der entscheidende Unterschied zwischen den beiden Gleichgewich-
ten besteht natürlich von vorneherein darin, daß das Monopolgleichgewicht positive Gewinne enthält. Die statischen Konsequenzen dieser Differenz bestehen, kurz gesagt, in einer Verletzung der Bedingungen des Äquivalententausches und der Souveränität individueller Bedürfnisse. Konkret heißt dies, daß Einkommen und Nutzenniveau niedriger sind als im entsprechenden Konkurrenzgleichgewicht. Zwar mag die Produktion durch das Monopol
gesteigert werden, aber dann sind sowohl die Arbeitsaufwendun-
gen höher als auch die Arbeitsbedingungen schlechter, als sie
im Konkurrenzgleichgewicht wären. In jedem Fall entstehen, im
statischen Vergleich mit dem korrespondierenden Konkurrenzgleichgewicht betrachtet, Nutzenausfälle. So bleibt nur die Möglichkeit zu behaupten, daß Monopolgewinne dem objektiven Interesse der Individuen dienen, auch wenn diese es nicht wahrhaben
wollen. Der Nutzenentzug von heute erhöht über die Akkumulation
den Nutzen von morgen.
Es kann aber bezweifelt werden, ob die Akkumulation den Individuen wirklich auf die Dauer die Kosten des Wachstumsprozesses,
entgangener Nutzen, niedrigere Löhne, höherer Arbeitseinsatz,
schlechtere technische Arbeitsbedingungen entgilt.

4. Allgemeine Kosten des Wachstums

Diese Fragen lassen sich nicht in jeder Hinsicht eindeutig mit
ja beantworten. Figur 13 illustriert die Probleme, die auftreten können.

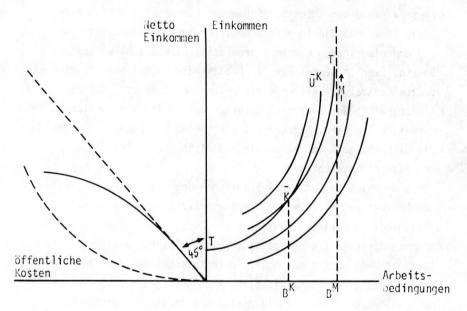

Figur: 13

Es ist nicht auszuschließen, daß die Arbeitsbedingungen des Monopolgleichgewichts auch in der langfristigen Entwicklung stets
schlechter bleiben als sie es im Konkurrenzgleichgewicht wären.
In Figur 13 repräsentiert B^M die Arbeitsbedingungen des Monopolgleichgewichts, B^K jene des Konkurrenzgleichgewichts. T ist die
Kurve des langfristig erzielbaren Einkommens, also ein Trade-off
zwischen Einkommen und Arbeitsbedingungen in der langen Sicht,
bei dem schlechtere Arbeitsbedingungen auch höhere Einkommen ermöglichen. Es ist sogar angenommen, daß das Einkommen bei den Arbeitsbedingungen des Konkurrenzgleichgewichts beschränkt ist,

während jenes des Monopolgleichgewichts unbeschränkt wachsen
kann. Obwohl sich der Punkt des Monopolgleichgewichts ständig
nach oben verlagern kann, ıst es möglich, daß er schließlich
die bei einem stationären Einkommen liegenden langfristigen
Nutzen $\bar{U}^K$ des Konkurrenzgleichgewichts K nicht erreicht. Keine
noch so große Einkommenserhöhung kompensiert die schlechten Arbeitsbedingungen. Natürlich bedeutet das nicht, daß bessere Arbeitsbedingungen vom Monopolgleichgewicht nicht mehr erreichbar
wären. Es zeigt sich nur die Möglichkeit, daß der Weg des Monopolgleichgewichts nicht dorthin führt. Denn während in der Tat
der Akkumulationsprozeß die Grenzen des Wachstums bisher immer
weiter hinauszuschieben vermochte, hat sich eine grundlegende
Veränderung der Arbeitsbedingungen bisher nicht eingestellt. Der
Abbau der Belastungen des Arbeitslebens hat, wie viele Untersuchungen bestätigen, mit der Entwicklung des privaten Reichtums
in keiner Weise Schritt gehalten.

Wenn auch die Arbeitsbedingungen suboptimal sind und damit der
im Konkurrenzgleichgewicht erreichbare größtmögliche Nutzen ver-
sperrt bleibt, schließt doch das laufende Wachstum des Einkommens, wie man der Figur 13 entnehmen kann, eine ständige Zunahme
des Nutzenniveaus ein. Aber selbst dies scheint nicht mehr ohne
weiteres garantiert. Bekanntlich hat sich ziemlich drastisch her-
ausgestellt, daß der Wachstumsprozeß beständig und teilweise zunehmend die Natur und ihre Reichtümer beschädigt und verbraucht.
Wenn man diese allgemeinen Kosten vom Wachstum abzieht, fällt es
natürlich entsprechend geringer aus, und es kann sein, daß es
von einem bestimmten Punkt ab überhaupt nicht mehr steigt. Dies
ist im linken Diagramm der Figur 13 eingetragen. Wenn das Monopolgleichgewicht rechts über B^M nach oben strebt, steigt das
Bruttoeinkommen links entlang der 45°-Linie, aber das Nettoeinkommen nur entlang der ausgezogenen Kurve. Aber die Dynamik des
Wachstums wird durch diese allgemeinen Kosten nicht gebremst,
solange der institutionalisierte Mechanismus von Monopolgewinn
und Akkumulation noch wirksam ist. Solange die Konkurrenz Mono-

polgewinne für Investitionen nicht nur zuläßt, sondern sogar erzwingt, bahnt sich der Akkumulationsprozeß seinen Weg durch alle
Hindernisse - im Sinne des Satzes von Joan Robinson, daß in der
bisherigen Geschichte der kapitalistischen Entwicklung immer die
natürliche Grenze weichen mußte, wenn der Akkumulationsprozeß an
sie stieß, nie dieser selbst. [47)

X. Die Machtstellung des Großunternehmens. Eine ökonomische
Begründung

Im Zentrum des Monopolgleichgewichts steht die Unternehmung. Sie
besitzt aufgrund der institutionellen Voraussetzungen die Macht,
sich gesellschaftliche Ressourcen anzueignen und über diese im
eigenen Interesse zu verfügen. Das Interesse besteht dabei in
der dauerhaften Sicherung dieser "Verfügungsmacht", und diese
ist wiederum mit Akkumulation und Wachstum verbunden. Dieser Prozeß prägt die Bedingungen in der Arbeitswelt und entzieht Ener-
gien für das Wachstum materiellen Wohlstands und materiellen Konsums. Soweit man von diesen Bedingungen abstrahiert, sind die Individuen in ihren Interessen mehr oder weniger autonom. Unter den
erreichbaren Arbeitsbedingungen wählen sie jene, die ihnen am besten zusagen. Bei ihrem Einkommen, das ihnen im Wachstumsprozeß
zufällt, leisten sie sich das für sie und die Befriedigung ihrer
Bedürfnisse optimale Bündel an Konsumgütern. Aus denselben Einkommen tragen sie die allgemeinen Kosten des Wachstumsprozesses.
Aber dieser Freiheitsraum liegt innerhalb geschaffener Verhält-
nisse, wird von diesen begrenzt und mitgetragen. So sind die Individuen bei aller Freiheit den Bedingungen des Monopolgleichgewichts "unterworfen".
Diese Machtstellung des Großunternehmens [48)] ist oft beschrieben,
aber nicht immer sorgfältig begründet worden. Man hat diese Macht
häufig mit den Einflußmöglichkeiten des traditionellen Lehrbuch-
Monopols erklärt, also mit der Macht, Preise festzusetzen, lang-

fristige Produkt- und Absatzplanung zu betreiben und die Konsumenten durch Werbung zu beeinflussen. Vor allem Analytiker und
Kritiker der "corporate economy", wie Galbraith,[49] Marris und
Wood [50] sind hier zu erwähnen, [51] auf der anderen Seite aber
auch Theoretiker des sogenannten "Monopolkapitalismus". Unbe-
streitbar werden hier Machtfaktoren beschrieben, die in den realen kapitalistischen Gesellschaften eine wichtige Rolle spielen. Es gibt natürlich Monopole, die sich durch Preisfixierung
Sondergewinne aneignen können und die durch geschickten Einsatz
der so gewonnenen Mittel ihre Monopolposition zu halten versuchen. Trotzdem kann es sich hierbei, solange es überhaupt Konkurrenz gibt, stets nur um Ungleichgewichtssituationen handeln,
die sich langfristig durch Konkurrenz tendenziell auflösen. Damit soll nicht gesagt werden, daß man solche Machtpositionen ig-
norieren könnte. Sie können sehr stark und einflußreich sein,
und es ist deshalb auf alle Fälle geboten, die über Wettbewerb
ausgelösten Anpassungsprozesse in einen wettbewerbspolitischen
Rahmen zu stellen, der sie beschleunigt und verstärkt. Aber systematisch ist das Machtpotential der Unternehmungen doch nicht
im Ungleichgewicht, sondern im Gleichgewicht verankert. Natürlich gibt es auch eine systematische Beeinflussung der Konsumenten durch absatzpolitische Instrumente. Aber wenn man in dieser
das entscheidende Mittel sieht, den Konsum im Wachstumsprozeß
zu halten, dann entscheiden sich die Konsumenten selbst für
Wachstum. Man kann dann zwar davon sprechen, daß ihre Interessen
im "gesellschaftlichen Dialog" nicht angemessen zur Geltung kommen. Mir scheint aber die Begründung viel tiefer zu gehen, daß
die Werbung - abgesehen von ihrer Funktion für die Konkurrenz
auf der Mikroebene - den Individuen einen Mikroprozeß vermittelt,
der ohnedies abläuft. Die Individuen kaufen Konsumgüter, weil
sie ein entsprechendes Einkommen erzielen, und dies fließt ihnen
aus dem Wachstumsprozeß zu, der aus dem Monopolgleichgewicht
stammt, also durch Monopolgewinn, Investitionen und die dazuge-
hörigen Arbeitsbedingungen abgesichert wird.

Kurzum, die gesellschaftliche Macht der Unternehmung, um die
es hier geht, ist nicht darin begründet, daß die Individuen be-
einflußbar sind, oder daß die Konkurrenz versagt, sondern in
der ökonomischen Institution der Unternehmung selbst. Als Institution übt die Unternehmung Macht aus - auch dann, wenn die
Individuen selbstbewußt und frei entscheiden, und auch dann,
wenn die Konkurrenz stark genug ist, um nur die funktional notwendigen Gewinne zuzulassen. Die Unternehmung hat Macht, wenn
ökonomisch alles im Gleichgewicht ist.

Damit hat sich auch die Legitimationsstruktur gewandelt und es
treten neue Legitimationserfordernisse auf, deren neoklassische
Einlösung im Sinne von Machtfreiheit und Herrschaftsunabhängigkeit aufgrund der Tendenz zum Monopolgleichgewicht, das als systematischer Gleichgewichtsfall, der in der Neoklassik entweder
ausgeschlossen ist oder, bei Schumpeter, nur als vorübergehen-
der dynamischer Faktor und Unterfall des Konkurrenzgleichgewichts vorkommt, verhindert wird.

Das Konkurrenzgleichgewicht läßt sich immer auch als ein gesellschaftliches Gleichgewicht verstehen. Das Monopolgleichgewicht
dagegen hat ein gesellschaftliches Ungleichgewicht zur Voraussetzung. Dieses ökonomisch begründete Legitimationsdefizit ist
der Anlaß, die "verfassungsmäßigen Grundlagen der Unternehmensführung" (Steinmann) erneut zur Diskussion zu stellen. [52]

§ 6 Neoklassische Perspektiven

XI. Die Allgemeine Gleichgewichtstheorie als Paradigma für eine Reform der Unternehmensordnung

1. Ein revidiertes neoklassisches Modell

Die Allgemeine Gleichgewichtstheorie legt dort, wo sie auf reale
Gesellschaften bezogen wird das Urteil fest, daß das allgemeine

Gleichgewicht im Grunde ein Konkurrenzgleichgewicht sei. Dieses
Konkurrenzgleichgewicht impliziert zugleich eine Unternehmensordnung, für die es, vom Ergebnis her betrachtet, unerheblich
ist, auf welchen institutionellen Voraussetzungen sie beruht.
Für eine "Konkurrenzunternehmung" ist es, ökonomisch gesehen,
prinzipiell gleichgültig, ob sie von den Arbeitnehmern selbst
verwaltet wird, oder ob es sich um eine "Eigentümerunternehmung"
handelt. Gewinnmaximierende und selbstverwaltete Unternehmung
sind im Ergebnis äquivalent. Dieses Ergebnis der theoretischen
Analyse bezog sich allerdings auf einen Idealfall. Das reale
Gleichgewicht ist nämlich nicht ein Konkurrenz-, sondern ein Monopolgleichgewicht mit den ausführlich beschriebenen abweichenden Eigenschaften. Zu diesen gehört dann auch eine entsprechende Unternehmensordnung, für die es nicht mehr gleichgültig ist,
auf welchen institutionellen Voraussetzungen sie aufbaut. Die
Differenz zwischen Konkurrenz- und Monopolgleichgewicht zeigt
sich darin, daß das ökonomische Gleichgewicht auf einem gesellschaftlichen Ungleichgewicht ruht und die Unternehmung aufgrund
der institutionellen Voraussetzungen die Macht besitzt, sich gesellschaftliche Ressourcen anzueignen und über diese im eigenen
Interesse zu verfügen und darin, daß dieses Gleichgewicht nicht
nur extern durch Konkurrenz gesichert, sondern auch unternehmensintern durchgesetzt werden muß. Diese aus dem Eigentum resultie-
rende "Verfügungsgewalt" verdankt sich nicht, wie dies in einer
Marktgesellschaft üblich ist, einer spezifischen gesellschaftlichen Legitimation, die über die allgemeine ökonomische Legitimation hinausginge. Eine solche spezifische Legitimation kann aber
auch, neoklassisch betrachtet, gar nicht gefunden werden, weil
ein gesellschaftliches Ungleichgewicht mit den liberalen Prinzipien gesellschaftlich-ökonomischer Freiheit und Gleichheit unver-
einbar ist. [1] Daraus kann man den Schluß ziehen, daß eine Reform der Wirtschafts- und Unternehmensverfassung darauf gerichtet
sein müßte, eben diese Prinzipien und damit ein Konkurrenzgleichgewicht, einschließlich einer frei wählbaren Konkurrenzunterneh-

mung, als reales Gleichgewicht durchzusetzen. Bei diesem Reformansatz, der den theoretischen und normativen Anspruch der Neoklassik ernst nimmt und insofern an der ordoliberalen Leitvor-
stellung (Eucken) anknüpft, fragt sich dann, welche gesellschaftlich-ökonomischen Institutionen verhindern, daß das Monopolgleichgewicht in ein Konkurrenzgleichgewicht übergeht. Denn mit den bestehenden Institutionen produziert die Ökonomie trotz Markt und
Konkurrenz stets nur von neuem ein Monopolgleichgewicht.

1.1. Eigentum und Verfügungsrecht

Hier führt einfach kein Weg an der Einsicht vorbei, daß die entscheidende Institution in dieser Hinsicht das Privateigentum an
den Kapitalgütern ist. Es garantiert im Konkurrenzgleichgewicht
wie im Monopolgleichgewicht sowohl die Funktionalität der ökonomischen Prozesse als auch die Legitimität der entsprechenden Entscheidungen und Strukturen (Braun) [2] Eine sorgfältige Analyse
der Frage, warum dieses Privateigentum ein Konkurrenzgleichgewicht verhindert, zeigt, daß das Privateigentum an Kapitalgütern
mit zwei Verfügungsrechten verbunden ist: Erstens mit der freien
Verfügung über das Kapitalgut selbst; zweitens mit der Verfügung
über seinen Ertrag. Entscheidend für die Sicherung des Monopolgleichgewichts ist das erste Verfügungsrecht. [3] Das Eigenkapital ist die Voraussetzung für die Produktion. Man braucht dieses Eigenkapital, um Fremdkapital zu erhalten. Geplante Investitionen müssen zu einem wesentlichen Teil aus eigenen Mitteln finanziert werden. Der entsprechende Teil kann also auch nicht wegkonkurriert werden. Auf diese Weise ist das Eigenkapital gleichzeitig gezwungen und in der Lage, sich gleichgewichtig - eben
im Monopolgleichgewicht - zu akkumulieren. An diese Funktion des
Eigenkapitals ist das Monopolgleichgewicht gebunden.

Daraus ergibt sich der Schluß, daß Eigentum im Sinne dieses Eigenkapitals institutionell ausgeschlossen sein muß. Es darf niemand Eigentum an Kapitalgütern im Sinne des erstgenannten Verfügungsrechts besitzen. Die Kapitalgüter müssen sich im Gemeineigentum befinden, das heißt, nur die Gesellschaft insgesamt kann über sie verfügen.

Der Ertrag der Kapitalgüter steht weiterhin der jeweiligen Unternehmung zu. Aber in einer freien Marktgesellschaft, die das Konkurrenzgleichgewicht ja voraussetzt, bedeutet das auch, daß die Kapitalgüter den Produktionsunternehmungen zur Verfügung stehen. Sie haben daran allerdings kein Verfügungsrecht in dem ersten Sinne. Man kann sich das so vorstellen, daß die Kapitalgüter gemietet oder gepachtet werden. Das schließt auch einen Mietzins ein, der in seiner Funktion einer Steuer gleichkommt. Im übrigen steht jedoch der Ertrag der Kapitalgüter voll der jeweiligen Unternehmung zu. Diese besitzt zwar nicht das erste, aber doch das zweite der oben genannten Verfügungsrechte. Die Eigentums<u>legitimation</u> ist durch diese Bedingung um eine soziale Komponente ergänzt. <u>Liberale Legitimation</u>sbasis und <u>soziale Legitimationsbasis</u> der Unternehmensordnung werden gewissermaßen zur Deckung gebracht. [4)] Zugleich eröffnet sich so ein Weg, den <u>Prinzipien</u> der <u>Neoklassik</u> in ihrer ökonomischen Form, so wie sie oben durch das <u>Konkurrenzgleichgewicht</u> beschrieben wurden, gesellschaftliche Geltung zu verschaffen.

Man wird einen solchen Reformansatz von vornherein bei nicht reproduzierbaren Produktionsmitteln einleuchtend finden. Diese erlauben ja per se Monopolrenten, und es widerspricht deshalb dem Prinzip der Marktgerechtigkeit, sie ohne gesellschaftliche Bindung im Privateigentum zu belassen. Das Gemeineigentum ist hier die korrekte Lösung. Aber das schließt nicht aus, daß diese Produktionsmittel an private Unternehmungen verpachtet und z.B. über die Pacht die Monopolrenten quasi weggesteuert werden.

Dasselbe Prinzip könnte für die Gesamtheit der Kapitalgüter Anwendung finden, wenn sie zeigen sollte, daß diese bei Privateigentum ebenfalls Monopolrenten erzielen. Es ist aber unerläßlich, diese Bedingung der Verfügung über Kapitalgüter mit freien Produktionsunternehmungen zu verbinden und diesen die Kapitalgüter vertraglich zur Produktion mit dem Recht auf den Ertrag zu überlassen; denn nur unter der Voraussetzung freier Produktionsunternehmungen lassen sich Markt- und Konkurrenzsystem und Konkurrenzgleichgewicht verwirklichen.

Der entscheidende Punkt ist damit nicht die Aufhebung der freien Unternehmung, sondern deren Beibehaltung, aber die Aufhebung der freien Verfügung über Kapitalgüter. Nur in der Form von Gemeineigentum können Kapitalgüter veräußert und erworben werden. Im Prinzip schließt dies ein, daß neue Kapitalgüter, also Investitionen, von den produzierenden Unternehmungen an die Gesellschaft verkauft und von dieser an die investierenden Unternehmungen weiter vermietet werden. Bei praktischen Regelungen genügt es möglicherweise, eine entsprechende Fiktion aufrecht zu erhalten.

1.2. Kapitalbildung und Kapitalfond

Auf jeden Fall muß gesichert sein, daß die Produktionsunternehmungen selbst nicht über Kapitalgüter verfügen und auch kein Eigenkapital bilden können. Alle Kapitalgüter, die sie akkumulieren, sind Gemeineigentum. Es hat deshalb auch keinen ökonomischen Sinn, Kapitalgüter mit eigenen Mitteln zu beschaffen. Sie erwerben damit zwar den Anspruch auf den Ertrag, aber diesen Anspruch haben sie auch, wenn sie die Kapitalgüter ihrem Charakter entsprechend mit Fremdmitteln beziehen. Der Kapitalgeber, von dem die Finanzierungsmittel stammen, steht vor einem ähnlichen veränderten ökonomischen Kalkül. Auch für ihn hat es keinen Sinn, auf teilweise Selbstfinanzierung zu bestehen, weil dadurch keine

Kapitalgüter in die Unternehmung kommen, auf die er gegebenenfalls zurückgreifen könnte; denn alle Kapitalgüter sind Gemeineigentum. So eröffnet sich durch die institutionellen Regelungen der Weg zum Konkurrenzgleichgewicht. Weil sie keine institutionell bedingte notwendige Funktion mehr haben, können alle
Renten, Monopolgewinne, Sondereinkommen wegkonkurriert werden.
Wo immer sie auftauchen, führt die Konkurrenz zu einer höheren
Nachfrage nach Produktionsverfahren und zu einem steigenden Angebot, solange bis die Extraeinkommen verschwunden sind.
Da die Kapitalbildung in den Unternehmungen nicht aus Eigenmit-
teln finanziert wird, ist sie auf dem Kapitalmarkt und die dort
ebenfalls in Form privater Unternehmungen handelnden Institutionen angewiesen. Der Kapitalzufluß stammt hier aus den Ersparnissen der Haushalte. Durch diese werden die Ressourcen für die
Kapitalbildung freigesetzt. Damit wird der Wachstumsprozeß den
Bedürfnissen der Individuen untergeordnet, wie es in der neoklassischen Theorie immer schon beschrieben worden ist. Die individuellen Zeitpräferenzen für Gegenwartskonsum und zukünftige Kon-
sumabsichten kommen zu ihrem Recht. Die ihnen entsprechenden Ersparnisse begründen einen Anspruch auf Marktzins, zu dem sie angelegt werden, und darüberhinaus ein abstraktes Recht auf zukünftige Konsumgüter. Aber sie eröffnen natürlich kein Eigentumsrecht in Hinblick auf Produktionsmittel. Dem Regelfall entsprechend sind mit ihnen Forderungs-, keine Eigentumstitel verbunden.
Gesamtwirtschaftlich betrachtet stellt sich der Unterschied zur
Monopolökonomie so dar: Der Kapitalstock ist Vermögen der Ge-
samtwirtschaft, er steht ferner den Unternehmungen zur Produktion zur Verfügung; die Unternehmungen finanzieren ihn mit Fremdkapital, das von den Haushalten stammt; die in den Haushalten
zusammengefaßten Individuen erlangen über ihr in den Unternehmungen angelegtes Vermögen keine individuellen Eigentumsrechte
am Kapitalstock, sondern besitzen ihn nur kollektiv, insofern

sie zusammen die Gesellschaft ausmachen.

So gering sich dieser Unterschied formal ausnimmt, so entscheidend ist er im ökonomischen Zusammenhang. Denn durch ihn erst wird ein Konkurrenzgleichgewicht möglich. Der Unterschied ist der, daß dieses Gleichgewicht keinem "abstrakten" Konkurrenzgleichgewicht, wie in der Neoklassik, entspricht, dessen reale Herstellung erst gezeigt werden muß. Denn entweder hat man Privateigentum an Kapitalgütern, dann ist das entsprechende Gleichgewicht ein Monopolgleichgewicht; oder man hat Gemeineigentum in dem angegebenen Sinne mit freien privaten Unternehmungen, dann ist das zugehörige Gleichgewicht ein "reales" Konkurrenzgleichgewicht.

Die ökonomische Theorie dieses gesellschaftlichen Gesamtzusammenhangs ist dann die Allgemeine Gleichgewichtstheorie der Neoklassik - deren Geeignetheit für eine Interpretation des Gleichgewichts einer Selbstverwaltungs-Unternehmung weiter oben schon ausführlich beschrieben wurde. [5)6)]

2. Wirtschaftsordnung und Unternehmensverfassung

Das Äquivalenztheorem ließ dabei den Schluß zu, daß es im Modell gleichgültig ist, ob die Ökonomie auf dem Eigentumsrecht in seiner üblichen Fassung, bei Geltung beider Verfügungsrechte, oder in der modifizierten Fassung, bei Einschränkung des ersten und Belassen des zweiten Verfügungsrechts, aufbaut. [7)]

Das modifizierte neoklassische Modell, zu dessen institutionellen Voraussetzungen die gesellschaftliche Bindung des Verfügungsrechts über das Kapitalgut selbst und die Beibehaltung der freien Verfügung über seinen Ertrag gehört, ist dann als ein Versuch zu verstehen, das "Unternehmensverfassungsproblem" zu lösen und zugleich einen institutionellen Rahmen zu schaffen, in dem sich ein allgemeines Gleichgewicht als Konkurrenzgleichgewicht realisieren läßt. Weil das erste Verfügungsrecht entscheidend für die

Sicherung des Monopolgleichgewichts, das Monopolgleichgewicht
von der Funktion des Eigenkapitals abhängig ist, ergibt sich
der Schluß, daß Privateigentum in diesem Sinne institutionell
ausgeschlossen sein muß. Die Kapitalgüter müssen sich in Gemeineigentum befinden, das heißt, nur die Wirtschaft insgesamt
kann über sie verfügen. Sie vermietet bzw. verpachtet ihre Kapitalgüter an freie Unternehmungen. Sie hat dabei die Möglichkeit, die Mietbedingungen zu beeinflussen und dabei einen gewissen Einfluß auf die Ökonomie zu nehmen, soweit das notwendig sein sollte. Das schließt auch einen Mietzins ein, der in
seiner Funktion einer Steuer gleichkommt. Im übrigen steht jedoch der Ertrag der Kapitalgüter voll der jeweiligen Unternehmung zu. Diese besitzt zwar nicht das erste, aber doch das zweite der genannten Verfügungsrechte.
Die in der Diskussion über die Unternehmensverfassung genannte
"Trennung von Eigentum und Verfügungsgewalt" wird in diesem neoklassischen Modell sozusagen institutionell nachvollzogen, um
ein Konkurrenzgleichgewicht herbeizuführen. Die häufig vertretene Auffassung, eine solche Trennung würde die Funktionsfähigkeit des Wirtschaftssystems sprengen, erweist sich so aus ökonomischen Gründen als irrig. Das Gegenteil ist richtig. Eine
auf Eigenkapital und Verfügungsgewalt gegründete Unternehmung
führt, wer auch immer über das Eigenkapital verfügt, zum Monopolgleichgewicht und verhindert ein Konkurrenzgleichgewicht. Man
wird die hier vorgeschlagene Konstruktion einer institutionellen
Trennung der Verfügungsrechte von vornherein bei nicht reproduzierbaren Produktionsmitteln einleuchtend finden. Diese erlauben ja per se Monopolrenten, und es widerspricht deshalb dem üblichen Prinzip der Marktgerechtigkeit, sie im Privateigentum zu
belassen. Das Gemeineigentum ist hier die korrekte Lösung. Aber
das schließt nicht aus, daß die Gesellschaft solche Produktionsmittel an private Produktionsunternehmungen verpachtet und über

die Pacht die Monopolrente quasi wegsteuert. Dasselbe Prinzip
muß auch auf die Gesamtheit der Kapitalgüter Anwendung finden,
wenn sich herausstellt, daß diese bei Privateigentum ebenfalls
Monopolrenten erzielen.

Es ist aber unerläßlich, diese gesellschaftliche Bindung des
Privateigentums mit freien Produktionsunternehmungen zu verbinden und diesen die Kapitalgüter vertraglich zur Produktion mit
Recht auf den Ertrag zu überlassen; denn nur freie Produktionsunternehmungen sind mit einem freien Markt- und Konkurrenzsystem und einem Konkurrenzgleichgewicht vereinbar.

Der entscheidende Punkt ist damit die Beibehaltung der freien
Unternehmung, aber die Aufhebung des freien Verfügungsrechts
über Kapitalgüter. Nur über die "Gesellschaft" können Kapitalgüter veräußert und erworben werden. Im Prinzip schließt dies
ein, daß neue Kapitalgüter, also Investitionen, von den produzierenden Unternehmungen (in einem fiktiven Vertrag) an die
"Gesellschaft" verkauft und von dieser an die investierenden
Unternehmungen weiter vermietet werden. Auf jeden Fall muß durch
die gesellschaftliche Bindung des Eigentums gesichert sein, daß
die Unternehmung selbst kein Eigentum besitzt und auch keines
bilden kann. Alle Kapitalgüter, die sie akkumuliert, sind Gemeineigentum. Es hat deshalb für sie auch keinen ökonomischen
Sinn, Kapitalgüter mit eigenen Mitteln zu beschaffen. Sie erwirbt damit zwar den Anspruch auf Ertrag, aber den hat sie auch,
wenn sie Kapitalgüter ihrem Charakter entsprechend mit Fremdmitteln bezieht. Der Kapitalgeber, von dem die Finanzierungsmittel
stammen, steht vor einem ähnlich veränderten Kalkül. Auch für
ihn hat es keinen Sinn, auf teilweiser Selbstfinanzierung zu bestehen, weil dadurch keine Kapitalgüter in die Unternehmung kommen, auf die er gegebenenfalls zurückgreifen könnte.

So eröffnet sich durch diese institutionelle Regelung der Weg
zum Konkurrenzgleichgewicht. Weil sie keine institutionell be-

dingte notwendige Funktion mehr haben, können alle Renten, Profite, Sondereinkommen wegkonkurriert werden. Wo immer sie auftauchen, führt die Konkurrenz zu einer höheren Nachfrage nach
Produktionsfaktoren und zu einem steigenden Angebot, so lange
bis die Extraeinkommen verschwunden sind.

Da die Kapitalbildung in den Unternehmungen nicht aus Eigenmit-
teln finanziert wird, ist sie auf den Kapitalmarkt und die dort
in Form privater Unternehmungen handelnden Institutionen angewiesen. Der Kapitalzufluß stammt hier aus den Ersparnissen der
Haushalte. Durch diese werden die Ressourcen für die Kapitalbildung freigesetzt. Damit wird der Wachstumsprozeß den Bedürfnissen der Individuen untergeordnet, wie dies in der neoklassischen
Theorie immer schon beschrieben worden ist. Die individuellen
Zeitpräferenzen kommen zu ihrem Recht. Die ihnen entsprechenden
Ersparnisse begründen einen Anspruch auf den Marktzins, zu dem
sie angelegt werden, und darüberhinaus ein abstraktes Recht auf
zukünftige Konsumgüter. Aber sie eröffnen natürlich kein Eigentumsrecht in Hinblick auf Produktionsmittel. Dem Regelfall entsprechend sind mit ihnen Forderungs-, keine Eigentumstitel verbunden.

Gesamtwirtschaftliche betrachtet ergibt sich das folgende Bild:

Unternehmungen		Haushalte		Gesellschaft		
rF	Y	C	rF			
	$=$					laufendes
Y_A	$C+J$	S_H	Y_A			Konto
K	F	F	V_H	V_G	K	Vermögens- konto
J	$\varDelta F$	$\varDelta F$	S_H	$\varDelta V_G$	J	

Y_A bedeutet Arbeitseinkommen, V_H Vermögen der Haushalte, V_G Vermögen der Gesellschaft. Die übrigen Symbole haben die übliche Bedeutung, insbesondere ist K der Wert des Kapitalstocks und F der Wert der Fremdfinanzierung. Als entscheidender Unterschied zur Gesamtrechnung des Monopolgleichgewichts *) wird hervorgehoben, daß der

---

*)

Unternehmung		Haushalte		
wN	Y	C	wN	
rK	$=$		rF	laufendes Konto
	$C+J$	S_H		
π			rE	
K	E F	E F	K	Vermögenskonto
J	$\varDelta F$	$\varDelta F$	S_H	
	π	$\varDelta E$	$\varDelta E$	

Kapitalstock Vermögen der Gesamtgesellschaft ist, daß er ferner
den Unternehmungen zur Produktion zur Verfügung steht, daß diese ihn mit Fremdkapital finanzieren, daß dieses von den Haushalten stammt, und daß die darin zusammengefaßten Individuen
keine individuellen Eigentumsrechte am Kapitalstock erlangen,
sondern diesen nur kollektiv besitzen, insofern sie zusammen
die Gesellschaft ausmachen.

So gering sich der Unterschied in der Buchhaltung ausnimmt, so
entscheidend ist er im ökonomischen Zusammenhang. Denn durch
ihn erst wird ein Konkurrenzgleichgewicht möglich.

Natürlich unterliegen die Unternehmungen den allgemeinen Beschränkungen des Marktgleichgewichts, in denen sich die technischen Möglichkeiten und Bedürfnisse niederschlagen. Wie sich
diese auf die einzelne Unternehmung auswirken, wird in der oben
dargestellten Allgemeinen Gleichgewichtstheorie analysiert. Da
das Gleichgewicht dem Konkurrenzgleichgewicht in seinen Ergebnissen äquivalent ist, stellt sich nun zwar nicht mehr überra-
schend aber doch bemerkenswert heraus, daß die Allgemeine
Gleichgewichtstheorie die Utopie einer freien Gesellschaft ist,
in der die individuellen Bedürfnisse durch die unsichtbare Hand
des Preissystems koordiniert werden, ohne daß sich ein gesell-
schaftlich-ökonomisches Monopol dazwischen drängt. Selbstver-
ständlich ist nicht die intertemporale Gleichgewichtstheorie
gemeint, sondern die Theorie des Gleichgewichts temporärer und
quasi-stationär temporärer Gleichgewichte. Die Individuen entscheiden in ihren Haushalten über die Verwendung ihres Einkommens für Konsumgüter und Ersparnisse, wobei diese Ersparnisse
global und unspezifiziert geplant sein können. Ferner entscheiden die Individuen darüber, in welcher Unternehmung sie arbeiten. In den Unternehmungen entscheiden die Individuen über Arbeitsbedingungen und Produktionstechniken entsprechend ihren
Bedürfnissen. Sie orientieren sich dabei an den Marktpreisen,
zu denen sie auch ihre Güterangebote und -nachfragen in der

üblichen Weise bestimmen. Außerdem fragen sie zur Finanzierung
neuer Kapitalgüter auf dem Kapitalmarkt Kredite nach, die dort
aus den Ersparnissen der Haushalte angeboten werden. Das geschieht praktisch über normale Kreditinstitute. Dingliche Si-
cherheiten kann es bei dieser Kreditvermittlung nicht geben,
weil die Kapitalgüter gemeinsames Eigentum sind. Aber da diese
Versicherung allgemein wegfällt, ist auch niemand deshalb mit
einem speziellen Risiko belastet.

Im Allgemeinen Gleichgewicht sind Güter- und Kapitalmärkte durch
Preise und Zinssätze geräumt. Es gibt eine gleichgewichtige Anzahl von Unternehmungen, bei denen keine Monopolpreise und damit Extraeinkommen existieren können. Die Verteilung der Einkommen entspricht dem Gerechtigkeitsprinzip des Marktes, dem Äqui-
valententausch. Das schließt natürlich ein, daß bei der Bestimmung des Einkommens neben den Bedürfnissen auch die Grenzproduktivität in der üblichen Weise eine Rolle spielt. Die Arbeitnehmer sind zu den herrschenden Bedingungen nach freien Vereinbarungen in die Unternehmungen integriert. Ein Arbeitsmarkt im
herkömmlichen Sinne existiert nicht.

Wenn man diesen institutionellen Modifikationen Rechnung trägt,
dann kann das Gleichgewicht dieser Ökonomie makroökonomisch
durch das dargelegte Gleichgewichtsmodell bei vollkommener Konkurrenz repräsentiert werden, das aus den Gleichungen (1.1) bis
(1.4) besteht. [*)]

Im Gleichgewicht sind der Kapitalkoeffizient k und der Arbeitskoeffizient n vom Preisverhältnis w/r abhängig, aber natürlich
auch von den technischen Bedingungen der Arbeit. Die Wahl kommt
ja dadurch zustande, daß die Arbeiter ihren Nutzen in Hinblick
auf Einkommen und Arbeitsbedingungen unter der Nebenbedingung
der Produktionsfunktion maximieren. Ihr Einkommen ergibt sich
dabei gesamtwirtschaftlich als Erlös abzüglich Zinskosten. w ist
das Einkommen pro Arbeiter, das in das Maximierungskalkül auch
als Alternativeinkommen in konkurrierenden Unternehmungen ein-

---

[*)] Vgl. dazu die Darstellung des Allgemeinen Gleichgewichts in § 1

geht. Unter diesen Bedingungen lassen sich die Funktionen $k(w/r)$ und $n(w/r)$ auch hier ökonomisch interpretieren. Gleichung (1.1) gibt die Aufteilung des Gesamteinkommens in Arbeits- und Kapitaleinkommen wieder:

(1.1) $\qquad 1 = wn + rk.$

Die Gleichung (1.2) beschreibt das Gleichgewicht auf dem Gütermarkt durch die Gleichheit von Ersparnis und Investition:

(1.2) $\qquad s \dfrac{Y}{K_{-1}} = k\ (w/r)\ \dfrac{Y^e}{K_{-1}} = 1.$

Dem entspricht die Gleichheit einer neoklassischen Spar-, aber auch einer neoklassischen Investitionsfunktion. Auch hier investiert die Unternehmung unter Berücksichtigung der Absatzerwartungen und Kostenbedingungen.
Allerdings geht hier der Charakter der institutionellen Modifikation in besonderer Weise ein. Erstens werden bei den Investitionsentscheidungen die zukünftigen Arbeitsbedingungen mit optimiert. Zweitens muß bei allen Investitionen berücksichtigt werden, daß der institutionelle Rahmen nicht verletzt werden darf. Das engt die technologischen Möglichkeiten ein. Darüberhinaus ist aber auch zu erwarten, daß die langfristige Wachstumsdynamik geringer sein dürfte als bei Monopolunternehmungen. Diese Vermutung wird auch dadurch bestätigt, daß bei gleichen Ausgangsbedingungen, die in einer Periode durch Ersparnisse freigesetzten Ressourcen für Investitionen niedriger sein dürften, weil die für Monopol-Unternehmungen typischen Ersparnisse (Selbstfinanzierung) wegfallen. Dadurch wird möglicherweise die über Investitionen laufende produktivitätssteigernde Wirkung des technischen Fortschritts abgeschwächt. Es ist aus diesen Gründen nicht unwahrscheinlich, daß nicht nur Sparquote s, sondern auch Wachstumsrate υ im Gleichgewicht niedriger liegt als im Monopolgleichgewicht.

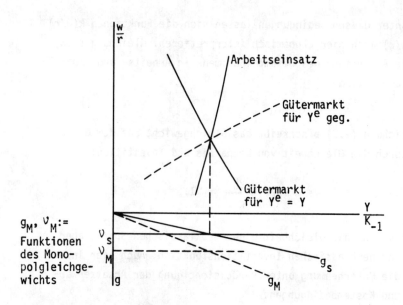

Figur: 14

Der Unterschied zum üblichen neoklassischen Wachstumsgleichgewicht ist in dieser Darstellung im unteren Quadranten angedeu-
tet. Das ist kein erstaunliches Ergebnis, weil es ja die Funktion des Monopolgleichgewichts ist, Wachstum geradezu zu produzieren. Das Wachstum dieser modifizierten klassisch-neoklassi-
schen Ökonomie dagegen ist gerade so hoch, wie es die Individu-
en unter Berücksichtigung ihrer sonstigen Bedürfnisse wollen.
Damit entfällt der "Wachstumszwang".
Der Unterschied zwischen dem modifizierten und dem nicht-modifizierten neoklassischen Gleichgewicht zeigt sich, wie gesagt,
besonders deutlich im Gleichgewicht auf dem Arbeitsmarkt und
der entsprechenden Kurve in der Figur. Gleichung (1.3) und die
entsprechende Kurve sind deshalb etwas anders zu interpretieren
als im Konkurrenzgleichgewicht.

(1.3) $\qquad N_H / K_{-1} = n \, (w/r) \, Y / K_{-1}$.

Es handelt sich nicht um das Gleichgewicht auf einem realen Arbeitsmarkt, sondern um den Arbeitseinsatz N_H, der bei Berücksichtigung der Arbeitsverhältnisse und der Marktbedingungen optimal ist, also den Bedürfnissen der Individuen am ehesten entgegenkommt. Die Höhe des Kapitalstocks K_{-1} paßt sich im langfristigen Gleichgewicht an diese Bedürfnisse an. Das entspricht dem nicht-modifizierten langfristigen Gleichgewicht. Aber nicht nur für den Kapitalstock, sondern ganz generell gilt das neoklassische Theorem, daß sich im langfristigen Gleichgewicht bei gegebenen technischen Möglichkeiten die Bedürfnisse durchgesetzt haben.

Die Stabilitätsbedingungen des modifizierten Ansatzes entsprechen weitgehend den neoklassischen Bedingungen. Dies gilt insbesondere für die üblichen Preismechanismen, die zunächst auf Mikro-Ebene Angebot und Nachfrage koordinieren. Durch sie werden auch die notwendigen Marktzu- und -abgänge in Gang gesetzt. Bemerkenswert ist nur, daß Neugründungen und Ausweitungen dem Charakter der Eigentumsrechte entsprechend ganz auf Kapitalmarktmittel, also auf freien Krediten aufgebaut sind.

Auch makroökonomisch ist der neoklassische Preismechanismus wirksam. Es läßt sich allerdings nicht von vornherein ausschließen, daß Ungleichgewichte auftreten, die zur Kumulation tendieren. Ungleichgewichte treten durch exogene Störungen und Veränderungen immer auf. Wenn sie sich selbst überlassen bleiben, muß man damit rechnen, daß sie in einen Prozeß der Selbstverstärkung geraten, der die in dem oben dargestellten Beispiel genannten zwei Komponenten hat; Einerseits die Mengenkomponente eines instabilen Harrod-Domar-Prozesses, andererseits die Preiskomponente eines instabilen Inflationsprozesses. Die dezentrale Struktur des Marktes, die solche Instabilitätsprozesse über Erwartungsbildungen befördert, bleibt ja erhalten. Das gesellschaftliche Ungleichgewicht, das als das für ein Monopolgleichgewicht grundlegend nachgewiesen wurde, ist aber über die

hier eingeführten Modifikationen weitgehend behoben. Damit entfällt der permanente inflationäre Druck im Gleichgewicht und
die systembedingte Tendenz für starke Ungleichgewichte. Ferner
können die Ungleichgewichte, die sich unabhängig davon einstellen, leichter in Schranken gehalten werden. Das Gleichgewicht
ist gewissermaßen ein öffentliches Gut geworden, an dessen Herstellung jeder interessiert ist. Infolgedessen kann darüber
auch ein gesellschaftlicher Konsens hergestellt werden, der im
Monopolgleichgewicht vergeblich angestrebt wird. Hieran läßt
sich dann auch das in der Unternehmensverfassungsdiskussion
lange gesuchte "öffentliche Interesse" festmachen - dessen Definition eben deshalb so viel Schwierigkeiten macht, weil kein
gemeinsames Interesse real vorausgesetzt werden konnte. "Rationale" Entscheidungen und Erwartungen haben damit einen Sinn
bekommen, der im Monopolgleichgewicht vergeblich gesucht wurde.
Sie beziehen sich auf einen gesellschaftlichen Konsens über
die Herstellung eines solchen Gleichgewichts. Es ist deshalb
zu erwarten, daß sich die Zyklen entsprechend verstetigen. Dies
wird auf die Erwartungsbildungen zurückwirken. Gleichgewichtserwartungen werden zunehmend "rationaler", und dies wird ein
weiterer Faktor für Stetigkeit und Gleichgewicht sein. So
bleibt das Risiko der ökonomischen Aktivitäten auf die normale, mit dezentralen Wirtschaftsordnungen immer verbundene Unsicherheit über zukünftige Entwicklungen der Bedürfnisse und
technischen Möglichkeiten beschränkt - auf die Mikro-Dimension
also. Das makroökonomische Risiko von Inflation und Depression,
das, wie gezeigt, die gegenwärtige wirtschaftliche Situation
so sehr prägt und langfristige Unternehmensplanung erschwert,
und das in einer engen Interdependenz mit dem Monopolcharakter
der Wirtschaft steht, könnte entfallen.
Aufgrund der genannten Einschränkung des Risikos auf die Mikro-
Dimension und die Dominanz einer dezentralen Steuerung und Koordination der ökonomischen Aktivitäten eröffnet sich für diese

(neo-) neoklassische Wirtschaft auch die Chance für die Reduktion der real wirksamen Staatsdynamik und die Beschränkung des Staates auf Rahmenplanung. Die Staatsdynamik in einer Monopolökonomie hat ihre Basis, das Monopolgleichgewicht mit allen seinen Abweichungen verloren. Es entfällt damit auch die politische Balance eines labilen ökonomischen und gesellschaftlichen Gleichgewichts. Die Hobbessche Figur des Leviathan könnte der Geschichte angehören und die liberale Utopie einer freien Gesellschaft ihrer Verwirklichung näher kommen (Braun). [8] Staatliche Rahmenplanung ist auf die Sicherung gleicher Lebens- und Freiheitsrechte eingeschränkt. Das schließt in erster Linie die Menschenrechte ein - so wie sie bereits von Kant als Vernunftprinzip begründet wurden. Es schließt ferner eine freie Grundausstattung für jedes Individuum ein. Auch das findet sich schon bei Kant und taucht in den zeitgenössischen Vorschlägen einer negativen Einkommenssteuer wieder auf. Die Befürchtung, daß eine solche Regelung die Arbeitsproduktivität gefährdet, ist weitgehend gegenstandslos, weil der Arbeitseinsatz selbst bestimmt wird und Arbeit damit ihren negativen Charakter, den sie aufgrund ihrer beeinträchtigenden Wirkung immer noch haben kann (Kambartel), [9] weitgehend verliert. Schließlich schließt die Sicherung gleicher Lebensrechte die Gewährleistung der Gleichheit der Anfangsausstattungen und der Lebenschancen ein.

Ober diese Garantie hinaus werden dem Staat nur jene öffentlichen Güter überlassen, für die private Lösungen suboptimal wären. Das bedeutet, daß in dieser Ökonomie das Subsidiaritätsprinzip als Optimalregel und nicht als abstraktes moralisches Prinzip gilt.

Wie man leicht sieht, entspricht dieses neoklassische Modell der Ökonomie den zeitgenössischen Ethiken einer freien, zwanglosen und "transsubjektiven" Willensbildung (Lorenzen). [10] In der frühen liberalen Theorie ist das zum Beispiel von John Stuart Mill und Dougald Stewart hervorgehoben worden. Auf sie bezieht sich

auch _Rawls_. [11] Der allgemeine ökonomische Grund dieser Überlegungen über die Entwicklung transsubjektiven Handelns, das nicht
bloß auf die Verwirklichung subjektiver Zwecke gerichtet ist,
sondern dabei immer auch die Zwecke der Betroffenen mit einbe-
zieht, ist, daß kooperatives Handeln unter den genannten neoklassischen Bedingungen ein für jedes Individuum optimales Ergebnis zeitigt. Die "transsubjektive Moral" kann hier zum allgemeinen Interesse werden.

Besonders deutlich hat dies _Léon_ _Walras_ gesehen. Er hat gezeigt,
wie man sich ein allgemeines Gleichgewicht zwischen den unterschiedlichen Bedürfnissen der Individuen und damit zwischen den
Individuen selbst vorstellen kann, wenn allen gleiche Durchsetzungschancen eingeräumt werden. Er wollte, worüber uns Jaffé
informiert, [12] mit seinen "Eléments" eine "reale Utopie" der
Gesellschaft entwerfen und zeigen, wie sich die realen Interessen unter gegebenen materiellen und technischen Restriktionen
in einem abstrakten System der "kommunitativen Gerechtigkeit"
in Übereinstimmung, ins Gleichgewicht bringen lassen. Sein Ziel
war es, eine Synthese von Utilitarismus und gesellschaftlicher
Moral vor Augen zu führen. Es ist dabei interessant zu bemerken, daß Walras der Kritik an der realen Gesellschaft, deren
Institutionen sich sicher nicht unter dem Gesichtspunkt einer
"allgemeinen gesellschaftlichen Moral" als "ideale Kommunikationsgemeinschaft" (Apel) [13] interpretieren lassen, in den
wesentlichen Punkten zugestimmt hat, ja, daß diese Kritik als
Ausgangspunkt des wissenschaftlichen Interesses an der Gesellschaft betrachtet werden kann. Er versuchte, die Klassische Politische Ökonomie auf eine Art zu einer Wissenschaft weiter zu
entwickeln, die als intellektuelle Basis für die Veränderung
der Gesellschaft dienen konnte. [14] Er sucht die Lösung für
eine "terristrial utopia" ganz in der Tradition des rationalen
und systematischen französischen Liberalismus in einer Theorie
über die Koordination individueller Bedürfnisse über die Preis-

bildung auf freien Märkten. So hält Walras in Anerkennung der
Kritik die Prinzipien der liberalen Gesellschaft aufrecht: Privateigentum (mit einigen wichtigen Ausnahmen, insbesondere mit
der Ausnahme einer freien Verfügung über Kapitalgüter) und
Tausch, indem er zeigt, daß sich ein allgemeines gesellschaftliches Gleichgewicht vorstellen läßt.

Eine Unternehmensverfassung, die nicht auf der freien Verfügung
über Kapitalgüter, sondern auf Gemeineigentum an Kapitalgütern
gegründet ist, läßt sich als Institution einer Marktgesellschaft interpretieren, die der Walrasschen "terristrial utopia"
nahekommt - ohne daß sie zu ihrer Realisation auf "other world-
ly utopias" (Jaffé) verwiesen oder die je zu leistende Realisierung der "idealen Kommunikationsgemeinschaft" in der "realen
Kommunikationsgemeinschaft" bloß gefordert werden muß.

Der ökonomische Prozeß verdankt sich hier den individuellen Entscheidungen, so wie dies in der neoklassischen Theorie immer
schon vorgesehen war. Auch die Entscheidungen darüber, wie die
drei Rollen der Unternehmung, Produzent von Waren für Konsumenten, von Beschäftigungsmöglichkeiten für Arbeitnehmer und von
Investitionsmöglichkeiten für Kapitalgeber zur Deckung gebracht
werden können, lassen sich in institutionellen Formen des "Dia-
logs" finden. Weil die Lösung des Unternehmensverfassungspro-
blems hier in der neoklassischen Theorie einer liberalen Gesellschaft gesucht wird, werden solche institutionellen Formen
der Rechtsform, so wie sie für bürgerliche Gesellschaften üblich ist, entsprechen. 15) Darin wird die Besonderheit der je
subjektiven Interessen, hier das Interesse an Konsum, Beschäftigung und Investition im Interessenausgleich gewahrt. Freiheit,
Autonomie, Gleichheit und Herrschaftsunabhängigkeit sind die institutionellen Prinzipien, die gewährleisten, daß kein bloß faktisch ausgezeichnetes Interesse das Ergebnis des Interessenausgleichs determiniert. Diese Form schließt von vornherein jedes
Monopol und jede Priorität eines, wie auch immer zustandegekom-

menen kollektiven Interesses aus. Insofern kann sich am Ende nur
ein "transsubjektives" Interesse einstellen - das aber immer ein
subjektives Interesse ist.

Die Überführung der Verfügungsrechte über Kapitalgüter in Gemeineigentum wird auch die Dynamik des ökonomischen Prozesses nicht
entscheidend beeinflussen, wenn man solche Dynamik, wie Schumpeter, nicht an der Person des dynamischen Unternehmers fest-
macht, der die Einheit von Eigentum und Verfügungsgewalt repräsentiert. Auf die gleiche Weise, wie dieser Unternehmer im stationären Gleichgewichtszustand keine Funktion hätte, verliert
er seine Funktion im Wachstumsprozeß, dessen Bedingungen er ur-
sprünglich selbst mit der Durchsetzung von technischem Fortschritt gesetzt hatte. Aber der technische Fortschritt wird
mehr und mehr Teil der Produktions- und Unternehmungsroutine.
Durch die Trennung von Eigentum und Verfügungsgewalt im Großunternehmen verflüchtigt sich bereits faktisch die Eigentumssubstanz. Die Manager als Leiter dieser Unternehmungen haben zwar
nicht die alte kapitalistische Motivation, mit dem Verschwinden
dieses Eigentümertyps verschwindet nur der dynamische Unternehmer und mit ihm die industrielle Dynastie. Aber die Theorie des
Monopolgleichgewichts hat deutlich gemacht, daß der dynamische
Unternehmer langfristig gar keine systematische Funktion hat.
Das Monopolgleichgewicht baut nicht auf ihn auf, sondern auf
der Sicherung des Eigenkapitals, also von Kapitalgütern in Privateigentum. Darauf sind Manager im Eigeninteresse ebenso be-
dacht, wie ein eigenständiger Unternehmer. Der Prozeß ist nicht
auf bestimmte Individuen angewiesen. Der Kapitaleigner, der
aussteigen will, verkauft seine Anteile an andere, und ein aus-
scheidender Manager wird durch einen anderen ersetzt, ohne daß
sich die Gesetzmäßigkeiten des Monopolgleichgewichts dadurch
ändern. [16)] Daraus folgt, daß eine Reform der Unternehmensverfassung zwar an dieser faktisch bereits schon vollzogenen Änderung des Eigentumsbegriffs, die zu einer Verflüchtigung der

ursprünglichen Eigentumssubstanz geführt hat, ansetzen muß, um
ihm von daher einen neuen Inhalt zu geben. Aber es kommt dabei
darauf an, die institutionellen Rahmenbedingungen so zu verändern, daß die liberalen Prinzipien von Eigentum und Tausch wieder zur Geltung gelangen. Die Reform der Unternehmensverfassung
in dem angedeuteten Sinne ist ein Schritt auf diesem Weg. Zwischen den Unternehmungen gibt es dann nach wie vor Markt und
Konkurrenz. Konkurrenz und Leistung spielen in diesem Modell eine wichtige Rolle. Die Konsequenz der eigenen Entscheidungsfreiheit ist, daß die eigene Leistung den Bedürfnissen der Markt-
partner entgegenkommen muß. Das heißt, daß die Prinzipien der
Gerechtigkeit, der Äquivalenz also, gewahrt bleiben müssen. Dadurch wird das Leistungsprinzip definiert. Aber auf dieser institutionellen Grundlage verlangt der Markt nur die Leistung,
die den Bedürfnissen der Individuen entspricht. Was das Leistungsprinzip verletzt, ist ja nicht der Markt, die Konkurrenz
an sich, sondern Markt und Konkurrenz im Monopolgleichgewicht.
Die daraus abgeleiteten Machtpositionen produzieren ein auf
Leistungsdruck gerichtetes Leistungsprinzip. Diese Machtposi-
tion kann man zwar mit dem Hinweis auf Sachnotwendigkeiten, oder
mit dem Hinweis auf die historische Entwicklung bestreiten, in
der die Gewerkschaften eine entsprechende Gegenmacht herausgebildet haben. Nun ist der Hinweis auf Sachnotwendigkeiten letztlich immer nur ein Hinweis auf die Gesetzmäßigkeiten des Monopolgleichgewichts, deren Geltung hier gerade in Frage gestellt
sind, und zu deren Aufhebung eine institutionelle Reform vorgeschlagen wurde, die diese Gesetzmäßigkeiten außer Kraft setzen
soll. Der Hinweis auf Gegenmacht wiegt da schon schwerer. Unbe-
streitbar handelt es sich hier um eine Bewegung, auf die das
neoklassische Denkmuster, wie es hier dargestellt ist, Anwendung finden kann. Aber es ist nicht sicher, daß das Monopolgleichgewicht nicht auch die Gegenmacht vereinnahmt - und es
sprechen viele Gründe dafür, daß Gewerkschaften in dem tradi-

tionellen Sinne nur im funktionsfähigen Monopolgleichgewicht sich
als Monopol einrichten können und deshalb an weiterreichenden institutionellen Reformen, die die Grundlagen dieses Gleichgewichts,
und damit auch ihre eigenen betreffen, nicht sehr interessiert
sein können. Die Einschränkung der freien Verfügung über Kapitalgüter, wie sie hier vorgeschlagen wurde, hat natürlich auch eine
Einschränkung der gewerkschaftlichen Rechte in den Entscheidungs-
gremien zur Folge. [17] Mit dem Gegenmacht-Argument bleibt dann
eine Art separater Gesellschaftsvertrag zwischen den jeweiligen
Machtträgern übrig, dem der "allgemeine Gesellschaftsvertrag
freier und gleicher Individuen" (Rawls), wie er ökonomisch in
dem hier vorgestellten modifizierten neoklassischen Modell zum
Ausdruck kommt, zum Opfer fällt.

Wenn man institutionelle Reformen durchsetzt, so daß die Ökonomie trotz Markt und Konkurrenz nicht wie bisher stets von neuem
ein Monopolgleichgewicht und damit Macht und Gegenmacht produziert, dann kann man erwarten, daß Markt und Konkurrenz zwischen
den freien Unternehmungen nicht so dramatisch abläuft, wie das
im Fall monopolistischer Konkurrenz immer wieder der Fall ist.
Das muß nicht unbedingt bedeuten, daß diese "vollkommene Konkurrenz" zu der "Schlafmützenkonkurrenz" führt, als die sie
manchmal bezeichnet worden ist, um die monopolistische Konkurrenz ins rechte Licht zu rücken. Technologien werden auch hier
beliebig fortschrittlich sein und technologisch bedingtes Wachstum ist dadurch nicht ausgeschlossen. Bei den gegebenen Mitent-
scheidungsrechten ist zudem zu erwarten, daß der technische
Fortschritt im Verhältnis zur Produktivitätssteigerung mehr der
Verbesserung der Arbeitsbedingungen zugute kommt. Im Monopolgleichgewicht kann man einen endogenen technischen Fortschritt
annehmen, der durch die Akkumulation verursacht wird und für
den Wachstumsprozeß sorgt. Die Wachstumsrate bleibt in der langfristigen Entwicklung konstant. Auch der Lohnsatz steigt mit
der allgemeinen Wachstumsrate. In der langen Sicht ist der Fort-

gang der Akkumulation aber, der Möglichkeit nach, einer laufenden Abnahme des Nutzens verbunden, obwohl das Einkommen im
Wachstumsprozeß nicht zurückbleibt. Die Ursache liegt darin,
daß sich der Akkumulationsprozeß in gewisser Weise über die
Präferenzen für Arbeitsbedingungen hinwegsetzen kann. Anders
dagegen in einer neoklassischen Ökonomie. Die Technisierung ist
dort an einem Punkt zu Ende, über den sie in der Monopolökonomie hinaus getrieben würde. Die Ursache dafür ist darin zu sehen, daß wachsendem Einkommen, gegenüber möglichen Verbesserun-
gen der Arbeitsbedingungen, immer mehr Gewicht beigemessen wird.
So bleibt die Entwicklung (im Modell betrachtet) im stationären
Zustand bei einem Nutzenniveau stehen, das zwar alle vorherigen
Nutzenniveaus übertrifft, aber nicht das maximal erreichbare
Nutzenniveau ist. [18] Die Technologie wird so den Bedürfnissen
der Individuen untergeordnet. Das Wachstum dieser Ökonomie wird
folglich nicht so hoch sein, wie im Monopolgleichgewicht. Aber
auch darin liegt nichts Beunruhigendes. Nicht nur die ökonomischen Klassiker, wie Adam Smith, Ricardo und John Stuart Mill,
waren davon überzeugt, daß der ökonomische Wachstumsprozeß in
den natürlichen Möglichkeiten schließlich eine obere Grenze finden würde. [19] Diese Möglichkeit scheint sich gerade gegen Ende
dieses Jahrhunderts als besonders realistischer Trend abzuzeich-
nen. Die alten Prognosen der Klassiker werden aktuell wie nie.
Wenn sich die natürlichen Ressourcen erschöpfen, muß die langfristige Wachstumsrate sinken. Dies wäre eine überaus interes-
sante Perspektive, weil es sich gleichzeitig um einen Übergang
vom Monopol- zum Konkurrenzgleichgewicht handeln würde.
Die Grenzen des Wachstums und der Übergang zum Nullwachstum müß-
ten also mit einer Veränderung der Institutionen verbunden sein.
John Stuart Mill hat davon im Unterschied zu seinen Vorgängern
schon etwas geahnt, [20] wenn er schreibt, daß das allgemeine
Streben nach Reichtum, welches mit dem Wachstumsprozeß notwendig verbunden ist, im Unterschied zu einem stationären Zustand,

weder mit der individuellen Entfaltung noch dem Zusammenleben
der Individuen sehr bekömmlich sei. Vielleicht ließe sich die
unterschiedliche Beurteilung von Mill und seinen Vorgängern
auf eine Auseinandersetzung um die heute so aktuelle Frage reduzieren, wann der durch Wachstum geschaffene gesellschaftliche Reichtum groß genug sei, daß sich die Gesellschaft einen
stationären Zustand, ein Nullwachstum, leisten könne. Aber in
Wirklichkeit geht es nicht darum, sondern um das Problem der
Institutionen. Denn während es richtig ist, daß der stationäre
Zustand im Ergebnis eher einer neoklassischen Ökonomie entspricht, muß nicht jede neoklassische Ökonomie stationär sein.
Entscheidend ist also letztlich nicht, ob die Gesellschaft auf
Wachstum verzichtet, sondern ob sie die damit verbundenen institutionellen Änderungen zuläßt, denn, wie es Joan Robinson
ausdrückt, immer dann, wenn der Akkumulationsprozeß auf eine
natürliche Schranke stößt, dann muß diese Schranke weichen,
aber nicht die Akkumulation. [21] Daraus folgt, daß man nicht
notwendig aus vermeintlichen Wachstumsgrenzen auf eine ebenso
notwendige Veränderung der Institutionen wird schließen können.
Man kann nicht einmal angeben, aus welchem gesellschaftlichen
Erfordernis sich die grundlegenden Institutionen des Monopolgleichgewichts ändern werden. In dieser prinzipiellen Offenheit
liegt die Chance für Aufklärung und Reform. Ihr Ziel muß es
sein, dem Interesse der Individuen an Freiheit und Gleichheit
die Hindernisse und Bedingungen aufzudecken. Und hier führt
kein Weg an der Einsicht vorbei, daß die entscheidende Institution, die daran hindert, daß eine Gesellschaft des Monopolgleichgewichts in eine des Konkurrenzgleichgewichts übergeht,
das Privateigentum an den Kapitalgütern ist, und jede Reform
der Unternehmensordnung an dieser Frage der Eigentumsverfassung
ansetzen muß.

3. Rechtsordnung und Wirtschaftssystem

Die ökonomischen Konsequenzen einer Änderung der institutionellen Ordnung des Wirtschaftssystems liegen auf der Hand. Weil
das ökonomische Gleichgewicht im Grunde kein Konkurrenzgleichgewicht ist und sich dieses Urteil auch nicht den historischen
Umständen in realen Marktgesellschaften verdankt, müssen erst
institutionelle Voraussetzungen geschaffen werden, unter denen
eine freie Konkurrenz und die mit ihr verbundenen Prinzipien
einer liberalen Gesellschaft möglich wird. Das Monopolgleichgewicht steht dem nicht im Wege. Nicht erst die historischen Umstände haben einen Wandlungsprozeß herbeigeführt, der von der
Konkurrenz- zur Monopolwirtschaft führt. Das allgemeine Gleichgewicht ist trotz Markt und Konkurrenz ein Monopolgleichgewicht.
Dies hat auch Auswirkungen auf die Rechtsordnung. Sie kann angesichts dieser Ergebnisse nicht, oder nur vergeblich, eine
Wettbewerbsordnung sichern, zu deren Kern die Konkurrenzwirt-
schaft gehört, wenn das Wirtschaftssystem selbst im Grunde eine Monopolwirtschaft ist. Weil aber die grundlegende Institution, die den Übergang vom Monopol- zum Konkurrenzgleichgewicht
verhindert, die Institution des Privateigentums an Produktionsmitteln ist, besteht die Chance für eine Reform darin, dieses
Institut so einzurichten, daß sich die liberalen Prinzipien
auch realisieren lassen.

Dieses Ergebnis der ökonomischen Analyse findet seine Entsprechung in rechtswissenschaftlichen Untersuchungen zum gesamtwirtschaftlichen Ordnungszusammenhang, wie sie zum Beispiel
von Wiethölter einerseits, Mestmäcker andererseits vorgelegt
wurden.[22] Trotz unterschiedlicher Positionen: Wiethölter be-
tont die Vergesellschaftung des Eigentums und beruft sich dabei
auf die Kritik der Politischen Ökonomie, Mestmäcker identifiziert das liberale Gesellschaftsmodell mit der Klassischen Ökonomie von Adam Smith, sind sie sich im Ansatzpunkt einig, daß

die Probleme der Wirtschaftsordnung im sozialen Defizit der Eigentumsordnung zu suchen ist. Konfrontiert man dieses Ergebnis
mit dem Ergebnis der ökonomischen Analyse, dann ist, trotz abweichender Interpretation, das soziale Defizit im Begriff des
Privateigentums an Produktionsmitteln der gemeinsame Ansatzpunkt für Reformvorschläge. Der Unterschied der hier dargelegten Analyse des allgemeinen Gleichgewichts zu den Reformvorschlägen in der Unternehmensverfassungsdiskussion, wie zum Beispiel von Ott, Ulrich oder Steinmann und Gerum [23] vorgetragen
werden, liegt dann im Ansatz der Kritik und dem Ziel der Reform.
Ziel des hier vorgelegten Reformvorschlages ist die liberale
Marktgesellschaft, so wie sie in der Allgemeinen neoklassischen
Gleichgewichtstheorie ihre ökonomische Interpretation fand, und
der Weg dorthin setzt am entscheidenden Institut, dem Privateigentum an Produktionsmitteln an, dessen Überführung in Gemeineigentum erst ein Konkurrenzgleichgewicht ermöglicht. Die Kritik setzt an dem Faktum an, daß im gegebenen institutionellen
Rahmen das allgemeine Gleichgewicht immer nur ein Monopolgleichgewicht sein kann. Die Kritik richtet sich also nicht gegen das
Konkurrenzgleichgewicht selbst, sondern gegen die Bedingungen,
die seine Realisation verhindern. Diese Bedingungen garantieren zwar eine "funktionsfähige" Wettbewerbsordnung monopolistischer Konkurrenz, aber die Positivität der Rechtsordnung ist
eine außerordentlich schwache Rechtfertigung des Privateigentums - zum einen deshalb, weil dies Veränderungen nicht nur
nicht ausschließt, sondern das Monopolgleichgewicht mit allen
seinen Bedingungen und Auswirkungen stabilisiert, zum anderen
aber auch, weil die bloß faktische Geltung das Problem der "Gerechtigkeit" loyalitätsstiftend nicht zu lösen vermag. Die Differenz zwischen Monopolgleichgewicht und dem ihm zugrundeliegenden gesellschaftlichen Ungleichgewicht verweist auf einen
Spannungszustand, der durch einen rationalen Ausgleich unterschiedlicher Interessen allein, wie er im Koalitionsmodell vor

geschlagen wird, [24)] nicht aufgehoben werden kann. Weil die Institution des Privateigentums die Ursache dieser Differenz ist,
wird sich die Reform auf diesen Punkt, die Eigentumsverfassung
der Unternehmung, beziehen müssen. Es müssen also nicht nur
Wandlungsprozesse der Marktwirtschaft in institutionellen Reformen ihren Ausdruck finden, "ebenso müssen noch so gut funktionierende und wohlabgestimmte Gesetze und Institutionen abgeändert oder abgeschafft werden, wenn sie ungerecht sind" (Rawls). [25)]

Zu diesem Ergebnis kommt auch die rechtshistorische Analyse des
Unternehmensrechts von Wiethölter. In der Entwicklung des Unternehmensrechts zeigt sich, daß das Unternehmensrecht eindeutig
und einseitig im Sinne von speziellem Unternehmensvermögens-
schutz orientiert war und die Entfaltung einer sozialen Legitimationsbasis verhindert hat.
In einer Wirtschaftsrechtswelt, die sich als antimonopolistisch
ausgibt, blieb das Unternehmen, seiner Beförderung in die Per-
sönlichkeitsrechtssphäre wegen, geschütztes Monopol. Dem kor-
respondiert, daß in der neoliberalen Wirtschaftsrechtstheorie
in geradezu scholastischer Weise das Verständnis von Privat-
rechtsordnung als Verfassungsrechtsordnung transzendiert - und
der politische Gehalt des Wirtschaftsrechts verdrängt wird.

Durch das Abschneiden des naturrechtlichen Zusammenhangs von Eigentum und Betätigungs-Freiheit und die Reduktion auf Vermögens-
schutz wurden die wirklichen Probleme ausgeklammert. Dem Unternehmensrecht wurden von Anfang an alle Freiheits- und Persön-
lichkeitsrechte entzogen. Sein Kern war am Eigentümerschutz
orientierter Unternehmer-Vermögensschutz in bestimmter wettbe-
werbsrechtlicher Gestalt.
Im Wettbewerb verlagert sich dann die rechtliche Argumentation
vom "Gegenstand" zum "Geschehen". Im Mittelpunkt steht nicht
die Automatik von Tatbestand-Rechtswidrigkeit-Schuld-Indikatio-
nen, sondern die Ermittlung von Verhaltensregeln und Handlungs-

anweisungen. Diese Ablösung durch gesellschaftlich bezogenes
Rechtsfunktionendenken wurde erleichtert durch Tendenzen, den
Monopolcharakter subjektiver Rechte auf Wettbewerbsmärkten zu
durchbrechen. Der rechtswidrige Wettbewerb ist Kernelement des
Schadensersatzrechts geworden.

Daraus folgert Wiethölter, daß das Unternehmensrecht im heutigen Wettbewerb überholt ist.

Auf dieses Problem der Wettbewerbsordnung verweist auch die
oben dargelegte Analyse der monopolistischen Konkurrenz und ihrer Wurzel in der Eigentumsverfassung der Großunternehmen. Schon
von daher ist eine Reform der Unternehmensverfassung ohne Reform
der Wirtschaftsverfassung wirkungslos. Diesem Ergebnis widerspre-
chen auch die Ausführungen von Mestmäcker zum Verhältnis von
Rechtsordnung und Wirtschaftssystem bei Adam Smith nicht. Mestmäcker beharrt aber darauf, daß dieses Verhältnis in seiner ursprünglichen Form unter veränderten gesellschaftlichen Umständen
wieder zur Geltung gebracht werden soll. Insofern ist der hier
vorgetragene Reformvorschlag mit diesem Ansatz kompatibel, als
auch hier auf die Ursprünge der neoklassischen Theorie zurückgegriffen wird. Der Unterschied besteht jetzt nur noch in der Auffassung, daß es sich unter dem Gesichtspunkt einer Reform der
Unternehmensverfassung nicht um einen Rückgriff auf das rationale Naturrecht handelt, sondern um einen Vorgriff auf die "liberale Utopie" einer freien Marktgesellschaft, so wie sie von Léon
Walras als systematische und rationale Theorie konstruiert wurde.

XII. Schlußbemerkung: Zwei Paradigmen zur betriebswirtschaft-
     lichen Planungsdiskussion?

Das theoretische Problem der Begründung der mikroökonomischen
Basis einer Theorie strategischer Unternehmensplanung aus der
Allgemeinen Gleichgewichtstheorie erwies sich am Ende als nor-

matives Problem der verfassungsmäßigen Grundlagen seiner gesellschaftlichen Geltung. Die Darlegungen zur Verfassungsfrage in der
Diskussion über eine Reform der Unternehmensordnung hatten zum
Ergebnis, daß eine ökonomische Begründung ohne Rückgriff auf die
Allgemeine Gleichgewichtstheorie ihren Gegenstand verfehlt. Daß
dabei der normative Aspekt in der theoretischen Struktur der neoklassischen Ökonomie steckt, und also an die ökonomische Begründung nicht mehr eigens, in "kritischer Absicht", herangetragen
werden muß, ist nicht so erstaunlich, wenn man sich in Erinne-
rung ruft, daß die neoklassische Theorie in der Tradition der
anglo-schottischen Aufklärung steht und sich dann in der zweiten Hälfte des vorigen Jahrhunderts den affirmativen Teil der
klassischen Ökonomie zu einem geschlossenen Denkgebäude, der
Theorie des Allgemeinen Gleichgewichts, ausgebaut hat. Diese
Entwicklung wäre nicht zu kritisieren, wenn dabei der utopische
Charakter der Theorie deutlich gemacht würde. Unglücklicherwei-
se ist sie jedoch von ihren Vertretern fast durchweg als Theorie der realen Gesellschaft gedeutet und ausgegeben worden, obwohl ihr dafür doch der Teil des klassischen Fundaments fehlt.
Dieser Fehldeutung unterliegt die neoklassische Theorie bis heute.
Aus dieser Kritik an der Neoklassik ist aber nicht der Schluß
zu ziehen, den viele Kritiker auch in der Diskussion über Unter-
nehmensverfassungsfragen, für angebracht halten, daß sie nämlich eine falsche Theorie und deshalb aufzugeben sei. Sie ist
zwar eine falsche Theorie über die Realität, aber sie ist gleichzeitig eine richtige Theorie über eine aufgeklärt-humane Gesellschaft - eine ökonomische Utopie. Als solche ist sie, wie kaum
eine andere ökonomische Theorie geeignet, der realen Gesellschaft
die gesellschaftliche Moral von Freiheit und Gleichheit vorzu-
halten. Außerdem beschreibt sie die Realität in vielen Erscheinungen richtig, nur im Zusammenhang verkehrt. Das gilt insbesondere für das Urteil, daß das allgemeine ökonomische Gleichge-

wicht im Grunde ein Konkurrenzgleichgewicht sei, obwohl die Ökonomie trotz Markt und Konkurrenz stets nur von neuem ein Monopolgleichgewicht produziert. Entgegen ihrem Anspruch ist sie damit nicht in der Lage, die reale Entwicklung zu begreifen, insbesondere auch nicht in ihren Widersprüchen und Instabilitäten.[*)]

Für deren Analyse bleibt man auf den klassischen Zweig angewiesen, nämlich auf die Theorie der Ungleichheit (so wie sie schon
von Adam Smith als notwendige Voraussetzung für die Theorie des
Reichtums der Nationen entwickelt wurde), und auf deren Ergänzung durch eine Theorie der Instabilitäten im Sinne von Keynes.
Sofern sie sich überhaupt zu einer einheitlichen Theorie zusam-
menfassen läßt, müßte man diese kritische Ökonomie "Neoklassik
in einem radikal-liberalen Sinne" (Vogt) nennen. Es hat sich
jedoch der Titel "Post-Keynesianische Theorie" eingebürgert,
weil Keynes in seiner "Allgemeinen Theorie" eine systematische
Funktionsschwäche des Marktsystems analysierte, und zwar mit
der erklärten Absicht, die Institutionen einer freien Gesellschaft zu sichern. Auf diesem Hintergrund gesehen, ist die neoklassische Theorie dann im Hinblick auf die gesellschaftliche
Moral von der Freiheit nicht eine Verteidigung der Realität, als
die sie in der Regel dient, sondern deren schärfste Kritik.

[*)] Darauf hat schon der mit Lord Keynes und Piero Sraffa befreun-
dete Ludwig Wittgenstein hingewiesen. "Die bürgerliche Stellung des Widerspruchs oder seine Stellung in der bürgerlichen
Welt: das ist das philosophische Problem" (Philosophische Untersuchungen, Frankfurt a.M. 1971, 69). Vgl. dazu den "Biblio-
graphical Sketch" von Georg Henrik von Wright, in: Norman
Macolm, Ludwig Wittgenstein. A Memoir, London 1958: "great
importance in the origination of Wittgenstein's new ideas was
the criticism to which his earlier views were subjected by
(...) Piero Sraffa (...). It was above all that Sraffa's acute
and forceful criticism that compelled Wittgenstein to abandon
his earlier views and set upon new roads. He said that his
discussion with Sraffa made him feel like a tree from which
all branches had been cut" (S. 15 f.).

So stellt sich auf die eingangs gestellte Frage nach der "Basistheorie" einer "Allgemeinen Planungstheorie" die nun nicht mehr
so erstaunliche Antwort ein, daß das mikroökonomische Gleichgewichtsmodell der Neoklassik zu schnell aufgegeben wurde, und daß
der Verlust des Wirtschaftsordnungsdenkens in der betriebswirtschaftlichen Ziel- und Planungsdiskussion behoben werden kann,
wenn man den wissenschaftsprogrammatischen und forschungsstrate-
gischen Anspruch der neoklassischen Theorie ernst nimmt.
Forschungsstrategisch betrachtet läßt sich aus diesem Gesamtansatz einer um die postkeynesianische Kritik erweiterten Allgemeinen Theorie eine Unternehmenstheorie konzeptionalisieren, die
die faktische Entwicklung hin zu einer "corporate economy" zum
Ausgangspunkt nimmt und diese Entwicklung ökonomisch, d.h. als
systematischen Gleichgewichtsfall interpretiert. Dieser Ansatzpunkt in der Post-Keynesianischen Ökonomie empfiehlt sich auch
schon deshalb, weil hier die Unternehmung im Mittelpunkt des
"ökonomischen Interesses" steht und als ökonomische Institution
betrachtet wird, die alle wesentlichen Entscheidungen und Prozesse determiniert. So betrachtet kann der gesuchte Neuansatz einer
"erweiterten Theorie der Firma" [26] als ökonomisch erweiterte
Theorie der Unternehmung in der postkeynesianischen Ökonomie gefunden werden. Da es, wie auch Hax ausführt und Gutenberg immer
schon gefordert hat, [27] Aufgabe der Betriebswirtschaftslehre
ist, eine Theorie der Unternehmung zu entwickeln und in dieser
ökonomischen Theorie die funktionalen Abhängigkeiten von Produktion, Absatz und Finanzierung als ein zentrales Thema behandelt
werden, sehe ich darin ein Angebot, sie zur Grundlage einer Re-
integration der Gutenbergschen Theorien zu nehmen. Eine solche
Interpretation bietet sich vor allem dann an, wenn es gelingt,
die postkeynesianische Theorie auf der Grundlage des neoklassischen Gesamtansatzes zu entwickeln, der ja bekanntermaßen auch
der betriebswirtschaftlichen Theorie Gutenbergs zugrundeliegt.
Dieses Konzept einer ökonomisch erweiterten Unternehmenstheorie
hat darüberhinaus auch Konsequenzen für die Diskussion über die

Reform der Unternehmensverfassung. Ebenso wie bei der Diskussion über die mikroökonomischen Grundlagen der Unternehmenstheorie kann aus der faktischen Entwicklung hin zu einer "corporate economy" nicht der Schluß gezogen werden, daß das neoklassische Paradigma nicht mehr zur Verfügung steht. Das allgemeine Gleichgewicht ist zwar im Grunde kein Konkurrenzgleichgewicht, sondern ein Monopolgleichgewicht, aber, wie der Name
sagt, ein Gleichgewicht mit allen dazugehörenden Eigenschaften.
Die Ergebnisse dieses Gleichgewichts weichen allerdings von denen des Konkurrenzgleichgewichts in wesentlichen Punkten ab, und
von daher wäre zu überlegen, welche gesellschaftlich-ökonomischen Institutionen für diese Abweichungen verantwortlich sind.
Eine solche Fragestellung begründet sich schon daraus, daß mit
dem neoklassischen Konkurrenzgleichgewicht immer auch eine auf
die liberalen Prinzipien von Freiheit und Gleichheit gegründete Gesellschafts- und Wirtschaftsordnung impliziert ist. Vor dem
Hintergrund des realen Monopolgleichgewichts ist die neoklassische Theorie dann in Hinblick auf die normativen Grundlagen der
Unternehmens- und Wirtschaftsverfassung ja keine Verteidigung
der Realität, als die sie in der Regel dient, sondern deren
schärfste Kritik. Dieser "normative Aspekt" verweist auch auf
eine der wissenschaftstheoretischen Perspektiven, einer erneu-
ten Begründung der Betriebswirtschaftslehre als ökonomische
Theorie aus dem Paradigma der Neoklassik. Die bisherigen ver-
haltenswissenschaftlichen,systemtheoretischen oder auch die
politikwissenschaftlichen Ansätze, [28] die an die Stelle der
neoklassischen Theorie treten, unterscheiden sich vom neoklassischen Gesamtansatz ja nicht nur dadurch, daß sie dessen universellen Anspruch zurückweisen. Aufgrund des Verlustes einer
allgemeinen ökonomischen Theorie, die das theoretische Feld ab-
bildet, auf das sich betriebswirtschaftliche Modelle beziehen,
fehlt ihnen der systematische Zusammenhang, aus dem sie sich
als partielle Theorien ableiten lassen und in dem sie erst ihre

Bedeutung gewinnen. Ohne diesen Bezug auf eine allgemeine
Theorie, die über die Strukturen und Institutionen der Gesellschaft ihre Bedingungen und Auswirkungen aufklärt, würden ihre Themen und Ableitungen Fragmentebleiben. Gerade bei betriebswirtschaftlichen Unternehmens- und Planungstheorien
zeigt sich, daß die Gestaltungsvorschläge wenig hilfreich
sind, wenn sie den ökonomischen Gesamtzusammenhang nicht berücksichtigen. Dieser Verlust eines allgemein anerkannten Paradigmas kann auch den Bemühungen in der Betriebswirtschaftslehre entgegenkommen, die immer schon auf eine Abgrenzung von
der volkswirtschaftlichen Theorie gerichtet waren. Sie verliert dabei aber nicht nur den gesamtgesellschaftlichen Kontext, in dem ihre Modell stehen und deren ökonomietheoretische
Integration, sondern zugleich auch die wirtschaftsordnungspolitischen Grundlagen ihrer Gestaltungsvorschläge. Dieser Verlust des Wirtschaftsordnungsdenkens kann als Indiz dafür betrachtet werden, daß Grundlagenprobleme, die im wesentlichen
ökonomietheoretische Probleme sind, als wissenschaftstheore-
tische Probleme normativer und theoretischer Natur thematisiert werden, die in der klassischen und neoklassischen Ökonomie integraler Bestandteil der Theorienbildung selbst sind,
und dort als eigenes Thema sinnvoll nicht formuliert und von
außen als Frage an die Theorie herangetragen werden können.
Das gilt insbesondere für die neoklassische Theorie von Walras,
der immer schon die "konkrete Utopie" einer Gesellschaft zu-
grundelag, in der sich die realen Interessen unter gegebenen
materiellen und technischen Restriktionen in Obereinstimmung,
ins Gleichgewicht bringen lassen.
So ergibt sich am Ende, daß das neoklassische Paradigma in der
betriebswirtschaftlichen Diskussion zu schnell aufgegeben wurde, weil es zur Grundlage einer neoklassische und keynesianische Theorieteile integrierenden Allgemeinen Gleichgewichtstheorie genommen werden, aus der sich eine erweiterte

postkeynesianische Theorie der Unternehmung ableiten läßt, und
mit der sich möglicherweise auch die Allgemeine Betriebswirtschaftslehre Gutenbergs als Gesamtansatz einer ökonomischen
Theorie wird rekonstruieren lassen.

Anmerkungen

§ 1 Einführung, I. Die Allgemeine Gleichgewichtstheorie als Paradigma der Unternehmenstheorie

1) Vgl. Lenk (1972), S. 559 f.
2) Schneider (1967), Vorwort zur ersten Auflage, 1947, S. III
3) Gutenberg (1968), Vortwort zu ersten Auflage, 1951, S. V/VI
4) So die Kritik Gutenbergs an Schneider. Vgl. Gutenberg (1959)
5) Dies wird im einzelnen Gegenstand der nachfolgenden Dastellung und Analyse
6) Vgl. Marris (1968)
7) So verstehe ich den Ansatzpunkt, auf den sich Steinmann/ Schreyögg (1982), S. 530 f. und Steinmann/Gerum (1981), S. 453-4, beziehen
8) Vgl. Knapp (1973)
9) Vgl. Preston (1975), Henderson (1982)
10) Vgl. Eichner/Kregel (1975)

§ 1 Einführung, II. Das theoretische Problem strategischer Unternehmensführung

1) Steinmann (1981), Hervorh. W.B.
2) Schreyögg (1981), S. 127, Hervorh. W.B.; vgl. auch Henderson (1982)
3) Schreyögg (1981), S. 127, Hervorh. W.B.
4) Vgl. Arrow (1973)
5) Vgl. Steinmann (1981), S. 13
6) Zum Begriff des "Gleichgewichts der Unternehmung" vgl. aus neoklassischer Sicht Arrow (1973), Coase (1937), aus post-keynesianischer Sicht Kaldor (1934), Penrose (1959) und aus verhaltenswissenschaftlicher Sicht Cyert/March (1963)

§ 2 Allgemeine Gleichgewichtstheorie

7) Vgl. Adam Smith (1975)
8) Vgl. David Ricardo (1970)
9) Vgl. Walras (1954). Zur Allgemeinen Gleichgewichtstheorie und ihrer Aktualität vgl. die grundlegenden Arbeiten von Arrow/ Debreu (1954), Debreu (1959), Hahn (1973) - vgl. auch Quirk/ Saposnik (1968), Schneider (1967), II. u. III. Teil.

Zur nachfolgenden Darstellung der Gleichgewichtstheorie vgl.
Vogt (1968), (1973), (1974), (1976) und die systematische
Entwicklung des neoklassischen Gleichgewichtsmodells in:
Drèze (1976), Drèze/Hagen (1978), Vogt (1980). Die dort ent-
haltenen theoretischen Analysen werden hier in eine Gesamt-
darstellung des Allgemeinen Gleichgewichts (vgl. Arrow/Hahn,
1971) eingeordnet. Zur Perspektive eines solchen allgemeinen Modells vgl. auch Robinson/Eatwell (1974) und die
Gleichgewichtsanalysen in Robinson (1972)

10) Zum folgenden vgl. neben Arrow/Hahn (1971) auch die kritische Rekonstruktion in Robinson (1972), Chamberlin (1956)
und Penrose (1959). Diese Kritik wird weiter unten in § 3
und § 4 vor dem Hintergrund der Diskussion der allgemeinen
Gleichgewichtstheorie wieder aufgenommen. Die allgemeine
Theorie des Monopolgleichgewichts kann, so die hier vertretene Auffassung, nur in der allgemeinen Gleichgewichtstheorie systematisch entwickelt werden. Der Unterschied zu den
üblichen Monopol-Theorien besteht dann darin, daß das Monopol nicht ein Sonderfall des allgemeinen Gleichgewichts ist,
oder sich besonderen historischen Entwicklungen verdankt;
das Monopolgleichgewicht gehört vielmehr zum "Kernbestand"
des Allgemeinen Gleichgewichts. Der zuletzt genannte Aspekt
wird dann zum Anlaß genommen, nach den Bedingungen zu fragen, welche Bedingungen erfüllt sein müssen, daß sich in realen Gesellschaften ein Konkurrenzgleichgewicht einstellt.
Vgl. dazu die Überlegungen in § 5 und § 6

11) Vgl. Debreu (1962), Arrow/Debreu (1954). Vgl. auch McKenzie
(1959), (1961) und die Gleichgewichtslösung in Morishima
(1964)

12) Vgl. dazu die Erläuterungen in Weintraub (1959)

13) Vgl. aus neoklassischer Sicht Meade (1961)

14) Vgl. dazu die Ausführungen weiter unten in Kap. IV.. Vgl.
auch Coddington (1976)

15) Vgl. Solow (1970) aus neoklassischer Sicht und die Keynesianische Analyse in Davidson (1978)
16) Vgl. zu dieser Interpretation die Erläuterungen von Jaffée in
Jaffée (1965)
17) In dieser Hinsicht steht sie ganz in der naturrechtlichen Tradition der klassischen Ökonomie - vgl. Braun (1982a), Kap. B.
Das Naturrechtstheorem enthält im Zusammenhang der Prinzipien
Privateigentum, Freiheit und Gleichheit auch ein Naturrecht
auf individuelle Akkumulation, aufgrund dessen erst die "Naturgeschichte der bürgerlichen Gesellschaft" in Gang kommt. In
der Neoklassik wird aus diesem Naturrecht das Prinzip eines
gerechten Spargrundsatzes, das dann in den Wachstumstheorien
seine ökonomische Interpretation erfährt - vgl. zum Prinzip
des gerechten Spargrundsatzes Rawls (1979), zur Wachstumstheorie Meade (1961).
18) Vgl. Solow (1956)
19) Vgl. Robinson (1974)
20) Vgl. dazu insbesondere die mikroökonomische Darstellung der
Kapitalbildung in § 5, Kap. VIII, § 6, Kap. XI
21) Vgl. Haracourt (1972)
22) Eine systematische Ableitung findet sich auch in Haslinger,
Schneider und Vogt (1976), S. 5 ff.
23) Dieser Gedanke wird bei der Diskussion des mikroökonomischen
Modells weiter unten in § 4 wieder aufgenommen.
24) Das allgemeine Gleichgewicht entspricht den Gerechtigkeitsgrundsätzen, wenn ihm ein Konkurrenzgleichgewicht zugrunde
liegt - vgl. Baumol (1965), S. 335 ff.; Knight (1935); Koopmans
(1957), erster Essay. Der Preismechanismus erfüllt darin simultan die Allokations- und die Verteilungsfunktion - vgl. Meade
(1964), S. 11 ff.. Das dem entsprechende Gesellschaftsmodell
kennzeichnet Meade als "Demokratie mit Privateigentum" (Meade,
1964), wobei die Institution des Privateigentums in der einen
wie der anderen Weise mit Privateigentum oder öffentlichem Eigentum an Produktionsmitteln ausgeprägt sein kann - vgl. Bergson
(1967). Der Bezug dieses Gleichgewichts auf die Zukunft drückt
sich dabei in einem gerechten Spargrundastz und einer angemesse-
nen Wachstumsrate aus - vgl. Barry (1975), S. 75 ff.; Chakravatry

(1969); Koopmans (1970); Solow (1970), Kap. 5.; Marglin (1963),
S. 100 ff.. Eine ungleiche Vermögensverteilung kann dabei zwar
als Voraussetzung für eine zukünftige Wohlstandssteigerung gerechtfertigt werden - vgl. Keynes (1919, S. 18 ff.) -, sie darf
aber nicht systematisch vom Gleichheitsgrundsatz abweichen -
insbesondere darf sie sich nicht der Existenz marktbeherrschender Unternehmen verdanken - Pigou (1932); Meade
(1964), S. 56 f.. Ein Monopolgleichgewicht kann demnach
auch dann nicht gerechtfertigt werden, wenn es für das ökonomische System im ganzen gesehen effizient ist. Verdankt es sich
einer Unternehmensverfassung, die auf dem privaten Eigentum an
Kapitalgütern gegründet ist, dann wird im einzelnen zu untersuchen sein, welche damit verbundenen Verfügungsrechte das Monopolgleichgewicht verursachen. So kann sich zeigen, daß die Verfügung über die mit den Kapitalgütern erzielten Ergebnisse dem
Gerechtigkeitsgrundsatz entspricht, das Eigentum an den Kapitalgütern selbst dagegen ein (gerechtes) Konkurrenzgleichgewicht verhindert. Daraus wird dann der Schluß zu ziehen sein,
daß diese Institution abzuändern ist. Man erhält so ein Marktsystem mit Privateigentum, aber ohne Privateigentum an Kapitalgütern, bzw. ein allgemeines Konkurrenzgleichgewicht mit öffentlichem Eigentum an Produktionsmitteln. Die notwendige Abweichung der gerechten Entlohnung nach dem Grenzprodukt im System der vollkommenen Konkurrenz, wie sie Pigou (1932, S. 549
ff.) aus der Existenz marktbeherrschender Großunternehmen ab-
leitet, stellt eine wesentliche Abweichung des Gleichgewichts
von Gerechtigkeitsgrundästzen dar, weil die Individuen dadurch weniger erhalten, als ihrer Leistung entspricht. Es
wird das Leistungsprinzip verletzt, weil das Preissystem
nicht wirksam ist. Die Verletzung würde einer schwerwiegenden
Ungerechtigkeit gleichkommen, wenn nicht lediglich Marktversagen vorliegt, sondern das gesellschaftliche Rahmensystem
selbst kein Konkurrenzgleichgewicht zuläßt. In diesem Falle ist die Herstellung von Gütern des privaten Verbrauchs
nicht von den Entscheidungen der Haushalte abhängig und
gibt das Konkurrenzsystem der Koalitionsfreiheit und der

freien Berufswahl im Rahmen fairer Chancengleichheit keinen
Raum. Vgl. dazu die Diskussion der normativen Implikationen
des neoklassischen Gleichgewichtsmodells weiter unten, § 5
und § 6.

25) Vgl. Böhm-Bawerk (1914)

26) Vgl. The Works and Correspondence of David Ricardo, ed. by
Piero Sraffa, with the collaboration of M.H. Dobb, vol. I -
vol. V., London 1970 ff. und die darauf aufbauenden Studien
von Pasinetti (1974). Eine historische Betrachtung des Kon-
kurrenzprinzips von Adam Smith findet sich in Stigler (1957)

27) Vgl. dazu Bahgwati (1970)

28) Vgl. Debreu (1959)

29) Vgl. Baumol (1958), (1967)

30) Vgl. Knight (1971), Kap. IX. Vgl. dazu auch Alchian/Demsetz
(1972), Demsetz (1967)

31) Vgl. Preiser (1964)

32) Vgl. Haslinger, et. al. (1976), S. 5 ff.

33) Vgl. dazu im einzelnen die Darstellung und Erläuterungen in
Schlicht (1976)

34) Vgl. Kihlstrom/Laffout (1979)

35) Vgl. Blaug (1968)

36) Vgl. zum folgenden Vogt (1979)

37) Vgl. Debreu (1962), (1973). Vgl. auch Arrow/Hahn (1971)

38) Vgl. Schumpeter (1942). Besonders prägnant wird diese Tendenz in Kap. 7/8 vertreten, vgl. auch Schumpeter (1926).
Die keynesianische Position, daß hinter dieser Entwicklung
eine historische Tendenz stehe, die solange selbständig
bleibt, als das Gleichgewicht nicht durchgesetzt und stabilisiert wird, und daß diese Tendenz in der ökonomischen
Theorie behandelt werden müsse und Gegenstand ihrer Ableitungen sein solle,vertritt pointiert Robinson (1974b). Zu
dieser historischen Tendenz, die im Naturrecht und in der

klassischen politischen Ökonomie immer schon mitgedacht
wurde, vgl. Braun (1982a)

39) Vgl. Stigler (1964)

40) Vgl. dazu die Ableitung des Monopolgleichgewichts weiter
unten in § 4

41) Der hier vertretene post-keynesianische Ansatz (Keynes 1936)
- vgl. dazu Klein (1965), Minsky (1975) - basiert auf den
Arbeiten von Kaldor (1960a), (1960b), Pasinetti (1974) und
Robinson (1951), (1960), (1965), (1973). Die gesellschafts-
theoretischen und ökonomischen Arbeiten von Galbraith (1967a),
(1967b) und Penrose (1959) stehen diesem Ansatz nahe. Ihre
ökonomietheoretische Integration, die auch hier versucht
wird, findet sich in den neueren Arbeiten Kregels (1975)
und Eichners (1978). Der Versuch einer Integration bezieht
sich dabei auch auf die Studien von Marris (1963), (1968)
und die darin diskutierten Theorien von Baumol (1958) u.a.
und auf die Theorien von Williamson (1964), (1970), (1973),
(1975) - um nur zwei, für den zu diskutierenden Ansatz,
zentrale Namen in Verbindung mit der Theorie des "managerial
capitalism", der "corporate economy" und der "behavioural
theory of the firm" zu nennen - vgl. den Überblicksartikel
von Marris (1972), Marris/Wood (1973) und Williamson (1981).
Die Integration, die auch hier versucht wird, hat eine Theorie der ökonomischen Determinanten der Preisbildung im Monopol zur Grundlage - vgl. dazu Asimakopulos (1971), Eichner
(1973), Kregel (1971), Dogas (1982)

42) Vgl. zum folgenden Eichner/Kregel (1975)

43) Vgl. Kap. VI.4. und einführend Harrod (1973) - Harrod (1949)
- vgl. dazu auch Nell (1982)

44) Vgl. Kap. VII.

45) Vgl. dazu im einzelnen die Ableitung in Kap. V.

46) Vgl. zur Methode Robinson (1956)

47) Vgl. dazu im einzelnen Kap. VI.4.

48) Vgl. dazu Pasinetti (1974)

49) Vgl. dazu die parallel zu den Arbeiten von Keynes entstandenen Studien von Kalecki (1972) - vgl. auch Kalecki (1971)

50) Vgl. Kap. IX.

51) Vgl. die in Fn 41 zitierten Arbeiten

52) Vgl. Galbraith (1967a)

53) Vgl. Kregel (1971)

54) Dazu im einzelnen die Analysen in Kap. V., IX.

55) Vgl. Davidson (1978) auf der Grundlage von Keynes (1930)

56) Vgl. Eichner (1978)

57) Vgl. dazu die Überlegungen unten in Kap. VII.3.

58) Vgl. dazu Kap. VI. in dieser Arbeit

59) Vgl. dazu die Überlegungen unten in Kap. VI., IX.

60) Vgl. Harrod (1973), Domar (1952) - vgl. auch Robinson (1962)

61) Vgl. dazu die Ausführungen unten in Kap. IX.4.

§ 3 Die Unternehmung in der postkeynesianischen Ökonomie

1) Vgl. Stigler (1964)

2) Zur Theorie des Monopolgleichgewichts vgl. grundlegend Robinson (1956), (1972) - und die Erweiterungen in Kregel (1972). Entgegen der Auffassung von Joan Robinson, daß der Rahmen der neoklassischen Theorie, der in der Hauptsache auf Walras

beruht, zu eng sei, um eine ökonomische Theorie zu entwik-
keln, die "den Weg zu einer tiefergehenden Erörterung der
heutigen Probleme freimachen hilft" (Robinson 1974a, S. 15),
soll hier nachgewiesen werden, daß die Allgemeine Gleichgewichtstheorie der notwendige Ausgangspunkt für eine kritische Rekonstruktion der "modernen Industrie" ist, die sich
nicht so sehr als ein "System monopolistischer Konkurrenz,
als vielmehr konkurrierende Monopole" darstellt (ebenda,
S. 96). Um diese Darstellung im Rahmen der theoretischen
Ökonomie erörtern zu können, ist es erforderlich, die Grundlagen der neoklassischen Theorie beizubehalten und alle Modifikationen, bis hin zur Darstellung des Monopolgleichgewichts der Unternehmung aus ihnen zu entwickeln. Die Ableitung des Monopolgleichgewichts und die Begründung der mikroökonomischen Basis ist (wie Robinson im Vorwort zur zweiten
Auflage von: The Economics of Imperfect Competition schreibt)
"als Beweis innerhalb des Rahmens der orthodoxen Theorie" zu
verstehen.

3) "Gibt es heftigen Wettbewerb, muß auch eine Tendenz zum Monopol vorhanden sein, die häufig im Stadium des Oligopol
zum Halten gebracht wird, wenn einige wenige mächtige Unternehmen die bewaffnete Neutralität dem Endkampf um die
Vorherrschaft vorziehen (Robinson, 1974a, S. 96)

4) Auch dieser Hinweis findet sich schon bei Robinson: " ... im
allgemeinen besteht der Vorteil der Größe für ein Unternehmen in der Größe selbst - das heißt in ihrer Finanzkraft"
(Robinson, 1974a, S. 96). Bei Eichner (1978) findet sich
dieser Hinweis: "The idea is that the pricing decision,
when some degree of market power exists, ist ultimately lin-
ked to the investment decision; that, indeed, under the cir-
cumstances, prices are likely to be set so as to assure the
internally generated funds necessary to finance a firm's de-
sired rate of capital expansion. It is this insight which

makes it possible not only to provide the long-missing de-
terminante solution to the oligopolistic pricing problem
but also to reintegrate micro with macroeconomic theory"
(S. X). Einen davon abweichenden Ansatz wählt Kregel (1971).
Auf deren Integration (Kregel, 1978) verweisen Eichner und
Kregel (1975)

5) Zur Darstellung in Kap. V. vgl. Vogt (1973) - und die Präzisierung in Vogt (1974); vgl. auch Vogt (1976), einführ-
rend Vogt (1980), S. 25 ff., 29 ff. - und Vogt (1968). Eine
empirische Begründung findet sich in Müller, et. al. (1978)
- der theoretische Ansatz dieser Arbeit wird hier allerdings
dings nicht in allen Teilen übernommen. Das gilt insbesondere für die strenge Gewinnmaximierungshypothese (S. 54 ff.).
Das Monopolgleichgewicht basiert eben darauf, daß der mark-
up Aktionsparameter ist und nicht, wie im Schulbuch-Monopol,
der Preis. Vgl. im einzelnen die nachfolgenden Ausführungen

6) Vgl. Kap. III.5., III.6.

7) Vgl. dazu die Präzisierung unten Kap. IX., X.

8) Vgl. Knight (1971)

9) Vgl. Mueller (1976) - vgl. auch Nutzinger (1976)

10) Auf dieses Risiko werden wir insbesondere in Kap. VI. eingehen

11) Vgl. dazu die nachfolgenden Ausführungen

12) Vgl. Kap. VI.4.

13) Darauf hatte bereits Kalecki (1972) hingewiesen. Vgl. auch
Dogas (1982

14) Vgl. Boddy/Crotty (1975)

15) Vgl. Minsky (1975)

16) Auf den selbstzerstörenden Zusammenhang zwischen Inflation
und Marktsystem hat schon Eucken (1959) aufmerksam gemacht

17) Vgl. Davidson (1978) - einführend Barro (1979)

18) Vgl. Barro (1979)

19) Vgl. dazu die empirischen Analysen in Müller, et. al. (1978),
S. 114 ff.

20) Vgl. Haracourt (1972)

21) Vgl. im einzelnen dazu Müller, et. al. (1978)

22) Vgl. dazu die Beiträge zum: "Symposium: Priceformation theory", in: Journal of Post Keynesian Economics, IV (1981):
Shapiro (1981), Nai-Par Ong (1981) und die Diskussion Levine
(1980), Roncaglia (1980), Levine (1980b)

23) Vgl. dazu die Beiträge zum: "Symposium: Market mechanism in
Post Keynesian Economics, in: Journal of Post Keynesian Economics, III (1980): Minskey (1980), Kregel (1980)

24) Vgl. dazu die Beiträge zu dem von Joan Robinson einberufe-
nen 1971 Konvent der "American Economics Association", abge-
druckt in Nell (1980a), insbesondere die Abschnitte III:
Microeconomics und IV Macroeconomics: Nell (1980b), Eichner
(1980) und Davidson/Kregel (1980), Haracourt (1980)

25) Vgl. Cowling/Mueller (1981), Mishan (1970)

26) Vgl. die Beiträge zum 1981 Konvent der "American Economics
Association": Hunt (1980), Ellermannn (1980), Kregel (1980)

§ 4 Unternehmensplanung

27) Vgl. zum folgenden neben Kregel (1978), Eichner (1978) und
Eichner/Kregel (1975) insbesondere Eichner (1973), die Kritik von Hazledine (1974) und die Erweiterung des Modells in
Eichner (1980). Die nachfolgende Darstellung entspricht dem
Modell von Eichner (1980).
Der in diesem und den nachfolgenden Kapiteln diskutierte
"neoklassisch-postkeynesianische" Ansatz zu einer Theorie
der Unternehmensplanung bezieht sich auf den ökonomischen
Gesamtzusammenhang, in dem strategische Unternehmensplanung
steht und thematisiert im besonderen deren ökonomische Determinanten. Insofern werden Ableitungszusammenhänge zwi-

schen Mikro- und Makroebene behandelt und die mikroökonomischen Aspekte in diesem Zusammenhang vertieft. Die gesellschaftlichen und politischen Dimensionen des Planungspro-
zesses, so wie sie zum Beispiel Faludi (1973) vertieft und
die normativen Aspekte der Unternehmensführung, die zum
Beispiel Preston (1975) oder Henderson (1982) behandelt,
werden deshalb nur "am Rande" der ökonomischen Analyse als
ökonomische Tatbestände behandelt. Wir werden darauf aus
der Sicht der Neoklassik in Kap. VIII. und vor allem in Ka-
pitel XI. zurückkommen.
In der betriebswirtschaftlichen Planungsdiskussion (vgl.
Kirsch, 1981) wird strategische Planung, so wie sie von
Ansoff (1977), Declerck und Hayes (1976), Bowman (1973/74),
Mason, Harris und Mc Loughlin (1970/71), Mintzberg (1978),
Montanari (1979), oder Vance (1970/71) und Preston (1975)
konzipiert und wie sie zum Beispiel von Vickers (1968)oder
Neil W. Chamberlin (1962) zu einer allgemeinen Unternehmenstheorie zusammengefaßt wurde, ihrer Natur entsprechend
zunehmend als politischer Prozeß und insofern gesamtgesell-
schaftlich verstanden (vgl. Schreyögg, 1981, Kappler, 1975),
der allgemeine ökonomische Bezug bleibt dagegen, theoretisch
betrachtet, weitgehend ausgeklammert. Dies mag sich dem Umstand verdanken, daß das mikroökonomische Gleichgewichtsmodell der Neoklassik, das einen solchen Bezug vermitteln
konnte, als Gesamtansatz fallen gelassen wurde - wenngleich
es in partiellen Theorieteilen weiter besteht - und an seine Stelle empirische und systemtheoretische Konzeptionen
traten, die diesen Zusammenhang als ökonomischen Zusammenhang in einer allgemeinen Theorie nicht mehr vermitteln -
und auch nicht vermitteln wollen. Die "Rationalität" der
Planung ist infolgedessen auch nicht mehr eindeutig festgelegt und ökonomisch definiert und wird deshalb in der Planungsdiskussion zu einem eigenen Problem (vgl. Kirsch/

Bamberger, 1976). So diskutieren Machlup (1967), Margolis
(1958), Marris (1963) oder Quinn (1977) die Grundlagen der
Unternehmenstheorie und findet es sich in der betriebswirtschaftlichen Planungsdiskussion, für die hier stellvertretend Bendixen (1978), Gabele (1978), Hanssmann (1982), Albach (1978), Kirsch und Trux (1981), Szyperski und Wienand
(1980), Szyperski und Welters (1976), Reichwald (1979) und
Sieben und Goetzke (1976), Kappler (1977), Hahn und Taylor
genannt seien.

28) Vgl. Chamberlin (1965), Robinson (1972)

29) Vgl. pointiert Nell (1980)

30) Vgl. Marris (1968)

31) Vgl. Bhagwati (1970)

32) Vgl. zum folgenden Eichner/Kregel (1975), Kregel (1972),
(1978), Eichner (1980) - vgl. auch die in Fn 22, § 3 genannte Literatur

33) Vgl. Schumpeter (1942), S. 99 f.

34) Vgl. Marglin (1975)

§ 5 Theorie der Unternehmung

35) Wir verzichten im folgenden auf eine Diskussion der umfang-
reichen Literatur zur Unternehmenstheorie und Unternehmensorganisation und werden stattdessen untersuchen, welche Unternehmensordnung, die nach unserem Sprachgebrauch Unternehmensverfassung und -organisation umfaßt, mit dem jeweiligen
ökonomischen Modell und der in ihm dargestellten Struktur
der ökonomischen Wirklichkeit vereinbar ist - beziehungsweise, welche partielle Theorie der Unternehmung sich aus
der allgemeinen Gleichgewichtstheorie und der allgemeinen
Theorie des Monopols ableiten läßt. Die ökonomische Analyse wird dabei soweit vorgetragen, als sich ihre Ergebnisse
mit den Ergebnissen der betriebswirtschaftlichen Organisa-
tionstheorie und den Ergebnissen der betriebswirtschaftlichen

und rechtlichen Studien zur Unternehmensverfassung verbinden
lassen. Im Rahmen organisationstheoretischer Überlegungen
sind hiervon die Themen "Markt und Hierarchie" (Williamson,
1975), "Produktionstechnik, Arbeitsbedingungen und Organisa-
tionsstruktur" (Schreyögg, 1978) betroffen. Die Diskussion
von Unternehmensverfassungsproblemen, die aus einer "neoklassischen Perspektive" in § 6 angesprochen werden soll,
wird hier insofern vorbereitet, als wir zwei neoklassische
Modelle der Unternehmensordnung, selbstverwaltete und Ei-
gentümer-Unternehmung ableiten und diese Formen der "Konkurrenzunternehmung" dem aus der allgemeinen Theorie des
Monopolgleichgewichts ableitbaren Monopol_-Modell der Unternehmung gegenüberstellen werden - also "Konkurrenzunternehmung" versus "Großunternehmung" und dessen spezifische Un-
ternehmensverfassungsprobleme, wie sie von Mestmäcker (1978a)
und Steinmann und Gerum (1978) diskutiert werden.

36) Vgl. Rowthrone (1973), S. 271

37) Vgl. dazu Drèze (1974), (1976), Vogt (1980)

38) Zu den theoretischen Grundlagen und zu den Realisierungsbedingungen selbstverwalteter Unternehmungen vgl. (neben der
"klassischen" Arbeit von Blumberg, 1968; Vanek, 1970) Comisso (1979)
Cornoy/Shearer (1980), Stephen (1982). Vgl. auch Hodgson
(1982/83) und zur aktuellen Diskussion Clayre (1980); zu
einzelnen Modellen und deren theoretischer Begründung vgl.
Backhaus (1979) und die Literaturübersicht in Braun (1982b),
S. 25 ff., Steinherr (1978)

39) Vgl. Drèze (1974)

40) Vgl. zum folgenden Drèze/Hagen (1978), Drèze (1976), Vogt
(1980)

41) Zur Kritik dieser neoklassischen Begründung vgl. Ginitis
(1972a), (1972b), (1976), Hunt (1980)

42) Vgl. Knight (1971), Coase (1937); vgl. zum Eigentumsrecht-
Ansatz insgesamt Demsetz (1967) und die Kritik Nutzingers
(1982)

43) Vgl. Alchian/Demsetz (1972)

44) Vgl. Sandler/Cauley (1980), Williamson (1973) und die kritischen Anmerkungen in Marglin (1974), Nutzinger (1979), Reich/
Devine (1981)

45) Vgl. zum folgenden Vogt (1980)

46) Vgl. Vogt (1980)

47) Vgl. Robinson (1969), S. 38 ff., S. 79 ff.

48) Vgl. Steinmann (1968)

49) Vgl. Galbraith (1967a)

50) Vgl. Marris (1973), Wood (1973)

51) Vgl. auch Zinn (1980)

52) Vgl. Steinmann (1981)

§ 6 Neoklassische Perspektiven

1) Zum normativen Fundament der klassischen Ökonomie vgl. Braun
(1982), zum normativen Fundament der neoklassischen Ökonomie Vogt (1979)

2) Vgl. Braun (1983)

3) Vgl. die Ausführungen in dem entsprechenden Abschnitt weiter
oben

4) Vgl. im einzelnen dazu Braun (1983)

5) Vgl. ausführlich Kap. VIII.. Die Darstellung beschränkt sich
hier auf einige wesentliche Aspekte.

6) Vgl. Drèze (1974), (1976)

7) Vgl. Drèze (1974), Vogt (1980)

8) Vgl. Braun (1982a), S. 69 ff.. Zur Diskussion um den hier in
den Vordergrund gestellten Aspekt der "Eigentumsverfassung
der Unternehmung" vgl. die unterschiedlichen Positionen von
Wiethölter (1970), der auf die gesellschaftliche Funktion
des Unternehmensrechts abstellt und eine soziale Legitimationsbasis fordert, und Mestmäcker (1978b), der in Anlehnung
an Adam Smith auf der liberalen Legitimationsbasis beharrt.
Vgl. dazu auch Braun (1983), Steinmann und Gerum (1978)bezie-

hen sich ebenfalls auf diese Kritikpunkte, gelangen dann allerdings zu einer Kritik der Neoklassik und versuchen von
daher eine Neuformulierung des Prinzips der Unternehmens-
und Wirtschaftsverfassung. Im Unterschied dazu wird hier
die Kritik zum Anlaß genommen, die Neoklassik neu zu formu-
lieren. Der Ansatz hier begründet sich also nicht aus einer
Kritik der Neoklassik; im Gegenteil: die aus der Neoklassik
begründete Kritik am Monopolgleichgewicht ist der Anlaß, eben
diese Neoklassik zu revidieren. Nebenbei bemerkt, der von
Steinmann/Gerum vorgeschlagene alternative (koalitionstheo-
retische) Ansatz hat, wie die Autoren selbst bemerken, den
entscheidenden Mangel, daß er den ökonomischen Gesamtzusammenhang nicht erfaßt. Dieses Problem kann theoretisch in dem
hier vorgeschlagenen Ansatz nicht auftreten. Zu den wirtschaftsordnungspolitischen Implikationen einer postkeynesianischen Analyse vgl. Eichner (1978), S. 271 ff., Kregel
(1972), (1974), Geipel/Schneider/Vogt (1979). Zur Diskussion über die Reform der Unternehmensverfassung vgl. auch
Ulrich (1977), Ott (1977) und insbesondere Mestmäcker (1978b),
dessen Ausführungen in: "Die sichtbare Hand des Rechts. Über
das Verhältnis von Rechtssprechung und Wirtschaftssystem bei
Adam Smith" maßgebend für den hier vorgelegten Versuch einer ökonomischen Begründung waren.

Das Unternehmensverfassungsproblem läßt sich wie folgt näher
präzisieren. Im Idealfall ist eine gerechte Verfassung ein
gerechtes Verfahren zur Erzielung gerechter Ergebnisse. Das
Verfahren des Interessenausgleichs ist gerecht, wenn es keinen unabhängigen Maßstab für das richtige Ergebnis gibt,
sondern nur ein korrektes Verfahren, das zu einem ebenso
korrekten Ergebnis führt, sofern das Verfahren ordnungsge-
mäß angewandt wurde. Diese reine Verfahrensgerechtigkeit
kann allerdings nur dann zur Anwendung kommen, wenn die ge-

sellschaftliche Grundstruktur, wozu gerechte wirtschaftliche und soziale Institutionen gehören, vorausgesetzt werden
kann. Ob die Ergebnisse eines Verfahrens gerecht sind, hängt
also nicht nur von dem Verfahren selbst ab, sondern von dem
Urteil über die gesellschaftliche Grundstruktur. Aber auch
noch so gut funktionierende und wohlabgestimmte Institutionen müssen abgeändert werden, wenn sie ungerecht sind. Ein
allgemeines Marktgleichgewicht rechtfertigt also noch nicht
die Institution der gewinnmaximierenden Unternehmung. Demnach sind sowohl das Verfahren des Interessenausgleichs als
auch die gesellschaftlich-ökonomischen Institutionen daraufhin zu beurteilen, ob sie Gerechtigkeitsgrundsätzen entsprechen. Weder kann von der Gerechtigkeit des Verfahrens, einer
"idealen Kommunikationsgemeinschaft" zum Beispiel, in der
die unterschiedlichen Einzelinteressen ihrer Begründung entsprechend zur Geltung kommen, auf die Gerechtigkeit der Ergebnisse, noch von der institutionellen Grundstruktur, der
sich die Ergebnisse verdanken, auf die Gerechtigkeit des Interessenausgleichs geschlossen werden. Neben der Bestimmung
der Verfahrensgerechtigkeit bedarf es einer Beurteilung der
möglichen Ergebnisse, und zwar nicht bezogen auf jedes einzelne Ergebnis - dies festzulegen ist Gegenstand des Verfahrens -, sondern bezogen auf das Rahmensystem, innerhalb dessen
die einzelnen Ergebnisse erreicht werden.
Die Rahmeninstitution der Unternehmensverfassung ist das
Privateigentum an den Kapitalgütern. Das Bestehen dieser Institution führt nun dazu, daß sich ein allgemeines Gleichgewicht einstellt, dem ein Monopolgleichgewicht zugrundeliegt.
Dieses Gleichgewicht ist im Unterschied zum Konkurrenzgleichgewicht nicht rechtfertigbar, da es sich in letzter Konsequenz einem gesellschaftlichen Ungleichgewicht verdankt. Deshalb, so kann man jetzt schließen, muß diese im ganzen gese-

hen gut funktionierende und wohlabgestimmte Rahmeninstitution - sie bewirkt ja ein allgemeines ökonomisches Gleichgewicht - abgeändert werden. Dieses, auf Ergebnisse bezogene Urteil folgt aus der ökonomischen Analyse. Das erste, auf
das Verfahren bezogene Urteil läßt diesen Schluß nicht zu.
Daraus folgt, daß das Unternehmensverfassungsproblem nicht
primär ein Problem ist, zu dessen Lösung ein gerechtes Verfahren zu finden wäre, sondern ein Problem der ökonomischen
Grundstruktur und damit ein Problem der ökonomischen Rahmen-
institutionen, zu dessen Lösung eine Institution gewählt
werden muß, die ein allgemeines Gleichgewicht zum Ergebnis
hat, das im Grunde ein Konkurrenzgleichgewicht ist.

9) Vgl. Kambartel (1979)

10) Vgl. Lorenzen (1977); zur Konvergenz zwischen Ethik und Ökonomie vgl. Braun (1981)

11) Vgl. Rawls (1979). Die von Rawls dargelegte "Theorie der Gerechtigkeit" versteht sich als eine Theorie des Gesell-
schaftsvertrags, die den wichtigsten Teil einer Theorie der
rationalen Entscheidung ausmacht, und steht in der Tradition der Gerechtigkeitstheorien von Locke's "Second Treatise of Government", Rousseau's "Contract sociale" und Kant's
"Grundlegung der Metaphysik der Sitten" - vgl. Baier (1958),
Gierke (1913), Grice (1967). Ihr Grundgedanke, die Gerecht-
grundsätze aus dem Naturzustandstheorem der Aufklärung abzu-
leiten, wurde hier insofern übernommen als die klassische
Ökonomie unmittelbar in der Tradition der Aufklärung steht.
Dies gilt insbesondere für die anglo-schottische Schule -
vgl. Braun (1982a).Die neoklassische Ökonomie läßt sich auf
diese Tradition zurückführen. Dies war einer der Grundgedanken von Walras. Die von Rawls nicht thematisierte, und
auch hier nicht näher behandelte, historische Dimension,
die im Theorem der Naturgeschichte der bürgerlichen Gesellschaft ihren entsprechenden Ausdruck findet, müßte in die

Analyse miteinbezogen werden, wenn die Beurteilung konkre-
ter gesellschaftlich-ökonomischer Problemlagen zur Diskussion steht - vgl. dazu im einzelnen Braun (1983). Im Unterschied zu Rawls, der der ökonomischen Analyse eine Teilauf-
gabe innerhalb der gesellschaftlichen Analyse zuweist und
dabei insbesondere Verteilungsprobleme thematisiert, gehen
wir davon aus, daß die Ökonomie als Wissenschaft, ihrer anglo-schottischen Tradition entsprechend, konstitutiv für die
Naturrechtstheorie ist, und ihr damit eine zentrale Bedeutung für die Beurteilung der Gerechtigkeit gesellschaftlicher Grundstrukturen zukommt.

12) Vgl. Jaffée (1965), S. 530 ff.

13) Vgl. Apel (1973)

14) Vgl. Jaffée (1965), S. 531 f.

15) Vgl. Braun (1982a)

16) Zum historischen Prozeß und dem Funktionswandel vgl. Drucker
    (1976), Chandler (1962), Kocka (1975a), (1975b) - vgl. auch
    Clifton (1977), Hymer (1972). Zur Entwicklung in Deutschland
    vgl. Braun (1982a), S. 196 ff. und zur Entwicklung des Aktien-
    rechts die Beiträge in Horn/Kocka (1979); vgl. auch Mestmäcker
    (1958)

17) Vgl. die Diskussion in Fleischle/Küpper (1975)

18) Vgl. dazu das Modell in Vogt (1980), Vogt (1973), S. 161 ff.

19) Vgl. dazu Mishan (1969), Cowling/Mueller (1981)

20) Vgl. Mill (1965), S. 753 f.

21) Vgl. Robinson (1974b)

22) Vgl. Wiethölter (1970), Mestmäcker 1978); vgl. auch Assmann,
    et. al. (1978), (1980), Wieacker (1974)

23) Vgl. Ott (1977), Ulrich (1977), Steinmann/Gerum (1978)

24) Vgl. Steinmann/Gerum (1978)

25) Vgl. Rawls (1979).

Bei der Diskussion dieser neoklassischen Perspektive wurden

konkrete Realisierungsbedingungen nicht thematisiert, um
die Idee und theoretische Struktur dieses Lösungsvorschlags
deutlich herausarbeiten zu können. Die hier nur allgemein
angesprochenen Realisierungschancen thematisiert zum Beispiel Eichner (1976), S. 224 ff., insbesondere in dem Kapi-
tel, das sich mit der, auch hier hervorgehobenen, sozialen
Bindung der Verfügungsgewalt befaßt (S. 271 ff.). Einen in-
teressanten Aspekt thematisiert Hödl (1981), der eine ver-
stärkte dezentrale Steuerung vorschlägt, dabei auf die Effizienz des privaten Sektors verweist und eine gesellschaftliche Einbindung durch Übernahme der Reformkosten von Unternehmungen vorschlägt.
Die Effizienz dieses Modells einer Konkurrenzunternehmung
behandeln auch Sutherland (1980) und Hodgson (1982/83). Die
zwischen Cable und FritzRoy (1980), Furubotn (1976), Nutzinger (1979) und Meade (1972), (1974) im einzelnen verhandel-
ten Probleme der Organisation, wie Hierarchie, Führerschaft
u.ä. und der Kapitalbeteiligung und Gewinnverteilung (vgl.
dazu auch Steinmann, et. al. 1982) und die Verteidigung des
Ansatzes gegen die eher konservative Kritik, wie sie zum
Beispiel Samuelson (1977) vorträgt, wurden hier nur allgemein berührt, d.h. nur insoweit, als sie sich, dem Konzept
dieser Arbeit folgend, in der allgemeinen Gleichgewichtstheorie stellen und zum Beispiel von Sondermann (1974) diskutiert werden, und wie sie sich aus der Verbindung dieser
Theorie mit einer allgemeinen Theorie des Monopols einer Lösung näher bringen lassen.

26) Steinmann/Schreyögg (1982), S. 530
27) Vgl. Hax (1976), Gutenberg (1929)
28) Vgl. Kirsch/Bamberger (1976)

Literatur

Albach, H. (1978), Strategische Unternehmensplanung bei erhöhter
Unsicherheit, in ZfB, 48 (1978), S. 702 ff.
Alchian, A.A., Demsetz, H. (1972), Production, Information Costs
and Economic Organization, in: American Economic Review, 62
(1972), S. 777 ff.
Ansoff, H.J. (1977), The State of Practice in Planning Systems,
in: Sloan Management Review, 18 (1977), S. 1 ff.
Ansoff, H.J., Declerck, R.P., Hayes, R.L. (1976), From Strategic
Planning to Strategic Management, London 1976
Apel, K.O. (1973), Das Apriori der Kommunikationsgemeinschaft und
die Grundlagen der Ethik, in: ders., Transformation der Philo-
sophie, Bd. II, Das Apriori der Kommunikationsgemeinschaft,
Frankfurt a.Main 1973, S. 358 ff.
Arrow, K.J. (1973), The Firm in General Equilibrum Theory, in:
Marris, R., Wood, A. (eds.), The Corporate Economy. Growth,
Competition and Innovative Power, London/Basingstoke 1973 (1971)
Arrow, K.J., Debreu, G. (1954), Existence of equilibrum for a com-
petitive economy, in: Econometrica, XXII (1954), S. 265 ff.
Arrow, K.J., Hahn, F.H. (1971), General Competitive Analysis,
Edinburgh/San Francisco 1971
Asimakopulos, A. (1971), The Determination of Investment in Key-
nes'$ Model, in: Canadian Journal of Economics, 4 (1971), S.
382 ff.
Assmann, H.-D., et.al. (Hrsg.) (1978), Ökonomische Analyse des
Rechts, Königstein/Ts 1978
Assmann, H.-D., et.al. (1980), Wirtschaftsrecht als Kritik des
Privatrechts, Königstein/Ts 1980
Backhaus, J. (1979), Ökonomik der partizipativen Unternehmung I,
Tübingen 1979
Barro, R.J. (1979), Second Thoughts on Keynesian Economics, in:
American Economic Review, 1979, S. 54 ff.
Barry, B. (1975), Political Argument, London 1975
Baumol, W.J. (1958), On the Theory oligopoly, in: Economica, 25
(1958), S. 187 ff.
Baumol, W.J. (1965), Economic Theory and Operations Analysis, Eng-
lewood Cliffs, N.Y. 1965
Baumol, W.J. (1967), Business Behaviour, Value and Growth, New
York 1967 (London 1959)
Bendixen, P. (1978), Entwicklungsrichtlinien betrieblicher Planungs-
systeme, in: BFuP, 4 (1978), S. 341 ff.
Bergson, A. (1967), Market Socialism Revisted, in: Journal of Poli-
tical Economy, 75 (1967)
Bhagwati, J.N. (1970), Oligopoly Theory, Entry-prevention and
Growth, in: Oxford Economic Papers, 22 (3) (1970), S. 297 ff.
Blaug, M. (1968), Economic Thought in Retrospect, Homewood, Ill. 1968
Blumberg, D. (1968), Industrial Democracy: The Sociology of Partici-
pation, London 1968
Boddy, R., Crotty, J. (1975), Class Conflict and Macro Policy: The
Political Business Cycle, in: Review of Radical Political Eco-
nomics, 7 (1975)
Böhm-Bawerk, E. (1914), Macht oder ökonomisches Gesetz? in: Zeit-
schrift für Volkswirtschaft, Sozialpolitik und Verwaltung, 23
(1914), S. 205 ff.
Bowman, E.H. (1973/74), Epistemology, Corporate Strategy, and Aca-
deme, in: Sloan Management Review, 15 (1973/74), S. 35 f.

Braun, W. (1981), Ethik, Ökonomie und Gesellschaft, Wuppertal
     1981 (Arbeitspapiere des Fachbereichs Wirtschaftswissenschaft
     der Universität-Gesamthochschule Wuppertal)
Braun, W. (1982a), Ökonomie, Geschichte und Betriebswirtschafts-
     lehre. Studien zur klassischen Ökonomie und politischen Theo-
     rie der Unternehmung, Bern/Stuttgart 1982
Braun, W. (1982b), Proto-Industrie und Selbstverantwortungsöko-
     nomie: Vorindustrielle Produktionsformen im historischen
     Prozeß der Industrialisierung. Ein Strukturvergleich, Wup-
     pertal 1982 (Arbeitspapiere des Fachbereichs Wirtschaftswis-
     senschaft der Universität-Gesamthochschule Wuppertal)
Braun, W. (1983), Eigentumsrecht und Unternehmensordnung: Zum
     Legitimationsproblem des Politischen in der Diskussion über
     eine Reform der Unternehmensverfassung, in: DBW-Depot (1983)
Cable, J.R., FritzRoy, F.R. (1980), Productive Efficiency, Incen-
     tives and Employee Participation: Some Preliminary Results
     for West Germany, in: Kyklos, 33 (1980), S. 100 ff.
Chakravatry, S. (1969), Capital and Development Planning, Cam-
     bridge 1969
Chamberlin, E.H. (1965), The Theory of Monopolistic Competition,
     Cambridge 1965 (1933)
Chamberlin, N.W. (1962), The Firm: Micro-Economic Planning and
     Action, New York u.a. 1962
Chandler, A.D. (1962), Strategy and Structure. Chapters in the
     History of the American Industrial Enterprise, Cambridge,
     Mass/London 1962
Clayre, A. (ed.), (1980), The Political Economy of Co-operation
     and Participation, Oxford University Press 1980
Clifton, J.E. (1977), Competition and the Evolution of Capitalist
     Mode of Production, in: Cambridge Journal of Economics, 1
     (1977), S. 137 ff.
Coase, R.H. (1937), The Nature of the Firm, in: Economica, 4
     (1937), S. 386 ff.
Coddington, A. (1976), Keynesian Economics: The Search for First
     Principles, in: Journal of Economic Literature (1976), S.
     1258 ff.
Comisso, E.T. (1979), Worker's Control under Planned Market, New
     Haven 1979
Cornoy, M., Shearer, D. (1980), Economic Democracy, Armonk, N.Y.
     1980
Cowling, K., Mueller, D.C. (1981), The Social Costs of Monopoly
     Power revisted, in: The Economic Journal, 91 (1981), S. 721 ff.
Cyert, R., March, J.G. (1963), A Behavioural Theory of the Firm,
     Englewood Cliffs, N.J. 1963
Davidson, P. (1978), Money and the Real World, London/Basingstoke
     1978 (1972)
Davidson, P., Kregel, J.A. (1980), Keynes' paradigm: a theoreti-
     cal framework for monetary analysis, in: Nell, E.D. (ed.),
     Growth, profits, and property. Essays in the revival of poli-
     tical economy, London u.a. 1980, S. 137 ff.

Debreu, G. (1959), Theory of Value, New York 1959

Debreu, G. (1962), New Concepts and techniques for equilibrum analysis, in: International Economic Review, III (1962), S. 257 ff.

Demsetz, H. (1967), Towards a Theory of Property Rights, in: American Economic Review, May 1967, S. 347 ff.

Dogas, D. (1982), Monopoly and Prices: a new explanation, in: Journal of Post Keynesian Economics, V (1982), S. 97 ff.

Domar, A. (1952), A Theoretical Analysis of Economic Growth, in: American Economic Review, 42 (1952)

Drèze, J.H. (1974), The Pure Theory of Labour-Managed and Participatory Economics, Part I: Certainity, CORE Discussion Paper 7422, Université Cathol que de Louvain, 1974

Drèze, H. (1976), Some Theory of Labour Management and Participation, in: Econometrica, 44 (1976), S. 1125 ff.

Drèze, H., Hagen, K.P. (1978), Choice of Product Quality: Equilibrum and Efficiency, in: Econometrica, 46 (1978), S. 493 ff.

Drucker, P.F. (1976), The Unseen Revolution: How Pension Fund Socialism came to America, London 1976

Eichner, A.S. (1973), A Theory of the Determination of the Mark-up under Oligopoly, in: Economic Journal, 83 (1973, S. 1184 ff.

Eichner, A.S. (1978), The Megacorp and Oligopoly. Micro Foundations of Macro-Dynamics, London 1978 (1976)

Eichner, A.S. (1980), A generell modell of investment and pricing, in: Nell, E.J. (ed.), Growth, profits, and property. Essays in the revival of political economy, London 1980, S. 118 ff.

Eichner, A.S., Kregel, J.A. (1975), An Essay on Post-Keynesian Theory: A New Paradgima in Economics, in: Journal of Economic Literature, 1975, S. 1293 ff.

Ellermann, D.P. (1980), Property theory and orthodox economy, in: Nell, E.D. (ed.), Growth, profits, and property. Essays in the revival of political economy, London u.a. 1980, S. 250 ff.

Eucken, W. (1959), Grundsätze der Wirtschaftspolitik, Reinbek b. Hamburg 1959 (1952)

Faludi, A. (1973), Planning Theory, Oxford u.a. 1973

Fleischle, G., Küpper, M. (1975), Investitionslenkung. Überwindung oder Ergänzung der Marktwirtschaft, Köln 1975

Furubotn, E.G. (1976), The Long-Run Analysis of the Labour-Managed Firm: An Alternative Interpretation, in: American Economic Review, 66 (1976), S. 104 ff.

Gabele, E. (1978), Neuere Entwicklungen der betriebswirtschaftlichen Planung, in: Die Unternehmung, 32 (1978), S. 115 ff.

Galbraith, J.K. (1967a), The New Industrial State, Boston 1967

Galbraith, J.K. (1967b), "The New Industrial State", in: Anti-trust Law and Economics, 1 (1967), S. 11 ff.

Geipel, U., Schneider, H., Vogt, W. (1979), Möglichkeiten system-immanenter Krisenüberwindung, in: Alternative Wirtschaftspoli-tik: Methodische Grundlagen Analysen und Dokumente, Berlin 1979, S. 70 ff.

Gierke, O. (1913), Die Staats- und Korporationslehre der Neuzeit, Bd. 4, Das Deutsche Genossenschaftsrecht, Berlin 1868-1881, 1913

Gintis, H. (1972a), A Radical Analysis of Welfare Economics and Individual Development, in: The Quarterly Journal of Econo-mics, 86 (1972), S. 572 ff.

Gintis, H. (1972b), Consumer Behaviour and the Concept of Souve-reignty: Explanations of Social Decay, in: American Economic Review, May 1972, Nr. 2, Vol. LXII, S. 267 ff.

Gintis, H. (1976), The Nature of Labour Exchange and the Theory of Capitalist Production, in: Review of Radical Economics, 8 (1976), S. 36 ff.

Grice, G.R. (1967), The Grounds of Moral Judgement, Cambridge 1967

Gutenberg, E. (1929), Die Unternehmung als Gegenstand der betriebs-wirtschaftlichen Theorie, Berlin 1929

Gutenberg, E. (1959), Untersuchungen über die Investitionsent-scheidungen industrieller Unternehmen, Köln u. Opladen 1959

Gutenberg, E. (1968), Grundlagen der Betriebswirtschaftslehre, Erster Band, Die Produktion, Berlin u.a. 1968 (1951)

Hahn, F.H. (1973), On the notation of equilibrum in economics, Cambridge University Press 1973

Hanssmann, F. (1982), Grundbegriffe der Unternehmensplanung: Ver-such einer Abgrenzung und systematischen Verknüpfung, in: DBW, 42 (1982), S. 397 ff.

Haracourt, G.C. (1972), Some Cambridge Controversies in the theo-ry of Capital, London 1972

Haracourt, G.C. (1980), A post-keynesian development model of the "Keynesian" model, in: Nell, E.J. (ed.), Growth, profits, and property. Essays in the revival of political economy, London u.a. 1980, S. 151 ff.

Harrod, R. (1973), Economic dynamics, London 1973

Haslinger, F., Schneider, J., Vogt, W. (1976), A Neoclassical Un-derständing of the Marxian Theory of Exploitation, Manuskript, Regensburg 1976

Hazledine, T. (1974), Determination of Mark-Up under Oligopoly: A Comment, in: The Economic Journal, 84 (1974), S. 967 ff.

Hax, K. (1976), Unternehmenstheorien in der Betriebswirtschafts-lehre, in: ZfbF, 28 (1970), S. 91 ff.

Henderson, V.E. (1982), The ethical side of enterprise, in: Sloan Management Review, 23 (1982), S. 37 ff.

Hödl, E. (1981), Reformpolitik bei verringertem Wirtschaftswachs-tum, in: Meißner, W., Kosta, J., Welsch, J. (Hrsg.), Für eine ökonomische Reformpolitik, Frankfurt a. Main 1982, S. 25 ff.

- 224 -

Hodgson, G.M. (1982/83), Worker participation and macroeconomic
efficiency, in: Journal of Post Keynesian Economics, V (1982/
83), S. 266 ff.
Horn, N., Kocka, J. (Hrsg.) (1979), Recht und Entwicklung des
Großunternehmens im 19. und frühen 20. Jahrhundert, Göttingen
1979
Hunt, E.K. (1980), A radical critique of welfare economics, in:
Nell, E.J. (ed.), Growth, profits, and property. Essays in
the revival of political economy, London u.a. 1980, S. 250 ff.
Hymer, St. (1972), The Multinational Corporation and The Law of
Uneven Development, in: Bhagwati, J.N. (ed.), Economics and
World Order, New York 1972
Jaffée, W. (1965), Correspondence of Léon Walras and Related Pa-
pers, vols. I III, Amsterdam 1965
Kaldor, N. (1934), The Equilibrum of the Firm, in: Economic Jour-
nal, vol. XLIV (1934), S. 60 ff. und in ders., Essays on Value
and Distribution, London 1980, S. 34 ff.
Kaldor, N. (1960a), Essays on value and distribution, London 1960
Kaldor, N. (1960b), Essays on economic stability and growth, Lon-
don 1960
Kalecki, M. (1971), Selected essays on the dynamics of capita-
list economy. 1933-1970, London 1971
Kalecki, M. (1972), Essays in the Theory of Economic Fluctuations,
New York 1972 (London 1939)
Kambartel, F. (1979), Ist rationale Ökonomie als empirisch-quan-
titative Wissenschaft möglich?, in: Steinmann, H. (Hrsg.),
Betriebswirtschaftslehre als normative Handlungswissenschaft,
Wiesbaden 1979
Kappler, E. (1977), Zur Berücksichtigung pluralistischer Interes-
sen in betriebswirtschaftlichen Entscheidungsprozessen, in:
BFuP, 29 (1977), S. 70 ff.
Keynes, J.M. (1919), The Economic Consquences of the Peace, London
1919
Keynes, J.M. (1930), Treatise on money, 2 vols., London 1930
Keynes, J.M. (1936), The general theory of employment, interest
and money, London 1936
Kirsch, W. (Hrsg.) (1981), Unternehmenspolitik: Von der Zielfor-
schung zum strategischen Management, Hersching 1981
Kirsch, W., Bamberger, I. (1976), Strategische Unternehmenspla-
nung, Rationalität und Philosophien der politischen Planung,
in: ZfB, 46 (1976), S. 340 ff.
Kirsch, W., Trux, W. (1981), Perspektiven eines strategischen Ma-
nagements, Hersching 1981
Klein, L.R. (1965), The Keynesian Revolution, London 1965
Knapp, J. (1973), Economics or Political Economy, in: Loyds Bank
Review, 107 (1973), S. 19 ff.
Knight, F.H. (1935), The Ethics of Competition, New York 1935
Knight, F.H. (1971), Risk, Uncertinity and Profit, New York
1971 (1965)

Kocka, J. (1975b), Unternehmer in der deutschen Industrialisie-
rung, Göttingen 1975

Koopmans, T.C. (1957), Three Essays on the State of Economic Science, New York 1957

Koopmans, T.C. (1970), On the Concept of Optimal Economic Growth,
in: Scientific Papers of T.C. Koopmans, Berlin 1970

Kregel, J.A. (1971), Rate of profit, distribution and growth; Two
views, Chicago 1971

Kregel, J.A. (1972), The Theory of Economic Growth, London 1972

Kregel, J.A. (1978), The reconstruction of political economy:
An introduction to post-keynesian economics, New York 1978
(London/Basingstoke 1975)

Kregel, J.A. (1980), Markets and institutions as features of a
capitalist production system, in: The Journal of Post Keynesian Economics, III (1980), S. 32 ff.

Lenk, H. (1972), Bemerkungen zu einer "praktischen" Rehabilitierung der praktischen Philosophie aufgrund der Planungsdiskussion, in: Riedel, M. (Hrsg.), Rehabilitierung der praktischen
Philosophie, Bd. I, Geschichte, Probleme Aufgaben, Freiburg
1972, S. 559 ff.

Levine, D.P. (1980a), Production prices and the theory of the firm,
in: Journal of Post Keynesian Economics, III (1982), S. 88 ff.

Levine, D.P. (1980b), Rejoinder, in: The Journal of Post Keynesian
Economics, III (1980), S. 104

Lorenzen, P. (1977), Das Begründungsproblem praktischen Wissens,
in: Patzig, G. et.al. (Hrsg.), Logik, Ethik, Theorie der Gei-
steswissenschaften, Hamburg 1977, S. 99 ff.

Machlup, F. (1967), Theories of the Firm: Marginalist Behavioural,
Managerial, in: American Economic Review, LVII (1967), S. 1 ff.

Marglin, S.A. (1963), The Social Rate of Discount and the Optimal
Rate of Investment, in: Quarterly Journal of Economics, 77
(1963)

Marglis, St.A. (1974), What do Bosses do, in: Review of Radical
Political Economy, 6 (1974), S. 33 ff.

Margolis, J. (1958), The Analysis of the Firm: Rationalism, Con-
ventionalism, and Behaviourism, in: The Journal of Business,
31 (1958), S. 187 ff.

Marris, R. (1963), A Model of the "Managerial" Enterprise, in:
The Quarterly Journal of Economics, vol. LXXVII (1963), S.
185 ff.

Marris, R. (1968), The Economic Theory of "Managerial" Capitalism,
New York 1968 (1964)

Marris, R. (1972), Why Economics needs a Theory of the Firm, in:
Economic Journal (1972), S. 321 ff.

Marris, R. (1973), The Modern Corporation and Economic Theory, in:
Marris, R., Wood, A. (eds.), The Corporate Economy. Growth,
Competition, and Innovative Power, London a. Basingstoke 1973,
S. 270 ff.

Marris, R., Wood, A. (1973), The Corporate Economy. Growth, Competition, and Innovative Power, London a. Basingstoke 1973

Mason, R.H., Harris, J., McLoughlin, J. (1970/71), Corporate Strategy: A Point of View, in: Management Review XIII (1970/71), S. 5 ff.

McKenzie, L. (1959), On the Existence of general equilibrum for a competitive market, in: Econometrica, XXVII (1959), S. 54 ff.

McKenzie, L. (1961), On the existence of general equilibrum: some corrections, in: Econometrica, XXIX (1961), S. 247 f.

Meade, J.E. (1961), A neo-classical theory of economic growth, Oxford 1961 (1963)

Meade, J.E. (1964), Efficiency, Equality and the Ownership of Property, London 1964

Meade, J.E. (1972), The Theory of Labour-Managed Firms and Profit Sharing, in: The Economic Journal, 82 (1972), S. 430 ff.

Meade, J.E. (1974), Labour-Managed Firms in Conditions of Imperfect Competition, in: The Economic Journal, 84 (1974), S. 817 ff.

Meißner, W., Welsch, J. (1979), Preissetzungsverhalten und gesamtwirtschaftliche Lenkung, in: Biervert, B. et.al. (Hrsg.), Institutionelle Reformen in der Krise. Ökonomisches System und Entwicklung von Handlungsspielräumen, Frankfurt a. Main/New York 1979, S. 484 ff.

Mestmäcker, E.-J. (1958), Verwaltung, Konzerngewalt und Recht der Aktionäre, 1958

Mestmäcker, E.-J. (1978a), Recht und ökonomisches Gesetz. Über die Grenzen von Staat, Gesellschaft und Privatautonomie, Baden-Baden 1978

Mestmäcker, E.-J. (1978b), Die sichtbare Hand des Rechts. Über das Verhältnis von Rechtsordnung und Wirtschaftssystem bei Adam Smith, in: ders., Recht und ökonomisches Gesetz. Über die Grenzen von Staat, Gesellschaft und Privatautonomie, Baden-Baden 1978

Mill, J.S. (1965), Principles of Political Economy, London 1965

Minskey, H.P. (1980), Money, financial markets, and the coherence of market economy, in: The Journal of Post Keynesian Economics, III (1980), S. 21 ff.

Minsky, H.P. (1975), John Maynard Keynes, London 1975

Mintzberg, H. (1978), Patterns in Strategy Formulation, in: Management Science, 24 (1978), S. 934 ff.

Mishan, E.J. (1969), Technology and Growth. The Price We Pay, New York/Washington 1969

Montanari, J.R. (1979), Strategic Choice, A Theoretical Analysis, in: The Journal of Management Studies, 16 (1979), S. 202 ff.

Morishima, M. (1964), Equilibrum, Stability and Growth, Oxford 1964

Mueller, D. (1976), Information, Mobility and Profit, in: Kyklos, 29 (1976), S. 419 ff.

Müller, G., Rödl, U., Sabel, Ch., Stille, F., Vogt, W. (1978), Ökonomische Krisentendenzen im gegenwärtigen Kapitalismus, Frankfurt a. Main 1978

Nai-Par Ong (1981), Target Pricing, competition and growth, in: The Journal of Post Keynesian Economics, IV (1981), S. 101

Nell, E.J. (ed.) (1980a), Growth, profits, and property. Essays in the revival of political economy, London 1980

Nell, E.J. (1980b), Cracks in the neoclassical mirror: on the break-up of a vision, in: ders., Growth, profits, and property. Essays in the revival of political economy, London 1980, S. 1 ff.

Nutzinger, H.G. (1976), The Firm as a Social Institution: The Failure of the Contractarian Viewpoint, in: Economic Analysis and Workers' Management, 10 (1976), S. 217 ff.

Nutzinger, H.G. (1979), Uncertainity, Hierarchy and Vertical Integration, in: Economic Analysis and Workers' Management, 13 (1979), S. 301 ff.

Nutzinger, H.G. (1982), The economics of property rights - a new paradigm in social science?, Diskussionsschriften der Gesamthochschule Kassel, 1982

Ott, C. (1977), Recht und Realität der Unternehmenskorporation, Tübingen 1977

Pasinetti, L.L. (1974), Growth and Income Distribution. Essays in Economic Theory, London 1974

Penrose, E.T. (1959), The Theory of the Growth of the Firm, New York 1959

Pigou, A.C. (1932), The Economics of Welfare, 1932

Preiser, E. (1964), Wachstum und Einkommensverteilung, Heidelberg 1964

Preston, L. (1975), Corporation and Society: The Search for a paradigm, in: Journal of Economic Literature, 13 (1975), S. 434 ff.

Quinn, J.B. (1977), Strategic Goals: Process and Politics, in: Sloan Management Review, 19 (1977), S. 21 ff.

Quirk, J., Saposnik, R. (1968), Introduction to General Equilibrum Theory and Welfare Economics, New York u.a. 1968

Rawls, J. (1979), Eine Theorie der Gerechtigkeit, Frankfurt a. Main 1979 (1971)

Reich, M., Devine, J. (1981), The Microeconomics of Conflict and Hierarchy in Capitalist Production, in: Review of Radical Political Economics, 1981

Reichwald, R. (1979), Empirische Zielforschung, in: ZfB, 49 (1979), S. 528 ff.

Robinson, J. (1951), Collected Economic Papers, vol. I, Oxford 1951

Robinson, J. (1956), The accumulation of capital, London 1956

Robinson, J. (1960), Collected Economic Papers, vol. II, Oxford 1960

Robinson, J. (1962), Essays in the theory of economic growth, London a. Basingstoke 1962

Robinson, J. (1965), Collected Economic Papers, vol. III, Oxford 1965

Robinson, J. (1972), The Economics of Imperfect Competition, London/Basingstoke 1972 (1933)

Robinson, J. (1973), Collected Economic Papers, vol. IV, Oxford 1973

Robinson, J. (1974a), Ökonomische Theorie als Ideologie. Über einige altmodische Fragen der Wirtschaftstheorie, Frankfurt a.
Main 1974 (New York 1971)

Robinson, J. (1974b), History versus Equilibrum, London 1974

Robinson, J., Eatwell, J. (1974), An introduction to economics,
London 1974

Roncaglia, A. (1980), Production prices and the theory of the firm:
a comment, in: Journal of Post Keynesian Economics, III (1980),
S. 100 ff.

Rowthrone, R. (1973), Die neoklassische Volkswirtschaftslehre und
ihre Kritiker - eine marxistische Beurteilung, in: Vogt, W.
(Hrsg.), Seminar: Politische Ökonomie, Frankfurt a. Main 1973,
S. 235 ff.

Sandler, T., Cauley, J. (1980), Hierarchical Theory of the Firm,
in: Scottish Journal of Political Economy, 27 (1980), S. 17 ff.

Samuelson, P.A. (1977), Thoughts on Profit-Sharing, in: Zeit-
schrift für die Gesamte Staatswissenschaft, Sonderheft (1977),
S. 9 ff.

Schlicht, E. (1976), Einführung in die Verteilungstheorie, Reinbek b. Hamburg 1976

Schneider, E. (1967), Einführung in die Wirtschaftstheorie, Tübingen 1969 (1947)

Schreyögg, G. (1978), Umwelt, Technologie und Organisationsstruk-
tur, Bern/Stuttgart 1978

Schreyögg, G. (1981), Zielsetzung und Planung - Normative Aspekte
der Unternehmensplanung, in: Steinmann, H. (Hrsg.), Planung
und Kontrolle, München 1981, S. 105 ff.

Schumpeter, J.A. (1926), Theorie der wirtschaftlichen Entwicklung,
Leipzig 1926

Schumpeter, J.A. (1942), Capitalism, Socialism and Democracy, New
York 1942

Shapiro, N. (1981), Pricing and the growth of the firm, in: The
Journal of Post Keynesian Economics, IV (1981), S. 81 ff.

Sieben, G., Goetzke, W. (1976), Investitionskalküle unter Berücksichtigung pluralistischer Interessen, in BFuP, 28 (1976),
S. 27 ff.

Solow, R.M. (1956), The Production Function and the Theory of Capital, in: Review of Economic Studies, 23 (2), (1956), S.
106 ff.

Solow, R.M. (1970), Growth theory: An exposition, Oxford/New York
1970

Sondermann, D. (1972), Economics of Sale and Equilibra in Coali-
tion Production Economics, in: Journal of Economic Theory, 8
(1974), S. 259 ff.

Steinherr, A. (1978), Arbeitnehmermanagement in der Wirtschaft.
Eine Übersicht über die ökonomische Literatur, in: Annales of
Public and co-operative Economy, 1978

Steinmann, H. (1968), Das Großunternehmen im Interessenkonflikt,
Stuttgart 1968

Steinmann, H. (1981), Der Managementprozeß und seine Problemschwer-
punkte, Einführung, in: ders. (Hrsg.), Planung und Kontrolle,
München 1981, S. 1 ff.
Steinmann, H., Gerum, E. (1978), Reform der Unternehmensverfassung.
Methodische und ökonomische Grundüberlegungen, Köln 1978
Steinmann, H., Gerum, E. (1981), Anmerkungen zum Bericht der Un-
ternehmensrechtskommission, in: BFuP, 33 (1981)
Steinmann, H., Müller, H., Klaus, H. (1982), Arbeitnehmer-Beteili-
gungsmodelle, in: DBW, 42 (1982), S. 117 ff.
Steinmann, H., Schreyögg, G. (1982), Großunternehmen und gesell-
schaftliche Verantwortung, in: DBW, 42 (1982), S. 515 ff.
Stephen, F.H. (1982), The Performance of Labour-Managed Firms, Lon-
don 1982
Stigler, G.J. (1957), Perfect Competition, Historically Contempla-
ted, in: The Journal of Political Economy, LXV (1957), S. 1 ff.
Stigler, G.J. (1964), A Theory of Oligopoly, in: Journal of Poli-
tical Economy, 72 (1964), S. 44 ff.
Sutherland, J.W. (1980), Corporate autonomy and X-inefficiency,
in: Journal of Post Keynesian Economics, II (1980), S. 549 ff.
Szyperski, N., Welters, K. (1976), Grenzen und Zweckmäßigkeit der
Planung, in: Die Unternehmung (1976), S. 265 ff.
Ulrich, P. (1977), Das Großunternehmen als quasi-öffentliche Insti-
tution, Stuttgart 1977
Vance, J.O. (1970/71), The Anatomy of Strategic Planning, in: Cali-
fornia Management Review, 13 (1970/71), S. 5 ff.
Vickers, D. (1968), The Theory of the Firm: Production, Capital and
Finance, New York u.a. 1968
Vogt, W. (1968), Theorie des wirtschatlichen Wachstums, Berlin/
Frankfurt a. Main 1968
Vogt, W. (1973), Zur langfristigen Entwicklung eines kapitalisti-
schen Systems, in: Leviathan, 1 (1973), S. 161 ff.
Vogt, W. (1974), Zur langfristigen Entwicklung eines kapitalisti-
schen Systems - eine Präzisierung, in: Leviathan, 2 (1974), S.
295 ff.
Vogt, W. (1976), Reine Theorie marktwirtschaftlich-kapitalisti-
scher Systeme, Regensburg 1976 (Diskussionsbeiträge zur Poli-
tischen Ökonomie)
Vogt, W. (1979), Politische Ökonomie 1979, in: Habermas, J., Stich-
worte zur geistigen Situation der Zeit, 1. Bd.: Nation und Re-
publik, Frankfurt a. Main 1979, S. 390 ff.
Vogt, W. (1980), Arbeiterselbstverwaltung und kapitalistische Unternehmung: Ein theoretischer Vergleich, in: Wegener, J. (Hrsg.),
Demokratisierung der Wirtschaft: Möglichkeiten und Grenzen im
Kapitalismus, Frankfurt a. Main 1980, S. 22 ff.
Walras, L. (1954), Elements of Pure Economics, translated by W.
Jaffée, Homewood, Ill. 1954
Weintraub, S. (1959), A general theory of price level, output, in-
come distribution, and economic growth, Philadelphia 1959
Wieacker, F. (1974), Industriegesellschaft und Privatrechtsord-
nung, 1974

Wiethölter, R. (1970), Zur politischen Funktion des Rechts am ein-
gerichteten und ausgeübten Gewerbebetrieb, in: Kritische Justiz,
1970, S. 121 ff.
Williamson, O.E. (1964), The Economics of Discretionary Behaviour,
Englewood Cliffs, N.J. 1964
Williamson, O.E. (1970), Corporate Control and Business Behaviour,
Englewood Cliffs 1970
Williamson, O.E. (1973), Markets and Hierarchies: Some Elementary
Considerations, in: American Economic Review, 63 (1973), S.
316 ff.
Williamson, O.E. (1975), Markets and Hierarchies: Analysis and
Antitrust Implications. A Study in the Economics of Internal
Organization, London 1975
Williamson, O.E. (1981), The Modern Corporation: Origins, Evolution,
Attributes, in: The Journal of Economic Literature, 19 (1981),
S. 1537 ff.
Wood, A. (1973), Economic Analysis of the Corporate Economy, in:
Marris, R., Wood, A. (eds.), The Corporate Economy, London a.
Basingstoke 1973, S. 37 ff.
Zinn, K.G. (1980), Die Selbstzerstörung der Wachstumsgesellschaft,
Reinbek b. Hamburg 1980

Adam Smith, Eine Untersuchung über das Wesen und die Ursachen des
Reichtums der Nationen, übers. u. hg. v. Peter Thal, Berlin
1975
Ludwig Wittgenstein, A Memoir, by Norman Malcolm, With a Biblio-
graphical Sketch by Georg Henrik van Wright, New York/Toronto
1958
The Works and Correspondence of David Ricardo, ed. by Piero Sraffa,
with the collaboration of M.H. Dobb, vol. I-V., London 1970

Enzyklopädisches Stichwort

Betriebswirtschaftliche und volkswirtschaftliche
Theorie zur Frage einer neuen Unternehmensökonomie

(Zur vorherigen Lektüre empfohlene Einführung in
den Problemkreis)

Die Absicht dieses Buches läßt sich in aller Kürze
so kennzeichnen: [1] Es soll <u>erstens</u> ein Beitrag zur
"<u>Einheit der Wirtschaftstheorie</u>" geleistet werden.
Damit ist gemeint, die Begründung eines eigenständigen ökonomischen Ansatzes der betriebswirtschaftlichen Unternehmenstheorie in kritischer Auseinandersetzung mit dem Gesamtansatz der Nationalökonomie und mit der Absicht, zu einem konstruktiven
Wechselverhältnis zwischen betriebs- und volkswirt-
schaftlicher Theorie zu kommen. Generell gesprochen
geht es um die wirtschaftstheoretische Verankerung
und wissenschaftssystematische Einordnung einer
"betriebswirtschaftlichen Ökonomie" in den Gesamtansatz der modernen Wirtschaftstheorie - so wie sie
von Erich Schneider emphatisch auf den Begriff gebracht, [2] in der Nachfolge aber nicht, oder nur
partiell ausgeführt wurde. Und es sollen die entscheidungstheoretischen und ordnungstheoretischen
Analysen aus einem einheitlichen Gesamtansatz entwickelt werden; es geht also <u>zweitens</u> um die "<u>Ein-</u>
<u>heit von Entscheidungs- und Ordnungstheorie</u>". Damit

---

1) Zu den Zielsetzungen vgl. auch Braun, W., Kon-
struktive Betriebswirtschaftslehre, Wiesbaden
1985, §2, Kap. C

2) Vgl. Schneider, E., Einführung in die Wirtschaftstheorie, I.Teil, Tübingen 1969, S. III

ist gemeint, daß die Theorie der Unternehmensentscheidung nicht losgelöst von Fragen der Unternehmensordnung begründet werden kann und die Beiträge
zur Lösung von Unternehmensverfassungsproblemen im
unmittelbaren Zusammenhang mit der Konstruktion
von Entscheidungsmodellen stehen.

Die wirtschaftstheoretische Verankerung der Betriebswirtschaftslehre und damit die Klärung des
wissenschaftssystematischen Verhältnisses zur
Volkswirtschaftslehre gehören zu den Fragen, die
die Entwicklung der betriebswirtschaftlichen Theorie beständig begleitet haben. Die Gutenbergsche
Schrift: "Die Unternehmung als Gegenstand betriebswirtschaftlicher Theorie" [1] und die nachfolgenden
"Grundlagen der Betriebswirtschaftslehre" [2] sind
als wissenschaftssystematische Antwort auf diese
Herausforderung zu verstehen, entstand doch die un-
ternehmenstheoretische Arbeit aus einer kritischen
Auseinandersetzung mit der Neoklassik Marshalls und
dem Versuch Schumpeters, dieses Denksystem zu einer
Theorie der wirtschaftlichen Entwicklung zu erweitern, in deren Mittelpunkt die autonome Unternehmung und innovative Unternehmensentscheidung als
Agens der gesamtwirtschaftlichen Dynamik stehen.
Sie hatte die Begründung des ökonomischen Ansatzes
der Betriebswirtschaftslehre im Korpus der Wirt-
schaftswissenschaften zum Ziel. Die "Grundlagen
der Betriebswirtschaftslehre" führen dieses Pro-

---

1) Gutenberg, E., Die Unternehmung als Gegenstand
   betriebswirtschaftlicher Theorie, Berlin/Wien
   1929

2) Gutenberg, E., Grundlagen der Betriebswirtschaftslehre, 3 Bände, versch.Aufl., Berlin/
   Heidelberg/New York

gramm dann im einzelnen, in den Funktionsberei-
chen Produktion, Absatz und Finanzierung, aus. In
der nachfolgenden Programmdiskussion lassen sich
drei Positionen unterscheiden. Sie reichen von der
engen Anlehnung an und Integration in die Einheit
der neoklassischen Wirtschaftstheorie - eine Position, die neuerdings im Zeichen der neuen Mikroökonomie (property-right Ansatz) vertreten wird -
über die Begründung eines eigenständigen ökonomischen Ansatzes aus kritischer Distanz zur Neoklassik - diese Position wird z.B. in der betriebswirtschaftlichen Finanzierungstheorie vertreten - bis
hin zur radikalen Ablehnung des Denkens in mikroökonomischen Modellen und der Hinwendung zur sozialwissenschaftlichen Forschung - wie sie u.a. als
Ergebnis der empirischen Kritik am Modellplatonismus mikroökonomischer Theorie in der Marketingwis-
senschaft üblich wurde. [1] Gemeinsam ist diesen
drei Positionen, daß sie das Denksystem der neoklassischen Theorie und seine vollendetste Ausformulierung in der Allgemeinen (Walrasianischen)
Gleichgewichtstheorie mit dem Gesamtansatz der Nationalökonomie gleichsetzen und sich an diesem
spezifischen volkswirtschaftlichen Theoriesystem
die Auseinandersetzung entzündet. Weitgehend unbe-
achtet blieb, daß sich der Gutenbergsche Ansatz
auf Schumpeter bezieht, der seinerseits die ökonomische Theorie aus einer Kritik der neoklassischen
Theorie entwickelte, und dies bereits als Hinweis
verstanden werden kann, daß mit dem neoklassischen
Gesamtansatz durchaus nicht-neoklassische Denksy-

---

1) Zur Charakterisierung und methodischen Einordnung dieser Positionen vgl. Braun, W., Konstruk-
   tive Betriebswirtschaftslehre, a.a.O.

steme konkurrieren, die mit dem betriebswirtschaftlichen Theorieansatz gemeinsam haben, daß in ihrem
Denksystem die autonomen Unternehmensentscheidungen am Anfang und im Mittelpunkt der volkswirtschaftlichen Analyse stehen, und die Eigenständigkeit der betriebswirtschaftlichen Analyse ja aufs
engste mit der Begründung dieser Unternehmensauto-
nomie verknüpft ist. Anders ausgedrückt: Erst in
einem ökonomischen Gesamtansatz, der die Autonomie
der Unternehmen zur Voraussetzung hat, ist die Autonomie der betriebswirtschaftlichen Theorie dieser Entscheidungen begründbar und kann die Verankerung der Betriebswirtschaftslehre als selbständige wirtschaftswissenschaftliche Disziplin gelingen. In der Volkswirtschaftslehre unterscheidet
man nun, in Abhängigkeit von der Schlüsselrolle,
die der jeweiligen Institution - Markt oder Unternehmen - zukommt, eine "entrepreneur economy", zu
der im Kern die postkeynesianischen und neoricar-
dianischen Theorien zählen und zu der auch die
Schumpetersche und mit ihr die Gutenbergsche Theorie gehört, von einer "market economy", den neoklassischen Theorien und ihrer Weiterentwicklung.

Der für die vorliegenden Studien gewählte Titel
"Unternehmensökonomie" verweist auf diesen nicht-
neoklassischen Gesamtansatz. Er mag deshalb dem
befremdlich erscheinen, der es gewohnt ist in
neoklassischen Marktmodellen zu denken und eher
die Bezeichnung "Markttheorie der Unternehmung",
oder eine ähnliche, auf den markttheoretischen
Grundansatz verweisende Kennzeichnung wählen würde. Mit dem Titel "Unternehmensökonomie" verbindet sich also nicht nur ein spezifischer betriebswirtschaftlicher Analysestandpunkt, d.i. die Ana-

lyse der Determinanten der Unternehmensentscheidungen, ihre Koordination und unternehmensinterne und
marktbezogene Durchsetzung, er verweist auch auf
den nicht-neoklassischen Grundansatz, für den -
ähnlich dem Gutenbergschen Ansatz - ökonomische
Strukturen und Prozesse das Ergebnis von Unternehmensentscheidungen sind, und nicht umgekehrt, von
diesen Marktprozessen determiniert werden. Dem entspricht im Grundsatz zwar auch das Selbstverständ-
nis betriebswirtschaftlicher Forschung. Sie hat
daraus aber in der Nachfolge Gutenbergs keinen eigenständigen ökonomischen Ansatz entwickelt, der
es an theoretischer Geschlossenheit und logischer
Präzision mit den neoklassischen Ansätzen hätte
aufnehmen können. Vielmehr blieb es bei einem eher
ambivalenten Verhältnis zur Neoklassik, das auch
darin seinen Ausdruck findet, daß man in entscheidungstheoretischen Fragen zwar auf Distanz zur
Neoklassik geht, in normativen Fragen der Zielsetzung von Entscheidungsmodellen und in Fragen der
verfassungsmäßigen Grundlagen von Unternehmensentscheidungen aber weitgehend im Kontext der neoklassischen Ökonomie bleibt. Der hier unternomme-
ne Versuch, eine neue Einheit von Theorie der Unternehmensentscheidung und der Theorie der Unternehmensordnung in kritischer Auseinandersetzung
mit der neoklassischen Theorie zu finden, und zwar
sowohl in theoretischen als auch in normativen
Fragen, ist demzufolge auch als ein Versuch zu
verstehen, diese Diskrepanz zu überwinden. Dabei
ist jedoch zu beachten, daß auch in der neoklas-
sichen Mikroökonomie die Unternehmung in den Mittelpunkt der Analysemodelle rückt. Unternehmensentscheidungen und ihre ordnungs- und wirtschafts-

politischen Konsequenzen sind das zentrale Thema
solcher Theorieansätze, die zwar den traditionellen Theorierahmen - die Walrasianische Gleichgewichtsökonomie - beibehalten, das Modell der Un-
nehmung aber so weiterentwickeln, daß mit ihm die
Unternehmensstrategien, die Auswahl und Bestimmung
der Unternehmensentscheidungen und ihre Koordination und Durchsetzung in einem theoretisch zufrie-
denstellenden Maße erklärt und auf die neuen empirischen Inhalte einer zunehmend von Großunternehmen beherrschten ökonomischen Wirklichkeit angewendet werden können. Dennoch gilt auch für diese,
insbesondere im "property-right" Ansatz [1] verfolg-
te Weiterentwicklung neoklassischer Unternehmensanalyse, daß die präferenz- und markttheoretische
Orientierung grundlegend bleibt und daher innerhalb
dieser Fundierung für eine ökonomisch <u>eigenständige</u>
betriebswirtschaftliche Unternehmensanalyse kein
Platz ist. Wer dennoch einer ökonomisch eigenständigen Theorie das Wort reden will, dem bliebe, angesichts der drei genannten Alternativen, nur die
erneute (erneuerte) Opposition zur volkswirtschaftlichen (neoklassischen) Theorie - die radikale Ablehnung des Denkens in mikroökonomischen Modellen -,
mit der Konsequenz, daß das hier gesetzte Ziel einer "Einheit der Wirtschaftstheorie" verfehlt wird,
und es bei der dichtomischen Behandlung von Unternehmensentscheidungen aus nicht-neoklassischer
Sicht, von Unternehmensverfassungsproblemen aus
neoklassischer Sicht bleibt. Es sei denn, man würde die der Alternative eins entsprechende Strategie

---

1) Vgl. dazu die Rezension und Diskussion in Backhaus, J. u. Nutzinger, H.G. (Hrsg.), Eigentumsrechte und Partizipation, Frankfurt a.M. 1982

einer nahtlosen Integration betriebswirtschaftlicher Theorie in den weiterentwickelten neoklassischen Ansatz betreiben und damit die ökonomische Eigenständigkeit des betriebswirtschaftlichen Ansatzes verfehlen.

Weil nun "Opposition oder Subordniation" keine vernünftigen Alternativen sind, wird bei der Begründung einer betriebswirtschaftlichen Ökonomie der Unternehmensentscheidung und Unternehmensordnung - einer betriebswirtschaftlichen Theorie der Unternehmung - im Sinne der zweiten Position der Versuch zu unternehmen sein, in kritischer Distanz zur Neoklassik, aus der Walrasianischen Marktökonomie, eine eigenständige Unternehmensökonomie zu entwickeln. Eine solche Einheit verlangt von der Betriebswirtschaftslehre aber auch, daß die entscheidungstheoretischen Analysen in den normativen, ordnungstheoretischen Rahmen eingebettet werden. Beide Theorieteile, Entscheidungs- und Ordnungstheorie sind als Einheit zu betrachten. Dieser Grundgedanke entspricht ganz der neoklassischen Idee, für die normative und wirtschaftstheoretische Analyse immer schon eine Einheit bildeten. Er widerspricht allerdings den Theorien, die zwar die Wirklichkeitsnähe ihrer Analysen betonen, aus der Analyse aber keine ordnungspolitischen Konsequenzen begründen können, weil dazu die normative Idee und deren theoretische Verankerung fehlt. Dies ist einer der Gründe, nicht (entsprechend der dritten Alternative) in Opposition zur Neoklassik den eigenständigen betriebswirtschaftlichen Ansatz zu begründen, sondern aus der Neoklassik und in kritischer Distanz (nach Alternative zwei) zum markttheoretischen Grundansatz die

normativen und theoretischen Elemente der Unternehmensanalyse zu entwickeln. Analysen zur Unternehmensverfassung, die immer beides erfordern,
eine Analyse der Unternehmensentscheidungen und
eine Analyse ihrer normativen Grundlagen bleiben
bei der Kritik stehen oder fügen den Ergebnissen
der nicht-neoklassischen Entscheidungsanalyse
eine nachträglich neoklassische Legitimation hinzu, wenn sie nicht beide Analyseteile aus dem
neoklassischen Ansatz und mit seinen methodischen
Mitteln herleiten.

Diese Erläuterungen zum Ansatz einer "Unternehmensökonomie" sollen deutlich machen, daß die
Theorie nicht aus einem strikten Gegensatz zur
neoklassischen Theorie begründet wird. In der Betriebswirtschaftslehre wie in der Volkswirtschaftslehre zeigt sich nämlich spätestens dann,
wenn es um die normativen Grundlagen ökonomischer Modelle geht, daß die neoklassische Idee
der liberalen Marktgesellschaft zwar der gemeinsame Bezugspunkt der unterschiedlichen (neoklassischen und nicht-neoklassischen) Theorieansätze
ist, daß aber nur die Neoklassik für sich in Anspruch nehmen kann, daß die Grundlagen unmittelbar in ökonomietheoretische Analysen umgesetzt
werden. In den nicht-neoklassischen, volks- und
betriebswirtschaftlichen Ansätzen wird deren Realitätsbezug zwar bestritten und es werden alternative Interpretationen angeboten. In normativen
Fragen beziehen sie sich jedoch wieder auf die
neoklassische Grundidee einer liberalen Marktgesellschaft, ohne angeben zu können, wie dieser Zusammenhang zwischen dem neoklassisch normativen
Fundament und der theoretischen nicht-neoklassi-

schen Analyse systematisch vermittelt ist. Aus
diesem Grund wurde hier der Versuch unternommen,
neoklassische und nicht-neoklassische Entscheidungsanalyse so ins Verhältnis zu setzen, daß aus
dem entscheidungstheoretischen Ansatz unmittelbar
die ordnungstheoretischen (normativen) Konsequenzen folgen. Man kann darin auch das Leitmotiv dieser Studien sehen, eine "Theorie der Unternehmung"
zu begründen, die im normativen Rahmen der Neoklassik steht und aus ihrer postkeynesianischen
Kritik einen Gesamtansatz entwickelt, in dem die
entscheidungstheoretischen Analysen zur ökonomischen Begründung institutioneller Reformvorschläge führen.

"Unternehmensökonomie" ist also in diesem doppel-
ten Sinne einer betriebswirtschaftlichen Unternehmenstheorie im Kontext der neoklassischen Ökonomie
und ihrer Kritik zu verstehen. Ihre Fragen sind
zum einen die Bestimmung des Wechselverhältnisses
zwischen Theorie der Unternehmung und wirtschafts-
theoretischem Gesamtansatz und die Entwicklung
von Analysemodellen aus dieser Einheit. Zum anderen geht es um das Wechselverhältnis zwischen der
Analyse von Unternehmensentscheidungen und ihren
normativen Grundlagen und Konsequenzen, um die
Einheit von Entscheidungsanalyse und Ordnungstheorie also. Die Beantwortung der beiden Fragen
wählt einen Weg, den bereits Gutenberg beschrit-
ten hat: die Entwicklung eines ökonomisch eigenständigen Ansatzes aus der kritischen Auseinandersetzung mit dem neoklassischen Denksystem. Wie
im Gutenbergschen Ansatz setzt die Kritik am
Schumpeterschen Grundgedanken einer unternehmens-
zentrierten Theorie der wirtschaftlichen Entwick-

lung an. Im Unterschied zu Gutenberg und Schumpeter ist aber nicht die Marshallsche Neoklassik
Gegenstand der Kritik, sondern die Walrasianische
Gleichgewichtsökonomie. Dieses neoklassische Denksystem ist dann auch Grundlage der Entwicklung
entscheidungstheoretischer Analysemodelle und ord-
nungstheoretischer Reformvorschläge - in "neoklassischer Perspektive". Die kritische Analyse der
Unternehmensstrategien, der Auswahl und Bestimmung von Unternehmensentscheidungen, ihrer Koordination und marktmäßigen und unternehmensinternen Durchsetzung orientiert sich an der postkeynesianischen Ökonomie und Unternehmenstheorie.
Dieser Ansatz wird jedoch nicht im Kontrast zur
neoklassischen Ökonomie, sondern im Walrasianischen Gesamtansatz und mit seinen methodischen
Mitteln entwickelt. Dies unterscheidet die hier
gewählte Vorgehensweise von der Gutenbergschen,
daß nicht die kritische Distanz zu Schumpeter allein zur Eigenständigkeit der betriebswirtschaftlichen Unternehmenstheorie führen soll, sondern
die Schumpetersche Theorie als Brücke benutzt
wird, die Neoklassik und postkeynesianische Theorie verbindet. Insofern mag die Kennzeichnung
"neue" Unternehmensökonomie gerechtfertigt sein,
als dieser Weg zwar schon einmal im Zusammenhang
mit den Fragen von Unternehmenswachstum, gesamtwirtschaftlicher Entwicklung und ihrer wirtschaftspolitischen Konsequenzen [1] thematisiert,

---

1) Vgl. dazu u.a. Albach, H., Zur Theorie des
   wachsenden Industrieunternehmens, in: Krelle,
   W. (Hrsg.), Theorie des einzel- und gesamtwirtschaftlichen Wachstums, Berlin 1965, S.
   9ff.; Hax, K., Industrielle Entwicklung, gesamt wirtschaftliches Wachstum und Unterneh-

aber daraus kein eigenständiger und geschlossener
Theorieansatz entwickelt wurde. Daß dieser Theorieansatz hier nur in seinen entscheidungs- und
ordnungstheoretischen Grundlagen dargestellt und
beispielhaft anhand zentraler Unternehmensentscheidungen und Verfassungsproblemen ausgeführt
werden konnte, mag den enttäuschen, der an betriebswirtschaftlichen Detailanalysen interessiert ist. Daß solche Studien aber erst im theoretischen Gesamtzusammenhang ihre Bedeutung erlangen und neue Fragestellungen und Lösungsmög-
lichkeiten provozieren, dies ist der Grund, weshalb hier noch einmal der Versuch unternommen
wurde, eine Unternehmensökonomie zu entwickeln,
die zum Ausgangspunkt betriebswirtschaftlicher
Forschung und zum Anlaß genommen werden kann, die
wirtschaftswissenschaftliche Verankerung der Betriebswirtschaftslehre trotz, oder gerade wegen
aller Polemik gegen den Modellplatonismus des
Denkens in ökonomischen Modellen erneut in Angriff zu nehmen. Sie ist damit auch als Antwort
auf die beiden, eingangs genannten Grundfragen
einer betriebswirtschaftlichen Unternehmenstheorie zu verstehen.

Die beiden Grundfragen lauteten:

1. Wie läßt sich ein ökonomisch eigenständiger betriebswirtschaftlicher Ansatz im Verhältnis zur
volkswirtschaftlichen Theorie begründen? (Die Frage nach der Einheit der Wirtschaftstheorie.)

---

menswachstum, in: ZfbF (1964), S. 202ff.;
Gutowski, A., Eine Theorie des Unternehmenswachstums und ihre wirtschaftspolitischen Konsequenzen, in: Ordo (1962), S. 443ff.; Witt-
mann, W., Überlegungen zu einer Theorie des
Unternehmenswachstums, in: ZfbF (1961), S.
493ff.

2. Von welchen entscheidungs- und ordnungstheoretischen Grundlagen geht dieser Ansatz aus und in
welchem Verhältnis stehen Entscheidungsanalyse
und Ordnungstheorie? (Die Frage nach der Einheit
von Entscheidungs- und Ordnungstheorie.)
Die Antworten, die in der Diskussion dieser Grundfragen gegeben werden, hatten wir idealtypisch an
drei Positionen festgemacht:
1. Die erste Position befürwortet eine enge Anlehnung an und Integration in den neoklassischen Gesamtansatz.
2. Position zwei plädiert für einen ökonomisch eigenständigen Ansatz der Betriebswirtschaftslehre
in kritischer Distanz zur Neoklassik.
3. Die dritte Position lehnt das Denken in mikroökonomischen Modellen grundsätzlich ab und fordert
die Hinwendung zur sozialwissenschaftlichen Forschung.
Weil diese sozialwissenschaftliche Öffnung der Betriebswirtschaftslehre sinnvollerweise erst dann
gefordert werden kann, wenn man die Auffassung
vertritt, daß die wirtschaftswissenschaftliche
Verankerung bereits gelungen ist - und wir der
Meinung sind, daß davon nicht die Rede sein kann,
die ungelösten Probleme einer wirtschaftstheore-
tischen Fundierung und wirtschaftswissenschaftlichen Verankerung nicht schlicht mit der empiri-
stischen Kritik am "Modellplatonismus" ökonomischen Denkens abgetan werden können -, deshalb
sind die Positionen eins und zwei die Ansprech-
partner in der Diskussion über den hier vorgelegten Lösungsvorschlag. Deren Argumente sind zu prüfen, ehe man eine sozialwissenschaftliche Erweiterung des wirtschaftswissenschaftlichen Ansatzes

in Angriff nimmt.

Dieser Lösungsvorschlag kommt im Ergebnis der Position zwei nahe. Die Gründe dafür waren, daß im neoklassischen Gesamtansatz die Eigenständigkeit der betriebswirtschaftlichen Theorie nicht gewährleistet ist. Deren Eigenständigkeit setzt ja die Begründung der Autonomie der Unternehmung und Unternehmensentscheidungen voraus. In der Neoklassik werden Unternehmensentscheidungen dagegen immer als marktdeterminierte Entscheidungen betrachtet. Das Unternehmen kann nur irren - und verfehlt die Gleichgewichtslösung. Die Betriebswirtschaftslehre hätte zur Aufgabe, solche Irrtümer aufzuklären und durch geeignete Maßnahmen zu beheben - bis wieder Marktversagen auftritt. Die Aufgabenstellung der Betriebswirtschaftslehre läßt sich demnach nicht systematisch verorten, sie wäre akzidentiell und abhängig vom jeweiligen Marktversagen. Wenn die betriebswirtschaftlichen Maßnahmen greifen, erlischt die Aufgabenstellung der Betriebswirtschaftslehre. Die nicht-neoklassischen Gesamtansätze, insbesondere die postkeynesianische Theorie, gehen dagegen von der Autonomie der Unternehmung aus und betrachten Marktergebnisse als abhängig von autonomen Unternehmensentscheidungen. Ebenso ist ein Marktgleichgewicht, wenn es überhaupt zustande kommt, das Ergebnis dieser Entscheidungen. Weil die Unternehmung eine zentrale Position im theoretischen Ansatz einnimmt und als autonome Institution betrachtet wird, kommt der Betriebswirtschaftslehre auch eine eigenständige Aufgabenstellung zu. Die volkswirtschaftliche Theorie bedarf hier, anders als in der Neoklassik, nicht lediglich der Ergänzung durch betriebs-

wirtschaftliche Analysen - abhängig von Markt-
gleichgewichtslösungen -; erst die betriebswirtschaftliche Analyse ermöglicht eine Aufklärung
der Gründe für autonome Unternehmensentscheidungen, ihre Koordination, Auswahl und unternehmensinterne und marktbezogene Durchsetzung - Entscheidungen, die grundlegend für das Zustandekommen gesamtwirtschaftlicher Ergebnisse und
Agens der wirtschaftlichen Entwicklung sind.

Entsprechend unterschiedlich sind die Grundlagen
der beiden ökonomischen Gesamtansätze: die neoklassische Ökonomie ist präferenz- und markttheo-
retisch fundiert, die postkeynesianische Ökonomie
entscheidungs- und ordnungstheoretisch. Dem kor-
respondiert die unterschiedliche Behandlung des
Zusammenhangs von Markt und Unternehmen: die neoklassische Ökonomie enthält eine Theorie der
marktdeterminierten Unternehmensentscheidung, die
postkeynesianische Ökonomie eine Theorie der un-
ternehmensdeterminierten Marktentscheidungen.

Aus dem Vergleich dieser beiden Gesamtansätze der
modernen Wirtschaftstheorie und bezogen auf die
Grundfrage (eins) nach der ökonomischen Eigenständigkeit des betriebswirtschaftlichen Ansatzes in dem jeweiligen Denksystem würde eine kla-
re Entscheidung für den postkeynesianischen Ansatz als Alternative zur neoklassischen Theorie
folgen. Dennoch wurde hier ein Weg eingeschlagen,
der mit dem neoklassischen Marktansatz, der Walrasianischen Gleichgewichtsökonomie, beginnt -
an dieser Stelle die Forderung der Position eins
(Anlehnung an die neo-klassische Theorie) über-
nimmt - und ihn mit Hilfe der postkeynesianischen

Kritik so modifiziert, daß ein unternehmensökono-
mischer Neuansatz möglich wird. Die von Position
zwei geforderte kritische Distanz ist dann keine
Distanz zwischen zwei konkurrierenden (sich wech-
selseitig ausschließenden) Theorien, sondern Ergebnis einer Kritik, die nicht auf die Neoklassik
hin, sondern gewissermaßen von ihr formuliert
wird und zu einem um die Kritik erweiterten und
veränderten Theorieansatz führt. Ein wesentlicher
Grund für dieses Vorgehen - von der Neoklassik zu
einem neuen unternehmensökonomischen Gesamtansatz
- ist, daß den nicht-neoklassischen, betriebs-
und volkswirtschaftlichen Theorien das normative
Fundament fehlt, aus dem sie ihre Analysemodelle
herleiten. Normative, unternehmensordnungsbezoge-
ne Begründungen und theoretische, entscheidungs-
bezogene Analyse stehen hier in keinem systematischen ökonomischen Zusammenhang. Die Neoklassik
dagegen hat ein solches Fundament - ja, es lassen
sich bei genauer Betrachtung ihre abstrakten Modelle als normative vorgestellte Theorien einer
(zu realisierenden) liberalen Marktgesellschaft
verstehen. Im Unterschied zu dieser Konzeption
erheben die betriebswirtschaftlichen und postkeynesianischen Theorien den Realitätsbezug der Modelle zum zentralen Geltungskriterium. Sie sollen
aus einer Analyse realer Strukturen und Prozesse
entwickelt und nicht, wie in der Neoklassik üblich, nachträglich durch schrittweise Konkreti-
sierung abstrakter Modelle auf empirische Inhalte angewendet werden. Aufgrund dieser unterschiedlichen Orientierung beider Theorien lassen sich
Unternehmensordnungsprobleme am deutlichsten dann
herausstellen, wenn man die (dem Anspruch nach)

realistischen (nicht-neoklassischen Modelle mit
den eher normativen neoklassischen Modellen konfrontiert. Damit es nicht bei einer bloßen Kon-
frontation bleibt, die Gegenüberstellung auch zur
(ökonomischen) Begründung institutioneller Reformen genutzt werden kann, sind wiederum beide Modelle aus einem gemeinsamen Grundansatz (den um
die Kritik erweiterten neoklassischen Ansatz) zu
entwickeln. Die realistischen Modelle lassen sich
dann ordnungstheoretisch auf das normative Fundament der Neoklassik zurückbeziehen. Und die Reformvorschläge sind als ein Schritt auf dem Weg
zur Realisierung der neoklassischen Utopie einer
liberalen Marktgesellschaft zu verstehen.

Die von Position zwei geforderte kritische Distanz zur Neoklassik ist also Distanz in theoretischen, nicht in normativen Fragen zu verstehen. In normativen Fragen kann die Argumentation
der Position eins übernommen werden. Die Vermitt-
lung zwischen beiden Positionen in theoretischen
wie in normativen Fragen gelingt, wenn die kritische Distanz zur Neoklassik und mit ihr die Eigenständigkeit der betriebswirtschaftlichen Theorie
aus dem neoklassischen (Walrasianischen Grundansatz entwickelt wird.
Die geforderte Einheit der Wirtschaftstheorie
(Frage eins) und die Einheit von Entscheidungs-
und Ordnungstheorie (Frage zwei) läßt sich demnach mit einer Unternehmensökonomie einlösen, die
zugleich die beiden unterschiedlichen Positionen
in der Diskussion über eine erneute wirtschaftswissenschaftliche Verankerung der Betriebswirtschaftslehre zum Ausgleich bringt. Wenn eine solche Verankerung gelingt, dann (und nur dann) kann

die Frage ihrer sozialwissenschaftlichen Öffnung
in theoretischer Absicht diskutiert werden.